Stamp Duty Land Tax

Stamp Duty Land Tax

SWEET & MAXWELL

 THOMSON REUTERS

First Edition   2014   by Christopher Cox and Richard Woolich

Published in 2014 by Sweet & Maxwell, Friars House, 160 Blackfriars Road, London, SE1 8EZ part of Thomson Reuters (Professional) UK Limited (Registered in England & Wales, Company No.1679046. Registered Office and address for service: Aldgate House, 33 Aldgate High Street, London EC3N 1DL).

Sweet & Maxwell ® is a registered trademark of Thomson Reuters (Professional) UK Limited.

For further information on our products and services, visit *www.sweetandmaxwell.co.uk*

Typeset by Letterpart Limited, Caterham on the Hill, Surrey, CR3 5XL.

Printed and bound in Great Britain by CPI Group (UK) Ltd, Croydon, CR0 4YY

No natural forests were destroyed to make this product; only farmed timber was used and re-planted.

A CIP catalogue record of this book is available for the British Library.

ISBN: 978-0-41403-440-2

Thomson Reuters and the Thomson Reuters logo are trademarks of Thomson Reuters.

Crown copyright material is reproduced with the permission of the Controller of HMSO and the Queen's Printer for Scotland.

All rights reserved. No part of this publication may be reproduced, or transmitted in any form, or by any means, or stored in any retrieval system of any nature, without prior written permission, except for permitted fair dealing under the Copyright, Designs and Patents Act 1988, or in accordance with the terms of a licence issued by the Copyright Licensing Agency in respect of photocopying and/or reprographic reproduction. Application for permission for other use of copyright material, including permission to reproduce extracts in other published works, shall be made to the publishers. Full acknowledgement of the author, publisher and source must be given.

© 2014 Thomson Reuters (Professional) UK Limited

Introduction

Stamp duty land tax is almost eleven years old and there has been virtually no raising of the thresholds to adjust for inflation and it is a major source of revenue for the Government. And it has become more complicated. For example, in recent years we have had new sub-sale rules, the 15 per cent rate, relief for multiple purchases of dwellings and the general anti-abuse rule ("GAAR"). We have tried to write a clear explanation of the tax in its present form which we hope will be useful to anyone involved in commercial or residential property, especially tax and property practitioners.

We want to thank John Dunlop and Matthew Spencer of DAC Beachcroft's tax department for their valuable suggestions and encouragement and Georgina Cox for her assistance with word processing.

Notes to the reader

The law is stated as at July 17, 2014, the date of Royal Assent to the Finance Act 2014.

Statutory references in the footnotes are to the Finance Act 2003 as amended, unless another Act is stated.

The book does not deal with the new tax, the land and buildings transaction tax, which is about to replace SDLT on Scottish land, and because this replacement is imminent it does not deal with the (comparatively few) special SDLT rules relating to Scottish land.

Whenever a third person singular pronoun is needed and the antecedent could be either male or female (or generally a legal person) we have used he, him etc. ("when the purchaser has completed he must within 30 days deliver a land transaction return"). We hope that readers are not offended by this. It avoids

v

Stamp Duty Land Tax

the tedious continual use of "he or she", the irritating "s/he" and the ugly and ungrammatical "they" ("when the purchaser has completed they must …").

Christopher Cox
DAC Beachcroft LLP

Richard Woolich
DLA Piper UK LLP

Contents

	PAGE
Introduction	v
Table of Cases	xvii
Table of Statutes	xxiii
Table of Statutory Instruments	xxxvii

1 Outline and background

Outline of SDLT	1
Background to SDLT	3
The yield from and effect of SDLT	7
The SDLT legislation and how it is amended	9

2 Structure of SDLT

A tax on acquisitions. Chargeable interests	11
Acquisition. Vendor and Purchaser	14
The effective date: s.119	16
Acquisition without preceding contract	16
Contract to be followed by completion document: s.44	16
Substantial performance: receipt of rents and profits: s.44(6)(a)	18
Substantial performance: payment of consideration: s.44(5)(b), (7)	18
Substantial performance: taking possession: s.44(5)(a), (6)	20
Substantial performance: procedure: s.44(8), (9)	22
Price apportionment: Sch.4 para.4	23
Fixtures and chattels	24
Fixtures and chattels: what the parties should do	26
Purchase of a business as a going concern. Goodwill	27
Goodwill: what purchasers should do	30
Quasi-purchases: s.44A	30
Joint purchasers: s.103, Sch.16 para.3	32

Stamp Duty Land Tax

| | Interaction with other taxes | 33 |

3   The Rates

The rates: s.55	35
What counts as residential property: s.116	37
Institutional accommodation: s.116(2)–(5)	39
The six-or-more dwellings rule: s.116(7)	40
Acquisitions of more than one dwelling: decoupling and averaging: Sch.6B	41
Decoupling and averaging: the clawback: Sch.6B, para.6	44
Linkage: ss.55(4), 108, Sch.5 para.2(5)	45
Linkage: procedure: s.81A	48
The 15 per cent rate for higher value dwellings bought by companies: Sch.4A	49
The 15 per cent rate: the exceptions: Sch.4A paras 5–5F	51
The 15 per cent rate: the exceptions clawback: Sch.4A paras 5G–5K	54

4   Chargeable consideration: cash

The basic rule	57
Simple delayed payment	58
Contingent, uncertain or unascertained consideration: s.51	58
Contingent, uncertain or unascertained consideration: later adjustment: s.80	61
Contingent or uncertain consideration: postponement of tax: s.90 and SDLT (Administration) Regulations 2003 rr.9–28	62
Value added tax: Sch.4 para.2	64
Value added tax: transfers of businesses as going concerns	65

5   Chargeable consideration: debts

Acquisition in satisfaction of debt: Sch.4 para.8(1)(a)	67
Acquisition with assumption of debt: Sch.4 para.8(1)(b)	68
Transfer subject to secured debt: Sch.4 para.8(1)–(1C)	68
Joint names cases: Sch.4 para.8(1B), (1C)	70

6 Chargeable consideration: in kind

Consideration in kind	73
Land exchanged for non-land asset: Sch.4 para.7	73
Land exchanged for land: s.47 and Sch.4 para.5	74
Partitions: Sch.4 para.6	77
Transfer of land in consideration of services other than works: Sch.4 para.11(1)	77
Transfer of land in consideration of works: Sch.4 para.10	78
Works: computing the chargeable consideration: Sch.4 para.10(3)(b)	81
Package deal for purchase of site and erection of building	83

7 Companies. Market Value

Companies for SDLT	87
Definition of company	87
Holding property in a company as a means of SDLT minimisation	88
Transfers to connected companies: the market value rule: s.53	90
Market value	92
Exceptions to the market value charge: s.54	94
Company distributions and debt	96

8 Sub-sales etc.

The land law background	99
The old SDLT exemption for B: old s.45	101
The new exemption: new s.45 and Sch.2A	104
Sub-sales	105
Assignments	109
Novations	110
Who is the Vendor? Sch.2A paras 8, 10, 11	110
SDLT avoidance arrangements: Sch.2A para.16	111
Back-to-back sub-sales: completion arrangements	111
Compliance	112

Stamp Duty Land Tax

9   Leases: the charge on rents

Introduction	113
What is a lease?	114
The term of a lease	115
The rates: Sch.5 para.2	116
Net present value: Sch.5 paras 3, 4	117
Chargeable rent: fixed term leases: Sch.5 paras 7–8	117
RPI-indexed rents: Sch.17A para.7(5)	121
Turnover rents	122
Abolition of the abnormal rent increase rules	122
Fixed term leases: tax planning	122
Fixed term leases: holding over, then new lease granted: Sch.17A paras 3, 3A, 9A	123
The position of an assignee: Sch.17A para.12	128
Fixed term leases: holding over but no new lease granted: Sch.17A para.3(6)	129
Periodic leases: Sch.17A para.4	129
Linked leases: Sch.5 paras 2(5), (6), Sch.17A para.5	130
Value added tax	131
Service charges	133
Ad hoc rent increase in first five years: Sch.17A para.13	133
Surrender and regrant, overlap relief: Sch.17A paras 9, 16	134
Assignments treated as new leases: Sch.17A para.11	136
Reversionary leases	137

10   Leases: other matters

Tenant's obligations which are not consideration: Sch.17A para.10	139
Premiums: Sch.5 paras 9, 9A	140
Agreements for lease: Sch.17A para.12A	141
Assignment of agreement for lease: Sch.17A para.12B	144
Sale and leaseback: s.57A	145
Deposits and loans as premiums: Sch.17A para.18A	148
Variations of leases	149
Reverse premiums: Sch.17A para.18	151

Contents

11 Group and reconstruction reliefs

Introduction	153
Group relief: Sch.7 paras 1–6	154
75 per cent + of the ordinary share capital: Sch.7 para.1(2)(b), (3)(a), (4), (5)	156
75 per cent + of real equity: Sch.7 para.1(3)(b), (c), (6), (6A), Corporation Tax Act 2010 ss.156–172, 175, 179–182	158
Arrangements which rule group relief out: Sch.7 paras 2–2B	160
Must be bona fide commercial and not for tax avoidance: Sch.7 para.2(4A)	165
Group relief: procedure	168
Group relief clawback: Sch.7 paras 3–5	168
Triggering the clawback: the main rule: Sch.7 para.3	169
Exceptions from clawback: Sch.7 paras 4, 4ZA	173
Introductory	176
Reconstruction relief: Sch.7 para.7	177
Acquisition relief: Sch.7 para.8	179
Reconstruction and acquisition reliefs: procedure	181
Clawback of reconstruction and acquisition reliefs: Sch.7 para.9	181

12 Partnerships

Introduction	185
Some general principles: Sch.15 paras 1–4	185
An ordinary SDLT charge: Sch.15 paras 5–8	186
Introduction	187
Transfer of property by partner or connected person to the partnership: Sch.15 paras 10–12	189
Transfer of interest in property-investment partnership: Sch.15 para.14	195
Transfer of interest in non-property-investment partnership pursuant to prior arrangements: Sch.15 para.17	199
Stamp duty on transfers of partnership interests: Sch.15 paras 31–33	202
Transfer of property by partnership to partner or connected person: Sch.15 paras 18–24	203

xi

Stamp Duty Land Tax

Transfer from a partnership to a partnership: Sch.15 para.23	206
Interaction with group relief	206
Conversion of partnership into new LLP: s.65	208
Incorporation of a partnership	209
Partnerships and s.75A: s.75C(8A)	209

13 Trusts and other matters

Introduction. Bare trusts: Sch.16 paras 1, 3	213
Bare trusts: leases: Sch.16 para.3(2)–(4)	214
Settlements	215
Pension funds	217
Settlements: accountability of trustees: Sch.16 paras 5, 6	217
Personal representatives and estates	218
Divorce, etc.: Sch.3 paras 3 and second 3A	220

14 Charities and the public sector

The relief: what is a charity? Sch.8 para.1	221
Clawback: Sch.8 para.2	222
Mostly charitable use: Sch.8 para.3	223
Joint purchase by charity and non-charity: Sch.8 paras 3A–3C	224
Complete exemption for certain bodies: ss.107, 67A	226
Exemption for public bodies in connection with reorganisations: s.66	227
Compulsory purchase	227
Acquisitions by authorities under s.106 agreements: s.61	228
Relief for PFI-type deals: Sch.4 para.17	229
Transfers as a result of changes in parliamentary constituencies: s.67	230

15 Special reliefs for Residential Property

Introduction	231
Purchase of buyer's old dwelling by housebuilder: Sch.6A para.1	232
Purchase of new-building-buyer's old dwelling by property trader: Sch.6A para.2	233

Contents

Purchase of old dwelling by chain-breaking trader: Sch.6A para.4	234
Purchase of dwelling by trader from personal representatives: Sch.6A para.3	235
Relocation of employment: purchase of old dwelling by employer: Sch.6A para.5	235
Relocation of employment: purchase of old dwelling by property trader: Sch.6A para.6	236
Clawback of exemption in property trader cases: Sch.6A para.11	236
Purchases by social landlords: s.71	237
Limited exemption for tenancies granted by social landlords: Sch.3 para.2	237
Right to buy transactions: Sch.9 para.1	238
Shared ownership leases: Sch.9 paras 2–5	238
Shared ownership trusts: Sch.9 paras 7–12	239
Rent to mortgage acquisitions: Sch.9 para.6	240

16   Alternative Property Finance

Introduction	243
What is a financial institution?	244
Who is a "person"?	245
Relationship with group relief	245
Anti-avoidance: arrangements to transfer control of the financial institution	245
Land sold to a financial institution and leased to the buyer: s.71A	246
Land sold to a financial institution and resold to the buyer: s.73	247
Relying on the alternative finance provisions combined with another relief	248
Alternative Finance Investment Bonds	249

17   Anti-avoidance

Introduction	251
Purposivism	251
TAARs	253
Introduction	254
The basic rule	255

Stamp Duty Land Tax

Incidental transactions: s.75B	258
Other matters: s.75C	259
Stamp Office practice	261
Compliance	265
Retrospective legislation	265
Introduction	266
Introduction	267
What schemes have to be disclosed? Finance Act 2004 ss.306, Arrangements Regulations 2005	268
Who must disclose? Finance Act 2004 ss.307, 309, 310	271
What must be disclosed and when? Finance Act 2004 ss.308, 309, 310, Information Regulations 2012 rr.4, 5	272
Legal professional privilege: Finance Act 2004 s.314, Promoters Regulations 2004 r.6	273
Scheme reference numbers: Finance Act 2004 ss.311–313ZA	274
Penalties: Taxes Management Act 1970 s.98C	275

18   Returns

The obligation to notify: ss.77, 77A	277
The SDLT 1, SDLT 2, SDLT 3 and SDLT 4 forms	279
No white space. Disclosure to the Stamp Office. Rulings	282
Sending in the return and payment. The filing date	283
Interaction with land registration: s.79	284

19   Enquiries, discovery, penalties, etc.

Introduction	287
Records: Sch.10 paras 9–11	287
Correction of return by Stamp Office: Sch.10 para.7	288
Amendment of return by purchaser: Sch.10 para.6	288
Enquiries: Sch.10 paras 12–21	289
Demands for tax during the Enquiry	291
Concluding the Enquiry: Sch.10 paras 23, 24	291
Stamp Office's power to demand information and documents: Finance Act 2008 Sch.36	292
Stamp Office's right to inspect: Finance Act 2008 Sch.36	294
Stamp Office determinations: Sch.10 paras 25–27	294
Discovery assessments: Sch.10 paras 28–32	295
Time limits for discovery assessments: Sch.10 para.21	299

Contents

Refunds of overpaid SDLT: Sch.10 paras 34–34E	301
Interest: ss.87, 89	302
Penalty for failing to file return on time: Sch.10 paras 3–5	303
No penalty for failure to pay on time	305
Penalty for inaccurate returns and other communications: Finance Act 2007 Sch.24	305

20   Appeals and Reviews

The Tribunal's jurisdiction: Sch.10 para.35	311
Making the appeal: Sch.10 para.36	312
Sometimes there is a review: Sch.10 paras 36A–36I	313
Settlements with the Stamp Office: Sch.10 para.37	315
Judicial review	315

Connected Persons   **317**

Table of Cases

Akici v LR Butlin Ltd [2005] EWCA Civ 1296; [2006] 1 W.L.R. 201; [2006] 2 All E.R. 872; [2006] 1 P. & C.R. 21; [2006] L. & T.R. 1; [2006] 1 E.G.L.R. 34; [2006] 07 E.G. 136; [2005] 45 E.G. 168 (C.S.); (2005) 149 S.J.L.B. 1352; [2005] N.P.C. 126, CA (Civ Div) 2–013

Allchin v Revenue and Customs Commissioners [2013] UKFTT 198 (TC); [2013] S.T.I. 2074, TC 8–003

Att-Gen v Cohen [1937] 1 K.B. 478; [1937] 1 All E.R. 27; [2008] B.T.C. 7110, CA 3–016

Ayerst (Inspector of Taxes) v C&K (Construction) Ltd [1976] A.C. 167; [1975] 3 W.L.R. 16; [1975] 2 All E.R. 537; [1975] S.T.C. 345; [1975] T.R. 117; (1975) 119 S.J. 424, HL 11–003

Barclays Bank Plc v Revenue and Customs Commissioners [2007] EWCA Civ 442; [2008] S.T.C. 476; 79 T.C. 18; [2007] B.T.C. 338; [2007] S.T.I. 1436; (2007) 151 S.J.L.B. 675, CA (Civ Div) 17–007

Barclays Mercantile Business Finance Ltd v Mawson (Inspector of Taxes) [2004] UKHL 51; [2005] 1 A.C. 684; [2004] 3 W.L.R. 1383; [2005] 1 All E.R. 97; [2005] S.T.C. 1; 76 T.C. 446; [2004] B.T.C. 414; 7 I.T.L. Rep. 383; [2004] S.T.I. 2435; (2004) 154 N.L.J. 1830; (2004) 148 S.J.L.B. 1403, HL 17–002

Barclays Wealth Trustees (Jersey) Ltd v Erimus Housing Ltd [2014] EWCA Civ 303; [2014] 2 P. & C.R. 4; [2014] 2 P. & C.R. DG3, CA (Civ Div) 9–014

Battersea Leisure Ltd v Customs and Excise Commissioners [1992] S.T.C. 213; [1992] 3 C.M.L.R. 610, QBD 10–014

Botham v TSB Bank Plc [1996] E.G. 149 (C.S.); [1996] N.P.C. 133; (1997) 73 P. & C.R. D1, CA (Civ Div) 2–020

Boyer Allan Investment Services Ltd (formerly Boyer Allan Investment Management Ltd) v Revenue and Customs Commissioners [2012] UKFTT 558 (TC); [2013] S.F.T.D. 73; [2013] S.T.I. 66, TC 19–017

Bradshaw v Pawley [1980] 1 W.L.R. 10; [1979] 3 All E.R. 273; (1980) 40 P. & C.R. 496; (1979) 253 E.G. 693, Ch D 9–003

Bristol & West Plc v Revenue and Customs Commissioners [2014] UKUT 73 (TCC); [2014] S.T.C. 1048; [2014] B.T.C. 507; [2014] S.T.I. 869, TC 19–008

Browne v Revenue and Customs Commissioners [2010] UKFTT 496 (TC); [2011] S.F.T.D. 67; [2011] S.T.I. 311, TC 19–025

Browns CTP Ltd v Revenue and Customs Commissioners [2012] UKFTT 566, TC 19–025

Canada Safeway v Inland Revenue Commissioners [1973] Ch. 374; [1972] 2 W.L.R. 443; [1972] 1 All E.R. 666; [1971] T.R. 411; (1972) 116 S.J. 101 Ch D 11–004

xvii

Stamp Duty Land Tax

Cenlon Finance Co Ltd v Ellwood (Inspector of Taxes) [1962] A.C. 782; [1962] 2
W.L.R. 871; [1962] 1 All E.R. 854; 40 T.C. 176; (1962) 41 A.T.C. 11; [1962] T.R. 1;
(1962) 106 S.J. 280, HL 19–013

Clarence House Ltd v National Westminster Bank Plc 2009] EWCA Civ 1311; [2010]
1 W.L.R. 1216; [2010] 2 All E.R. 201; [2010] 2 All E.R. (Comm) 1065; [2010] Bus.
L.R. 1066; [2010] 2 P. & C.R. 9; [2010] L. & T.R. 1; [2010] 1 E.G.L.R. 43; [2010] 8
E.G. 106; [2009] 50 E.G. 66 (C.S.); [2009] N.P.C. 141, CA (Civ DIv) 2–013

Collector of Stamp Revenue v Arrowtown Ltd [2005] 6 I.T.L. Rep.454 (C.F.A.,
H.K.) 17–002

Commissioner of Stamp Duties (Queensland) v Livingston [1965] A.C. 694; [1964] 3
W.L.R. 963; [1964] 3 All E.R. 692; (1964) 43 A.T.C. 325; [1964] T.R. 351; (1964)
108 S.J. 820, PC (Aust) 13–009

Commissioners of Customs and Excise v Battersea Leisure Ltd. *See* Battersea Leisure
Ltd v Customs and Excise Commissioners

Cordery Build Ltd v Revenue and Customs Commissioners [2012] UKFTT 384 (TC);
[2012] S.T.I. 2740, TC 3–005, 3–007

Duke of Buccleuch v Inland Revenue Commissioners [1967] 1 A.C. 506; [1967] 2
W.L.R. 207; [1967] 1 All E.R. 129; [1967] R.V.R. 42; [1967] R.V.R. 25; (1966) 45
A.T.C. 472; [1966] T.R. 393; (1967) 111 S.J. 18, HL 7–007

DV3 RS Limited Partnership v Revenue and Customs Commissioners [2013] EWCA
Civ 907; [2014] 1 W.L.R. 1136; [2013] S.T.C. 2150; [2013] 3 E.G.L.R. 159; [2013]
B.T.C. 661; [2013] S.T.I. 2570; [2013] 31 E.G. 51 (C.S.), CA (Civ Div) 12–008

Fallon (Morgan's Executors) v Fellows (Inspector of Taxes) [2001] S.T.C. 1409; 74
T.C. 232; [2001] B.T.C. 438; [2001] S.T.I. 1104, Ch D 11–027

Gajapatiraju v Revenue Divisional Officer Vizagaptam [1939] A.C. 302; [1939] 2 All
E.R. 317 PC (India) 7–008

Grattan Plc v Revenue and Customs Commissioners [2011] UKFTT 691 (TC); [2012]
S.F.T.D. 214; [2011] S.T.I. 3432, TC 19–022

HE Dibble Ltd v Moore [1970] 2 Q.B. 181; [1969] 3 W.L.R. 748; [1969] 3 All E.R.
1465; (1969) 20 P. & C.R. 898; (1969) 113 S.J. 853, CA (Civ Div) 2–020

Hok Ltd v Revenue and Customs Commissioners [2012] UKUT 363 (TCC); [2013]
S.T.C. 225; 81 T.C. 540; [2012] B.T.C. 1711; [2012] S.T.I. 3402, TC 19–030

Hulme v Brigham [1943] K.B. 152; [1943] 1 All E.R. 204, KBD 2–020

Inland Revenue Commissioners v Brebner [1967] 2 A.C. 18; [1967] 2 W.L.R. 1001;
[1967] 1 All E.R. 779; 1967 S.C. (H.L.) 31; 1967 S.L.T. 113; 43 T.C. 705; (1967) 46
A.T.C. 17; [1967] T.R. 21; (1967) 111 S.J. 216, HL 11–014

Inland Revenue Commissioners v Duke of Westminster [1936] A.C. 1; 19 T.C. 490,
HL 17–002

Inland Revenue Commissioners v Luke [1963] A.C. 557; [1963] 2 W.L.R. 559; [1963]
1 All E.R. 655; 1963 S.C. (H.L.) 65; 1963 S.L.T. 129; 40 T.C. 630; (1963) 42 A.T.C.
21; [1963] T.R. 21; (1963) 107 S.J. 174, HL 17–002

Inland Revenue Commissioners v Willoughby [1997] 1 W.L.R. 1071; [1997] 4 All E.R.
65; [1997] S.T.C. 995; 70 T.C. 57; [1997] B.T.C. 393; (1997) 94(29) L.S.G. 28;
(1997) 147 N.L.J. 1062; (1997) 141 S.J.L.B. 176, HL 11–014, 17–004

Table of Cases

Jacobs v Customs and Excise Commissioners [2005] EWCA Civ 930; [2005] S.T.C. 1518; [2005] B.T.C. 5659; [2005] B.V.C. 690; [2005] S.T.I. 1316; [2005] 31 E.G. 80 (C.S.); [2005] N.P.C. 100, CA (Civ Div) 3–005

Javad v Aqil [1991] 1 W.L.R. 1007; [1991] 1 All E.R. 243; (1991) 61 P. & C.R. 164; [1990] 41 E.G. 61; [1990] E.G. 69 (C.S.); (1990) 140 N.L.J. 1232, CA (Civ Div) 9–014

Jerome v Kelly (Inspector of Taxes) [2004] UKHL 25; [2004] 1 W.L.R. 1409; [2004] 2 All E.R. 835; [2004] S.T.C. 887; 76 T.C. 147; [2004] B.T.C. 176; [2004] W.T.L.R. 681; [2004] S.T.I. 1201; [2004] 21 E.G. 151 (C.S.); (2004) 101(23) L.S.G. 33; [2004] N.P.C. 75, HL 11–009

John Lewis Properties Plc v Inland Revenue Commissioners [2002] EWCA Civ 1869; [2003] Ch. 513; [2003] 2 W.L.R. 1196; [2003] S.T.C. 117; 75 T.C. 131; [2003] B.T.C. 127; [2003] S.T.I. 29; (2003) 147 S.J.L.B. 180; [2003] N.P.C. 1, CA 2–004

Kidson (Inspector of Taxes) v MacDonald [1974] Ch. 339; [1974] 2 W.L.R. 566; [1974] 1 All E.R. 849; [1974] S.T.C. 54; 49 T.C. 503; [1973] T.R. 259; (1974) 118 S.J. 297, Ch D 13–001

Kimbers & Co v Inland Revenue Commissioners [1936] 1 K.B. 132, QBD 6–015

Langham (Inspector of Taxes) v Veltema [2004] EWCA Civ 193; [2004] S.T.C. 544; 76 T.C. 259; [2004] B.T.C. 156; [2004] S.T.I. 501; (2004) 148 S.J.L.B. 269, CA (Civ Div) 19–014, 19–015, 19–016

MacNiven (Inspector of Taxes) v Westmoreland Investments Ltd [2001] UKHL 6; [2003] 1 A.C. 311; [2001] 2 W.L.R. 377; [2001] 1 All E.R. 865; [2001] S.T.C. 237; 73 T.C. 1; [2001] B.T.C. 44; 3 I.T.L. Rep. 342; [2001] S.T.I. 168; (2001) 98(11) L.S.G. 44; (2001) 151 N.L.J. 223; (2001) 145 S.J.L.B. 55, HL 11–014, 17–002, 17–004

Marson v Marriage [1980] S.T.C. 177; 54 T.C. 59; [1979] T.R. 499; (1980) 124 S.J. 116 4–006

Melluish (Inspector of Taxes) v BMI (No.3) Ltd [1996] A.C. 454; [1995] 3 W.L.R. 630; [1995] 4 All E.R. 453; [1995] S.T.C. 964; 68 T.C. 1; [1995] E.G. 150 (C.S.); (1995) 92(40) L.S.G. 22; (1995) 139 S.J.L.B. 220, HL 2–020

Mon Tresor & Mon Desert Ltd v Ministry of Housing and Lands [2008] UKPC 31; [2008] 3 E.G.L.R. 13; [2008] 38 E.G. 140; [2009] R.V.R. 217 PC (Maur) 7–007

Morris v Revenue and Customs Commissioners [2007] EWHC 1181 (Ch); 79 T.C. 184; [2007] B.T.C. 448, Ch D 19–008

O'Flaherty v Revenue and Customs Commissioners [2013] UKUT 161 (TCC); [2013] S.T.C. 1946; [2013] B.T.C. 1814; [2013] S.T.I. 1771, TC 20–002

Orsman v Revenue and Customs Commissioners [2012] UKFTT 227 (TC); [2012] S.T.I. 1961, TC 2–020

Page (Inspector of Taxes) v Lowther [1983] S.T.C. 799; 57 T.C. 199; (1983) 127 S.J. 786, CA (Civ Div) 17–005

xix

Stamp Duty Land Tax

Pollen Estate Trustee Co Ltd v Revenue and Customs Commissioners [2013] EWCA
Civ 753; [2013] 1 W.L.R. 3785; [2013] 3 All E.R. 742; [2013] S.T.C. 1479; [2013]
B.T.C. 606; [2013] W.T.L.R. 1593; [2013] S.T.I. 2298; [2013] 27 E.G. 91 (C.S.);
[2013] 2 P. & C.R. DG17, CA (Civ Div) . 2–030, 13–001, 14–004, 14–005, 17–003
Portland Gas Storage Ltd v Revenue and Customs Commissioners [2014] UKUT 270
(TCC); [2014] B.T.C. 520; [2014] S.T.I. 2406, TC . 2–018, 10–005, 19–004, 19–006,
19–008,
20–001
Pritchard v Briggs [1980] Ch. 338; [1979] 3 W.L.R. 868; [1980] 1 All E.R. 294; (1980)
40 P. & C.R. 1; (1979) 123 S.J. 705 CA (Civ Div) 2–003
Project Blue Ltd v Revenue and Customs Commissioners [2013] UKFTT 378 (TC);
[2013] S.T.I. 3058, (2013) TC 2777, TC . . 8–003, 8–004, 12–129, 12–131, 16–009,
17–005, 17–007, 17–010, 18–001
Prosser v Inland Revenue Commissioners [2001] R.V.R. 170; [2002] W.T.L.R. 259,
LT 7–007
Prudential Assurance Co Ltd v Inland Revenue Commissioners [1993] 1 W.L.R. 211;
[1993] 1 All E.R. 211; [1992] S.T.C. 863; [1992] E.G. 127 (C.S.); (1992) 136 S.J.L.B.
308; [1992] N.P.C. 137, Ch D 6–014, 6–015
R. v Inland Revenue Commissioners Ex p. MFK Underwriting Agents Ltd [1990] 1
W.L.R. 1545; [1990] 1 All E.R. 91; [1990] S.T.C. 873; 62 T.C. 607; [1990] C.O.D.
143; (1989) 139 N.L.J. 1343, QBD 20–006
R. (on the application of Johnson) v Branigan (Inspector of Taxes) [2006] EWHC
885 (Admin); [2008] B.T.C. 783, QBD 19–009
R. (on the application of St Matthews (West) Ltd) v HM Treasury [2014] EWHC
1848 (Admin); [2014] B.T.C. 29; [2014] S.T.I. 2111, QBD 17–013
R. (on the application of Wilkinson) v Inland Revenue Commissioners [2005] UKHL
30; [2005] 1 W.L.R. 1718; [2006] 1 All E.R. 529; [2006] S.T.C. 270; [2005]
U.K.H.R.R. 704; 77 T.C. 78; [2005] S.T.I. 904; (2005) 102(25) L.S.G. 33,
HL 17–010
Ramnarace v Lutchman [2001] UKPC 25; [2001] 1 W.L.R. 1651; [2002] 1 P. & C.R.
28, PC (T &T) 2–002
Revenue and Customs Commissioners v Charlton [2012] UKFTT 770 (TCC); [2013]
S.T.C. 866; [2013] B.T.C. 1634; [2013] S.T.I. 259, TC 19–014, 19–015
Revenue and Customs Commissioners v D'Arcy[2006] S.T.C. (STD) 543 19–009
Revenue and Customs Commissioners v Household Estate Agents Ltd [2007]
EWHC 1684 (Ch); [2008] S.T.C. 2045; 78 T.C. 705; [2008] B.T.C. 502; [2007] S.T.I.
1815, Ch D 19–013, 19–015, 19–017
Revenue and Customs Commissioners v Lansdowne Partners LP [2011] EWCA Civ
1578; [2012] S.T.C. 544; 81 T.C. 318; [2012] B.T.C. 12; [2012] S.T.I. 36, Ca (Civ
Div) 19–015
Saunders v Edwards [1987] 1 W.L.R. 1116; [1987] 2 All E.R. 651; [2008] B.T.C. 7119;
(1987) 137 N.L.J. 389; (1987) 131 S.J. 1039, CA (Civ Div) 2–018
Schofield v Revenue and Customs Commissioners [2012] EWCA Civ 927; [2012]
S.T.C. 2019; [2012] B.T.C. 226; [2012] S.T.I. 2243, CA (Civ Div) 17–002
South Shore Mutual Insurance Co. Ltd v Blair [1999] S.T.C. (S.C.D.) 296 11–005

Table of Cases

Southern Cross Employment Agency Ltd v Revenue and Customs Commissioners
[2014] UKFTT 88 (TC); [2014] S.T.I. 545, TC 20–005
St Clair-Ford (Youlden's Executor) v Ryder [2007] R.V.R. 12; [2006] W.T.L.R. 1647,
LT 7–007
Steel Barrel Co v Osborne, 41 R. & I.T. 225; 30 T.C. 73; [1948] T.R. 11
CA 19–013
Stokes v Cambridge Corp (1962) 13 P. & C.R. 77; (1961) 180 E.G. 839,
LT 7–007
Street v Mountford [1985] A.C. 809; [1985] 2 W.L.R. 877; [1985] 2 All E.R. 289;
(1985) 17 H.L.R. 402; (1985) 50 P. & C.R. 258; [1985] 1 E.G.L.R. 128; (1985) 274
E.G. 821; [2008] B.T.C. 7094; (1985) 82 L.S.G. 2087; (1985) 135 N.L.J. 460; (1985)
129 S.J. 348, HL 2–002, 9–002
Superstrike Ltd v Rodrigues [2013] EWCA Civ 669; [2013] 1 W.L.R. 3848; [2013]
H.L.R. 42; [2013] L. & T.R. 33; [2013] 2 E.G.L.R. 91; [2013] 2 P. & C.R. DG19,
CA (Civ Div) 9–014
Topplan Estates Ltd v Townley [2004] EWCA Civ 1369; [2005] 1 E.G.L.R. 89; (2004)
148 S.J.L.B. 1284; [2004] N.P.C. 158, CA (Civ Div) 2–013
Tower MCashback LLP 1 v Revenue and Customs Commissioners [2011] UKSC 19;
[2011] 2 A.C. 457; [2011] 2 W.L.R. 1131; [2011] 3 All E.R. 171; [2011] S.T.C. 1143;
80 T.C. 641; [2011] B.T.C. 294; [2011] S.T.I. 1620; (2011) 108(21) L.S.G. 19,
SC 19–008
Trewby v Customs and Excise Commissioners [1976] 1 W.L.R. 932; [1976] 2 All E.R.
199; [1976] S.T.C. 122; (1976) 120 S.J. 369, DC 2–001
Vardy Properties v Revenue and Customs Commissioners [2012] UKFTT 564 (TC);
[2012] S.F.T.D. 1398; [2013] S.T.I. 67, TC 8–003, 8–004, 17–003, 17–011
WT Ramsay Ltd v Inland Revenue Commissioners [1982] A.C. 300; [1981] 2 W.L.R.
449; [1981] 1 All E.R. 865; [1981] S.T.C. 174; 54 T.C. 101; [1982] T.R. 123; (1981)
11 A.T.R. 752; (1981) 125 S.J. 220 HL 6–010, 17–002
Yuill v Fletcher (Inspector of Taxes) [1984] S.T.C. 401; 58 T.C. 145; [1984] B.T.C.
164; (1984) 81 L.S.G. 1604, CA (Civ Div) 4–001

xxi

Table of Statutes

1890   Partnership Act
     (c.39) 12–002
     s.20 12–005
     s.21 12–005

1891   Stamp Act (c.39)
     s.58(4) 8–003
     (5) 8–003
     (6) 8–003
     (7) 8–003
     s.75 1–005

1907   Limited Partnerships Act
     (c.24) 12–002, 12–127

1925   Law of Property Act
     (c.20) 2–002
     s.52(1) 1–005
     (c) 1–005

1930   Finance Act (c.28)
     s.42 11–008

1954   Landlord and Tenant Act
     (c.56) . . . 9–012, 9–013, 9–014,
               9–018

1958   Variation of Trusts Act
     (c.53) 13–004

1961   Land Compensation Act (c.33)
     s.5(6) 14–009

1965   Finance Act (c.25)
     s.90 1–005
     Compulsory Purchase Act (c.56)
     s.23 14–009

1967   Finance Act (c.54)
     s.27 11–008
     Leasehold Reform Act
     (c.88) 10–001, 15–017

1968   Provisional Collection of Taxes
     Act (c.2) 1–011

1970   Taxes Management Act (c.9)
     ss 9A–9C 19–005
     ss 28ZA–28A 19–005
     s.29 19–013
     s.31A 20–002
     ss 48–57 20–002
     s.98C 17–025
     (1)(a)(i) 17–025
     (ii) 17–025
     (2)(a) 17–025
     (b) 17–025
     (c) 17–025
     (d) 17–025
     (e) 17–025
     (f) 17–025
     (2ZB) 17–025
     (2ZC) 17–025
     (3) 17–025
     (4) 17–025
     (5) 17–025
     Sch.1AB 19–020

1973   Matrimonial Causes Act (c.18)
     s.22A 13–010
     s.23A 13–010
     s.24A 13–010

1974   Consumer Credit Act (c.39)
     Pt 3 16–002

1978   Interpretation Act (c.30)
     s.7 19–025
     Sch.1 15–010

1981   Senior Courts Act (c.54)
     s.31A 20–006

1984   Inheritance Tax Act (c.51)
     s.142(2) 13–009

1986   Finance Act (c.41)
     s.75 . . . . 11–011, 11–023
     s.77 11–033

xxiii

Stamp Duty Land Tax

Insolvency Act (c.45)
s.110 . . . . 7–010, 11–025

1987 Landlord and Tenant Act (c.31)
Pt 1 15–017

1988 Income and Corporation Taxes
Act (c.1)
s.839 17–011
Finance Act (c.39)
Sch.18
paras 25–35 19–005

1989 Finance Act (c.26)
s.178 . . . . 19–021, 19–022

1990 Town and Country Planning Act
(c.8)
s.55 14–009
s.106 . . . . 6–011, 14–010
(3) 6–011
(4) 6–011
s.299A 14–010

1992 Taxation of Chargeable Gains
Act (c.12)
ss 2B–2F 3–019
s.13 7–003
s.38(1)(a) 2–032
(2) 2–032
s.53(2)(b) 2–032
s.60 13–001
s.62(7) 13–009
s.68(1) 13–001
s.69(1) 11–002, 13–003
s.162 7–005
s.190 11–017
s.222(1) 15–001
(2) 15–001
(3) 15–001
(4) 15–001
s.272 7–007
(2) 7–007
s.273 7–007
s.274 7–007
Sch.4ZZA 3–019
Sch.8
para.1 2–032

1993 Leasehold Reform, Housing and
Urban Development Act
(c.28) 10–001
Pt 1 Ch 1 15–017

1994 Value Added Tax Act (c.23)
Sch.8
Group 5
Note 4 3–005

1996 Trusts of Land and Appointment
of Trustees Act
(c.47) 6–003

1998 Finance Act (c.36)
Sch.18
para.41 19–013
para.42 19–013
para.43 19–013
para.44 19–013
para.45 19–013
para.50 19–020
para.51 19–020
para.52 19–020
para.53 19–020

1999 Finance Act (c.16)
Sch.13
para.1(2) 2–001
para.6(1) 3–013

2000 Financial Services and Markets
Act (c.8) 7–002
Limited Liability Partnerships Act
(c.12) 12–002, 12–127
Finance Act (c.17)
s.119 7–004

2001 Capital Allowances Act (c.2)
s.185A 2–023
s.187A 2–023
s.198 2–023

2002 Limited Liability Partnerships Act
(Northern Ireland)
(c.12) 12–002
Finance Act (c.23)
s.115 1–005

2003 Income Tax (Earnings and
Pensions) Act (c.1)
ss 271–189 15–006

xxiv

Table of Statutes

Finance Act (c.14)
Pt 4 . . . 1–011, 16–001, 16–002
s.42(1) 2–001
(2)(a) 1–005
s.43(1) 2–001, 13–008
(3) 2–005
(a) 2–005
(b) 2–005
(i) 2–005
(c) 2–005
(i) 2–005
(d) 2–005, 10–013
(4) 2–005
(5) 2–005
(6) 2–005
s.44 2–008
(1) 2–008
(3) 2–008, 10–003
(4) 2–008
(5)(a) 2–008, 2–013
(b) 2–008, 2–011
(6) 2–013
(a) 2–008, 2–010
(7) 2–011
(8) . . 2–016, 2–017, 4–012, 10–007
(9) . . . 2–016, 2–017, 8–003, 8–012
(10) 2–008
s.44A . . . 2–005, 2–027, 2–028,
2–029, 18–001
(1) 2–027
(3) 2–027
(6) 2–029
(7) 2–029
s.45 . . . . . 8–003, 8–005, 8–012,
12–008, 17–011
(2)(b)(i) 8–004
(3) 12–008
(3A) 17–013
(3B) 17–013
(3C) 17–013
(5A)(a) 8–004
s.46 . . . . 2–003, 3–017
(1)(a) 2–003
(b) 2–003
s.47 6–003
(1) 3–016, 6–005
s.48 2–001

(2)(a) 2–003
(b) 2–002, 9–002
(3)(a) 2–003
s.49 2–001
s.50 1–012
(2), (3) 1–012
s.51 . . . . . 4–004, 4–006, 4–009,
10–005, 12–007
(1) 4–005, 9–006
(2) 4–006, 9–006
(3) 4–005, 6–013
s.53 . . . . 7–004, 7–010, 11–030,
13–002, 17–009
(1)(a) 7–004
(b) 7–004
(1A) 7–004
(2) 7–005
(3) 7–004
s.54 . . . . 7–009, 7–010, 11–030
(2) 7–009
(3) 7–009, 13–002
(4) 7–010
s.55 3–001
(2) 3–004, 10–002
(4) 3–004, 3–013, 3–014
(a) 3–004
s.55AA 3–002
s.57A 10–008
(3) 10–008
s.60 14–009
s.61 14–010
s.65 12–127
s.66 . . . . 14–008, 14–011
s.67 14–013
s.67A 14–007
s.68 14–003
(2) 14–005
s.69 14–003
s.71 15–010
(1) 15–010
(A1) 15–010
(2) 15–010
(3) 15–010
(4) 15–010
s.71A . 8–004, 10–010, 16–001,
16–002, 16–004,
16–007, 16–009,
17–005

xxv

Stamp Duty Land Tax

(1) 16–007	(a) 17–008
(2) 16–007	(7) 16–009
(3) 16–007	(a) 8–004
(4) 16–007	s.75B . . . 1–007, 1–012, 2–022,
s.72 . . . . 16–001, 16–004	12–129, 17–001,
s.73 . . 16–001, 16–002, 16–004,	17–005, 17–008
16–008, 16–009	(2) 17–008
(1) 16–008	(3) 17–008
(2) 16–008	(a) 6–010
(3) 16–008	(c) 17–008
s.73A 16–004	s.75C . . 1–007, 1–012, 12–129,
s.73AB(1) 16–005	17–001, 17–005,
(2) 16–005	17–009, 17–015
s.73BA 16–002	(1) 17–009
(2) 16–002	(2) . . 3–004, 3–010, 5–005, 6–010,
s.74 . . . . 15–017, 16–001	17–009
(1A) 15–017	(3) 17–009
(2) 15–017	(4) 17–009
(3) 15–017	(6) 6–005, 17–009
s.75 16–001	(7) 17–009
s.75A . . . 1–007, 1–012, 2–022,	(8) 12–130
3–004, 3–010,	(8A) 12–004, 12–129
5–004, 5–005,	(10) 17–006, 17–007
6–005, 6–010,	(11) 1–012, 17–009
7–004, 7–011,	(12) 1–012, 17–009
8–003, 8–004,	s.76(1) 18–003, 18–005
8–009, 8–014,	(3) 18–003
11–001, 12–004,	s.77 18–001
12–008, 12–009,	(1)(a) 18–001
12–012, 12–014,	(b) 18–001
12–129, 12–130,	(c) 2–028, 18–001
12–131, 15–006,	(d) 17–012, 18–001
16–001, 16–009,	(e) 18–001
17–001, 17–004,	s.77A 18–001
17–005, 17–006,	(1) item 1 18–001
17–007, 17–009,	item 2 18–001
17–010, 17–011,	item 3 18–001
17–012, 17–013,	item 4 18–001
17–014, 17–015,	item 5 9–017
18–001	(2) 18–001
(1) 12–008, 12–130, 17–006	item 6(2) 18–001
(a) 17–011	s.78(3) 1–012
(b) . . . 12–130, 17–007, 17–011	s.78A(3) 1–012
(c) 17–011	s.79 18–006
(2) 12–008, 17–006	(2) 18–006
(3) 17–006, 17–008	(2A) 18–006
(4) 12–130, 17–006	(3) 18–006
(5) 12–130, 17–006	s.80 . . . . 4–007, 9–007, 12–007

Table of Statutes

(1) 4–007	
(2) 4–007	
(c) 4–007	
(3) 19–005, 19–019, 19–023	
(c) 4–007	
(4) 4–007	
(5) 4–007	
s.81 . . . 3–027, 11–017, 14–003	
(1) 11–017	
(za) 15–008	
(3) 19–005, 19–023	
s.81A 3–018, 10–005	
s.85(1) 4–001	
s.86(1) 18–005	
(3) 19–008	
(4) 19–019	
s.87 19–021	
(3) 19–021	
(a)(i) 11–017	
(ia) 3–012, 15–008	
(iii) 14–003	
(aa) 3–018, 9–014	
(b) 4–009, 9–018	
(c) 9–006, 19–021	
(7) 19–021	
s.89 . . . 4–007, 19–021, 19–022	
(5) 19–022	
s.90 . . . . 4–008, 4–013	
(1)(b) 4–008, 6–013	
(5) 4–008	
(7) 9–006	
s.92 18–005	
s.97(1) 4–008	
(2) 19–025	
s.99(2) 19–025	
(2A) 19–023	
s.101 7–002	
(1) 7–002	
(3) 7–002	
(4) 7–002	
(7) 11–005	
s.103 . . 2–030, 14–005, 14–006	
(2) 3–018	
(a) 2–030	
(b) 2–030	
(c) 2–030	
(3) 2–030	
(4) 2–030	

(5) 2–030	
(6) 2–030	
(7) 2–030	
(7A) 2–030	
s.106 . . . . 6–009, 6–011	
(3) 13–008	
s.107 14–006	
s.108 3–013	
(1) 3–013	
s.109 17–005	
ss 109–111 1–011	
s.116 3–004	
(1)(a) 3–004	
(b) 3–004	
(c) 3–004	
(2) 3–005, 3–007	
(3) 3–005	
(4) 3–005, 3–007	
(5) 3–005	
(a) 3–007	
(b) 3–007	
(7) 3–008, 3–020	
s.117 6–003	
s.118 7–007	
s.119 2–006	
(1)(a) 2–006, 2–007	
s.121 . . . 2–019, 2–030, 15–010	
s.125(1) 12–019	
Sch.2A . . 1–007, 8–005, 8–011,	
8–016, 10–006	
para.1(1)(a) 8–009	
(2) 8–005	
(b) 8–005	
(4) 8–005	
(5) 8–012	
(8) 10–006	
para.2(1), (2) 8–005	
para.4 8–011	
(5) 8–011	
para.5 8–011	
para.6 8–011	
para.7 8–011	
para.8(3) 8–013	
(5) 8–013	
(6) 8–013	
(7) 8–013	
(8) 8–013	
(9) 8–013	

Stamp Duty Land Tax

para.9(4)	8–007
para.10(4)	8–013
(5)	8–013
(6)	8–013
(7)	8–013
(8)	8–013
para.12	8–008, 8–010
para.13	8–010
(2)	8–010
(3)	8–010
(4)	8–010
(5)	8–010
para.14	8–010
para.16	8–014
(1)	8–009, 8–010
(b)	8–010
(c)	8–007, 8–010, 8–015
(7)	8–007
(4)	8–010
(8)	8–005, 8–007
para.18	12–009, 17–004
(5)	8–004
Sch.3	18–002
para.1	2–005, 12–125, 18–002
para.2	15–011, 18–002
para.3	13–010, 18–002
para.3A	13–010, 18–002
(1)	13–008
(2)	13–008
(3)	13–008
(4)	13–008
para.4	13–009, 18–002
(1)	13–009
(2)	13–009
(2A)	13–009
(3)	13–009
para.5	1–012
Sch.4	4–001, 6–003
para.1	2–005
(1)	2–019, 4–001
para.2	4–011, 9–019
para.3	4–003
para.4	2–018, 6–015
para.5	6–003
(1)	15–003
(4)	6–006, 10–013, 13–004
(5)	6–006
(7)	14–012

para.6	6–007
para.7	6–001, 6–002, 6–004
para.8	13–003
(1)	5–001, 5–003, 5–005
(a)	5–001
(b)	5–002
(1A)	5–003, 5–005, 13–008
(1B)	5–003, 5–005
(1C)	5–003, 5–005
(2)	5–001
(3)(a)	5–001
(c)	5–001
para.8A(1)	13–008
(2)	13–009
para.9(2)	4–003
para.10	6–009, 6–011
(1)	6–010
(2)	6–010
(b)	2–028
(2A)	2–016
(3)(b)	6–012, 6–013
para.11(1)	6–008, 6–012
para.16	4–002, 4–010, 6–011
para.17	10–010, 14–011
(1)	14–011
(2)	14–011
(3)	14–012
(4)	14–012
(4A)	14–012
Sch.4A	3–020, 6–003
para.1	3–020
para.2	3–020
(3)	3–020
(4)	3–020
(7)	3–020
(8)	3–020
para.3(1)(b)	3–020
(3)	3–019
(4)	3–019
(5)	3–019
(9)	3–021
(10)	1–012
para.4	3–021
para.5	3–022, 3–025
(1)(a)	3–022
(2)	3–022
(3)	3–022, 3–024
para.5A	3–022

Table of Statutes

(1)	3–022
para.5B	3–022, 3–023
para.5C	3–022, 3–023
para.5D	3–022, 3–024
(1)	3–024
(2)(b)	3–024
(4)	3–024
para.5E	3–022
(2)	3–024
(3)	3–023
(4)	3–024
(5)	3–024
(6)	3–024
(7)	3–024
(9)	3–024
(10)	3–023
para.5F	3–022, 3–023
para.5G	3–025
(1)	3–025
(2)	3–025
(3)	3–025
(4)	3–025
(5)	3–025
(6)	3–025
para.5H	3–025, 3–026
para.5I	3–025, 3–026
para.5J	3–025
para.5K	3–025, 3–026
para.7	3–020
(5)	3–020
(6)	3–020
para.9	3–019, 3–023
Sch.5	
para.1A	9–003, 9–014
para.2	9–004
(5)	3–013, 3–014, 9–004, 9–018
(6)	9–004, 9–018
para.3	9–005
para.4	9–005
para.6	3–014
para.7	9–006
para.8	1–012, 9–006
para.9	10–002
para.9A	10–002
(1)	10–002
(2)	10–002

(3)	10–002
(4)	10–002
(5)	10–002
(6)	10–002
(7)	10–002
Sch.6A	
para.1	15–002
(2)(b)	15–002, 15–003
(3)	15–002
(4)	15–002
para.2	15–003
(2)(a)	15–003
(c)	15–003
(d)	15–001
(3)	15–003
para.3	15–005
(2)(a)	15–005
(b)	15–005
(c)	15–001
para.4	15–004
(1)	15–004
(2)(a)	15–004
(b)	15–004
(c)	15–001
para.5(2)(a)	15–006
(b)	15–006
(c)	15–006
(d)	15–006
(4)	15–006
(5)	15–006
para.6	15–007
(2)(a)	15–007
(e)	15–001
(f)	15–007
para.7(2)	15–002
(3)	15–001
(4)	15–001
para.8(1)	15–001
(2)	15–001
(3)	15–001
para.11	15–008
Sch.6B	3–008, 3–009
para.1	2–005
para.2(1)	3–010
(2)	3–010
(3)	3–010
(4)(aa)	3–020

xxix

Stamp Duty Land Tax

(6) 3–011	(2) 11–017, 11–019
para.4 3–010	(3) 11–017, 11–019
para.5 .... 3–010, 3–011	(4) 11–018
(1)(a) 3–011	para.4 ... 11–002, 11–017, 11–020
(2) 3–008, 3–010	(4) 11–022
(6)(a) 3–008	(5) 11–022
para.6 .... 3–011, 3–012	(6) 11–023
(3) 3–012	(7) 11–023
(4) 3–012	para.4A 11–020
(6) 2–016	para.4ZA 11–020, 11–021
para.7(2) 3–009	(1) 11–021
(3) 3–009, 3–010	(2) 11–021
(4) 3–010	(3) 11–021
(5) 3–010	(4) 11–021
(6) 3–010	(5) 11–021
Sch.7 17–019	(6) 11–021
para.1 11–002	(7) 11–021
(1) 11–002	(8) 11–021
(2) 7–002	para.5 .... 11–002, 11–017
(a) 11–002	(4) 11–017
(b) 11–002, 11–004,	para.6 11–002
11–019, 11–021	para.7 11–027
(3)(a) 11–004	(1) 11–028
(b) 11–006	(a) 11–027
(c) 11–006	(2) 11–027
(4) 11–004	(3) 11–027
(5) 11–004	(4) 11–027
(6) 11–006	(5) 11–028, 17–004
(6A) 11–006	para.8 11–029
para.2 .... 11–002, 11–008	(1) 11–030
(1) 11–009	(a) 11–029
(a) 11–011	(2) 11–029
(b) 11–011	(3) 11–029
(c) 11–011	(4) 11–030
(2)(a) 11–013	(5A) 11–029
(b) 11–011, 11–012	(5B) 11–030, 17–004
(2A) 11–014	para.9 11–032
(4A) 11–014, 17–004	(1) 11–032
(b) 11–015	(2) 11–032
(5) 11–008, 11–009	(3) 11–032
para.2A .. 11–008, 11–010, 11–013	(4) 11–032
(3) 11–010	(5) 11–032
(4) 11–010	para.10 11–033
(6) 11–010	(2) 11–033
para.2B .. 11–008, 11–011, 11–013	(3) 11–033
para.3 ... 11–002, 11–017, 11–018	(4) 11–033
(1) 11–017, 11–018	(5) 11–033
(a) 11–018	(6) 11–033

Table of Statutes

para.11	11–033		(2)	15–013
(1)	11–033		(2A)	15–013
(2)	11–033		(3)	15–013
(3)	11–033		para.6	15–015, 15–016
(4)	11–033		para.7	15–014
(5)	11–033		para.8	15–014
(6)	11–033		para.9	15–014
para.12	11–032		(2)	15–015
para.13	11–032		para.10	15–014
Sch.8			(1)	15–014
para.1	14–001		(2)	15–014
(1)	14–003, 14–005		para.11	15–014
(2)	14–001, 14–003		para.12	15–014
(3)	14–001, 17–004		Sch.10	
(3A)	14–001		para.1A	18–003
(4)	14–003		para.1(5)	7–008
para.2	14–003		para.2	18–005
(1)	14–004		para.3	19–023
(3)	14–003		para.4	19–023
(4)	14–004		para.5	19–023
para.3	14–004		para.6	19–003
(1)	14–004		(2)	19–004
(2)	14–004		(2A)	19–004
(b)	14–004		(3)	2–017, 19–004
para.3A	14–005		para.7	19–003
(1)	14–005		(4)	19–003
(3)	14–005		para.9	19–002
(4)	14–005		(3)	19–002
(5)	14–005		para.10	19–002
para.3B	14–005		para.11	19–002
para.3C	14–005		para.12	19–002, 19–005
para.4	14–002, 14–003		(1)	19–005
para.8(1)	5–003		(2)	19–005
(1A)	5–003, 5–004		(2A)	19–005
Sch.9			(3)	19–005
para.1	15–012		para.13	19–005, 19–006
(2)	15–012		para.14	19–005
(3)	15–012		para.15	19–005
(4)	15–012		para.16	19–005
para.2	15–012		para.17	19–005, 19–007
(3)	15–015		para.18	19–005, 19–006
para.3	15–012, 15–013		para.19	19–005, 19–006
para.4	15–012, 15–013		para.20	19–005, 19–006
(1)(a)	15–013		para.21	19–005, 19–006, 19–018
(3)	15–015		para.22	19–006
para.4A	15–013		para.23	19–008
para.5	15–012, 15–013		para.24	19–008

Stamp Duty Land Tax

para.27 19–012
para.28 19–013
  (1) 19–013
para.29 19–013
para.30 19–013
  (2) 19–014
  (3) 19–014
  (4) 19–014
  (5) 19–017
para.31 19–013
  (1) 19–018
para.31A(2) 19–018
  (2A)(a) 19–018
    (b) 19–018
    (c) 19–018
  (3) 19–018
  (4) 19–018
para.32 19–013
paras 34–34E 19–020
para.34A 19–020
para.34B(1) 19–020
para.34E(1) 19–020
para.35 20–001
para.36 20–002
  (5A) 20–001
  (7)(c) 20–003
paras 36A–36I 20–003
para.36A(1)(a) 20–004
  (c) 20–003
para.36B 20–004
para.36C 20–004
para.36D 20–003
para.36E 20–004
para.36F 20–004
para.36G 20–004
  (3) 20–004
para.36H 20–004
  (3) 20–004
para.37 20–005
  (1) 20–005
  (2) 20–005
  (3) 20–005
  (4) 20–005
para.38 20–002
para.39 20–002
para.44 20–002
para.45 7–008

Sch.11
para.4 19–002
para.5 19–002
para.6 19–002
  Sch.11A
para.14 20–001
  Sch.14 19–024
para.2(1) 19–024
  (2) 19–024
para.5 19–024
para.8(2) 19–024
  (3) 19–024
  (4) 19–024
  (4A)–(4C) 19–024
  Sch.15 ...... 12–001, 12–005,
                    17–011
para.1 .... 7–002, 12–001
para.2 .... 11–005, 12–001
  (1) 12–002
para.3 12–002
para.4 12–002
para.5 12–003
para.6 12–003
  (1) 12–003
para.7 12–003
  (1) 12–003
  (1A) 12–003
  (2) 12–003
  (3) 12–003
para.8 12–003
para.10 .. 12–006, 12–008, 12–010,
            12–011, 12–016,
            12–017, 12–018,
            12–125, 12–129
  (1) 12–007
    (a) 12–017
    (b) 12–017
    (c) 12–017
  (2) 12–007
  (7) 12–008
para.11 .. 12–006, 12–008, 12–120
para.12 .. 12–006, 12–007, 12–120
  (1) 12–007
para.12A . 12–010, 12–011, 12–016
  (1) 12–011
  (2) 12–011
    (d) 12–011

Table of Statutes

(7) 12–011	para.30 . . 12–016, 12–017, 12–018
para.14 . . 12–013, 12–014, 12–016,	para.31 12–019
12–017, 12–125	para.32 12–019
(1)(a) 12–013	(9) 12–019
(2)(c) 12–017	para.33 12–019
(3) 12–016	(6) 12–019
(3A) 12–013	(8) 12–019
(3B) 12–015	para.34(1) 12–005
(3C) 12–015	(2) . . . 12–007, 12–013, 12–020
(5) 12–015, 12–016	para.35 12–006
(5A) 12–015	para.36 . . . . 12–013, 12–017
(6) 12–016	para.37 12–021
(7) 12–016	para.38 12–008
(8) 12–011	para.39(1) 12–007
para.15 12–015	(2) 12–007
para.17 . . 12–017, 12–018, 12–125,	para.40 . . . . 12–013, 12–017
12–127	Sch.16 14–005
(1) 12–017	para.1 . . . . 13–001, 13–003
(3) 12–018	(2) 13–001
(4) 12–017	(3) 13–001
(5) 12–017	para.3 2–030
(6) 12–018	(1) 13–001
(7) 12–018	(2) 10–009, 13–002
para.17A 12–009, 12–125	(3) 13–002
(1) 12–009	(4) 13–002
(d) 12–011	para.4 13–004
(2) 12–009, 12–010	para.5 13–007
(4) 12–010	(1) 13–007
(5) 12–010	(2) 13–007
(6) 12–010	(3) 13–007
(7) 12–010	para.6 13–007
(8) 12–010	(1) 13–007
para.18 . . 12–020, 12–125, 12–127,	(2) 13–007
12–128, 12–129	(3) 13–007
(1) 12–020	(4) 13–007
(2) 12–020, 12–022	(5) 13–007
(7) 12–020	para.7 13–003
para.19 12–020	para.8 13–004
para.20 . . . . 12–020, 12–022	Sch.17A 9–014
(1) 12–128	para.1(b) 9–002
para.21 . . . . 12–020, 12–021	para.2 9–003
para.22 . . . . 12–020, 12–021	para.3 . . . . . . 9–012, 9–013, 9–014
para.23 . . . . 12–020, 12–024	(1)(b) 9–014
para.24 . . . . 12–020, 12–023	(3) 9–014
para.25(1) 12–125	(3A) 9–012, 9–013, 9–014
(2) 12–125	(4) 9–014, 19–019
para.27 12–126	(6) 9–016, 9–017
para.27A 12–125, 12–126	para.3A 9–012, 9–014

xxxiii

Stamp Duty Land Tax

(1)(b)	9–012
para.4	9–017
(1)(a)	9–017
(b)	9–017
(3)	9–017
(5)	9–002
para.5	9–018
para.6	9–021
para.7	9–006
(3)	9–006
(5)	9–008
para.7A	9–007
para.8	9–006, 9–007
(1)(a)	9–007
(2)(b)	9–007
(3)(c)	9–006
(5)	9–006
para.9	9–023
(1)(a)	9–023
(c)	9–023
(d)	9–023
(2)	9–023
(3)	9–023
(4)	9–023
(5)	9–023
para.9A	9–012, 9–013, 9–014
(1)(b)	9–012
para.10	10–001
(1)	10–001, 12–008
(a)	9–021
(2)	9–022, 10–001
(3)	10–001
para.11	9–024
(1)	9–024
(2)	9–024
(3)	9–024
para.12	9–014
para.12A	10–003, 10–005, 19–004
(2)	10–004, 10–005
(3)	10–004, 10–005, 10–007
(3A)	10–004, 10–005
(3B)	10–004, 10–005
(4)	10–005, 19–004
para.12B	10–006
(2)	6–010, 10–007
(3)	10–007
para.13	9–022
para.15A	9–022

(1A)		10–013
(2)		10–013
para.16		9–023
para.17		2–011, 9–001
para.18		10–014
para.18A		9–011, 10–011
(1)		10–011
(2)		10–011
(3)		10–011
(4)		10–011
(5)		10–012
Sch.19		1–006
2004	Finance Act (c.12)	
	s.306(1)	17–017
	(2)	17–018
	ss 306–319	17–016
	s.307	17–020
	(1)	17–020
	s.308	17–021
	(1)	17–021
	(2)	17–021
	(3)	17–021
	(4)	17–021
	(4A)	17–021
	(4B)	17–021
	(4C)	17–021
	(5)	17–021
	s.309	17–020, 17–021, 17–022
	s.310	17–020, 17–021, 17–022
	s.311	17–024
	ss 311–313ZA	17–024
	s.312	17–024
	s.312A	17–024
	s.313	17–024
	s.313ZA	17–024
	s.314	17–022, 17–023
	s.318(1)	17–017
2005	Income Tax (Trading and Other Income) Act (c.5)	
	ss 60–65	9–011
	ss 291–295	9–011
2006	National Health Service Act (c.41)	
	s.14D	14–007
	National Health Service (Wales) Act (c.42)	

xxxiv

Table of Statutes

	s.18	14–007
	Companies Act (c.46)	
	Pt 26	11–025
2007	Income Tax Act (c.3)	
	s.564B	16–002
	s.991	16–002
	Finance Act (c.11)	1–008, 1–012, 17–005
	Sch.24	1–011, 19–027
	para.1	19–027
	(2)(a)	9–007
	(4)	19–027
	para.1A	19–029
	para.2	19–029
	para.3	19–027
	(1)	19–028
	(2)	9–007
	para.4	19–028
	para.4B	19–029
	para.4C	19–029
	para.9	19–028
	para.10	19–028
	para.11	19–029
	para.12(4)	19–029
	para.13(1A)	19–030
	(3)	19–030
	(5)	19–030
	para.14	19–029
	para.15	19–030
	para.16	19–030
	para.17	19–030
	para.18	19–027
	para.19	19–028
	para.28(h)	19–027
	Tribunals, Courts and Enforcement Act (c.15)	20–001
	s.15	20–006
2008	Finance Act (c.9)	1–008
	Sch.36	1–011, 19–009, 19–011
	para.1	19–009
	para.2	19–010
	para.3	19–010
	para.10	19–011
	para.11	19–011
	para.12	19–011
	para.12A–14	19–011

	para.13	19–011
	para.14	19–011
	para.21A	19–009
	para.25	19–012
	(1)	19–012
	(3)	19–012
	para.26	19–012
	para.27	19–012
	para.29	19–009
	para.30	19–010
	para.36(5A)	19–012
	para.58	19–009
2009	Corporation Tax Act (c.4)	
	ss 63–67	9–011
	ss 231–235	9–011
	Finance Act (c.10)	1–011
	Sch.56	19–026
	Sch.61	
	para.22	17–004
2010	Corporation Tax Act (c.4)	
	s.156	11–006
	s.157	11–006
	s.158	11–006
	s.159	11–006
	s.160	11–006
	s.161	11–006
	s.162	11–006
	s.163	11–006
	s.164	11–006
	s.165	11–006
	s.166	11–006
	s.167	11–006
	s.168	11–006
	s.169	11–006
	s.170	11–006
	s.171	11–006
	s.172	11–006
	s.175	11–006
	s.179	11–006
	s.180	11–006
	s.181	11–006
	s.182	11–006
	s.450	7–005, 11–021, 11–032
	s.451	7–005, 11–021, 11–032
	s.1122	3–015, 7–005
	(3)	12–128
	(4)	12–128

xxxv

Stamp Duty Land Tax

(6)	7–009	s.87	3–027
s.1123(1)	7–005	(1)	3–027
s.1124	11–009	(3)(c)	3–027
Finance Act (c.13)		s.133	3–022
Sch.6	14–001	s.116(2)	3–024
para.1(1)(a)	14–001	s.117(1)	3–024
(b)	14–001	s.147	3–024
(c)	14–001	(2)(e)	3–024
(d)	14–001	s.207(1)	17–014
(4)	14–001	(2)	17–014
para.2	14–001	s.209	17–015
para.3	14–001	s.211	17–015
para.4	14–001	Sch.25	3–019
para.5	14–001	Sch.43	17–014
2011 Charities Act (c.25)		paras 3–11	17–014
s.2	14–001	2014 Finance Act (c.26)	3–019, 15–017, 19–007
2012 Finance Act (c.14)		s.147	3–024
Sch.38	19–029		
para.34	19–029		
2013 Finance Act (c.29)	17–014		
Pt 3	3–019		

xxxvi

Table of Statutory Instruments

1991 Health and Personal Social
Services (Northern Ireland)
Order (SI
1991/194) 14–007

1991 Planning (Northern Ireland)
Order
art.11 14–010
art.40 14–010

1995 Value Added Tax (Special
Provisions) Order (SI
1995/1268)
art.5(1) 4–013
Value Added Tax Regulations (SI
1995/2518)
reg.85 9–019
reg.90 9–019

2003 Stamp duty Land Tax
(Administration) Regulations
(SI 2003/2837) 6–013
regs 1–7 18–006
reg.9 18–003
regs 9–28 4–008
reg.11 4–008
reg.12(2) 4–008
reg.13 6–013
reg.16 4–008
reg.17 .... 4–009, 17–004
reg.18 .... 4–009, 17–004
reg.19 4–009
reg.20 4–009
reg.21 4–009
reg.22 4–009
reg.23 4–009
reg.24 6–013
(3) 4–009, 6–013

(5) 4–009
reg.25 6–013
(1) 4–009
(2) 4–009
reg.27 6–013
reg.28(b) 4–009
Sch.2 18–003

2004 Tax Avoidance Schemes
(Promoters and Prescribed
Circumstances) Regulations (SI
2004/1865) 17–016
reg.4 17–020
reg.6 17–023

2005 Stamp Duty Land Tax Avoidance
Schemes (Prescribed
Description of Arrangements)
Regulations (SI
2005/1868) 17–016
reg.1 17–019
reg.2 17–019
(2) 17–018
(3)(a) 17–019
(b) 17–019
Schedule 17–019
Step B(a) 17–019
(aa) 17–019
(b) 17–019
Stamp Duty Land Tax (Electronic
Communications) Regulations
(SI 2005/844) 18–003

2009 Tribunal Procedure (First-tier
Tribunal) (Tax Chamber) Rules
(SI 2009/273) 20–001

Stamp Duty Land Tax

2011 Taxes and Duties (Interest Rate) Regulations (SI 2011/2446) . . . 19–021, 19–022

2012 Tax Avoidance Schemes (Information) Regulations (SI 2012/1836) 17–016
    reg.4 17–021
    (2) 17–022
    (3) 17–021, 17–022
    reg.5 17–021

    (5) 17–021
    (6) 17–022
    (7) 17–023
    (8) 17–022
    reg.7 17–024
    reg.10(1) 17–024
    (2) 17–024
    reg.12(1) 17–024
    (2) 17–024
    reg.13 17–024

Chapter 1

Outline and background

Outline of SDLT

Stamp duty land tax ("SDLT") is a tax on the acquisition of land or buildings in the UK. It is administered by HM Revenue and Customs ("HMRC"). The department of HMRC which administers SDLT, and also administers stamp duty and stamp duty reserve tax, is officially called "HMRC Stamp Taxes" but in this book we use the more usual phrase "the Stamp Office". It is the purchaser who always has to pay it. The vendor is not liable even if the purchaser fails to pay. The tax is almost always collected by the purchaser's solicitor from his client and sent by the solicitor to the Stamp Office. But the solicitor is not personally liable vis-à-vis the Stamp Office even if his client fails to pay.

1–001

SDLT is charged on acquisitions of land and buildings in the UK only, but is charged regardless of where the purchaser is resident or domiciled.

SDLT is most obviously levied on purchases of freeholds, and grants and assignments of leases, but it is not restricted to those: it applies to any acquisition of an interest in or right over land. It therefore applies, for example, where a property owner grants an easement (say a right of way) to a neighbour for a price, or to the surrender of a lease for a price paid by the landlord.

The rates of SDLT are as follows:

1–002

Non-residential property

Price	%
Up to £150,000	nil
From £150,001 to £250,000	1
From £250,001 to £500,000	3
£500,001 and above	4

1

Stamp Duty Land Tax

Residential property

Price	%
Up to £125,000	nil
From £125,001 to £250,000	1
From £250,001 to £500,000	3
From £500,001 to £1,000,000	4 or 15
From £1,000,001 to £2,000,000	5 or 15
£2,000,001 and above	7 or 15

The definitions of "residential" and "non-residential" are explained in Chapter 3. The 15 per cent rate is charged on some residential purchases for more than £500,000 by companies: this is explained in paras 3–019 to 3–027.

The tax is charged on the so-called slab system. In other words, having ascertained into which band the price falls, that rate applies to the whole price. Therefore a house bought for £500,000 attracts tax of £15,000 but a house bought for £500,001 attracts £20,000. This is frequently criticised and it is noteworthy that the Scottish substitute for SDLT, the land and buildings transaction tax, to come into force in 2015, adopts the more usual system, the one that we are used to in the case of income tax for example, namely that each slice of the price is taxed at the rate for that slice.

1–003   On the grant of a lease the lessee has to pay SDLT on the rent as well as on any premium. There are a large number of special rules about rent, explained in Chapter 9, and the rate on rent is never higher than 1 per cent.

To avoid transactions being deliberately split in order to attract lower rates, or the nil rate, there is a rule that if transactions are "linked" they are aggregated for rate purposes. This is explained in paras 3–013 to 3–018.

If VAT is paid on a price the SDLT is levied on the price plus VAT. There is more on the interaction between SDLT and VAT, and SDLT and other taxes, in Chapters 2 and 9.

1–004   In contrast to CGT and IHT there is no exemption for transactions between husband and wife or between civil partners. Gifts between

Outline and background

spouses or civil partners are exempt on general principles: for gifts subject to a mortgage or other debt, see Chapter 5. There are certain exemptions for transfers on divorce or separation, see Chapter 13.

Where SDLT is payable, the purchaser—almost always in practice his solicitor on his behalf—has to make a return—the SDLT 1 form, sometimes accompanied by an SDLT 2, SDLT 3 or SDLT 4—to the Stamp Office, either on paper or online. This must be sent in and the tax paid within 30 days of the "effective date" of the transaction, normally legal completion. In many cases a return has to be made even if no tax is due, for example on the purchase of a freehold for a price between £40,000 and £125,000 (or £150,000): no doubt to help HMRC police the tax and obtain statistical information. The Land Registry are not meant to register a transaction in respect of which a return needs to be delivered unless they receive a certificate from the Stamp Office that this has been done and (if tax is payable) that it has been paid.

It is only the price attributable to the land interest itself and any "fixtures"—those items which general land law regards as being part of the land—which attracts SDLT. "Chattels", even if they are physically fixed to some extent, are not caught. Worthwhile amounts of tax can be saved by legitimately attributing part of a price to chattels. This area is explored in Chapter 2.

Background to SDLT

Sales taxes are one of the oldest forms of tax. For land transactions, **1–005** until 2003 sales tax took, in the UK, the form of stamp duty. Stamp duty was (and is—it survives for the transfer of shares) a tax on *documents*. The buyer pays the duty and what is now HM Revenue and Customs impress the transfer document with a stamp. Until fairly recently stamp duty was by no means confined to purchases—it covered a mass of documents of other types—mortgages, powers of attorney, deeds of covenant and so on. It also covered many types of property other than land and shares. Gradually its scope was whittled down, for example mortgages were exempted in 1971, intellectual property transfers were exempted in 2000 and transfers of goodwill in 2002. By 2003, the date when stamp duty on land transactions was abolished, stamp duty only covered land, shares and debts (it was abolished for debts in that year). By 2003 the rates of duty on land were in many ways similar to the rates of SDLT today, though the nil rate band was only £60,000 and the present 5 per cent, 7 per cent and 15 per cent rates on higher value residential property did not exist.

3

Stamp Duty Land Tax

But from the tax-gatherer's point of view stamp duty had two major flaws.

1. As it was a tax on documents there was no duty if there was no document, or, to be more precise, no stampable document. Often it was difficult or impossible to carry out a transaction without creating a stampable document, for title or registration reasons: the Land Registry, and most company registrars, would not register a transfer document unless it appeared to be properly stamped. If they did register a stampable but unstamped document they themselves were liable to a penalty. But where there were no practical problems of this kind people used as a matter of course to carry out sales and purchases without transfer documents, for example in the case of chattels (moveables). There could in the case of moveables be a written contract, if desired, but the actual transfer would be by delivery not by document. (This has created problems in proving title to works of art, for example.) In the case of land transactions there were obviously problems in doing without a transfer document, one of them being that by law some transfers of legal or equitable title or leases have to be by deed or in writing.[1] However this is not always the case. Periodical tenancies, or tenancies for three years or less can generally be oral. In the case of any lease, an agreement for lease, if followed by the tenant taking possession, created an equitable lease, which for some practical purposes was as good as a legal lease. This was countered to some extent by a provision[2] that written agreements for a lease of 35 years or less were stampable like an actual lease. While the top stamp duty rate was only 1 per cent, as it was for many years, not much attention was paid to designing schemes to avoid it. However, when the rate increased, and avoiding the tax sometimes made the difference between being able to afford the purchase and not, some intricate schemes were developed to avoid a stampable document but still overcome title or land registration problems.[3]

---

[1] Law of Property Act 1925 ss.52(1), 53(1)(c).

[2] Stamp Act 1891 s.75. Later the 35-year limit was abolished.

[3] For example a sophisticated scheme which was common in the last days of stamp duty on land was as follows. The vendor was urged to put the property into the names of two nominees for him (this had to be done before any subject to contract sale agreement was made, to avoid problems under the Finance Act 1965 s.90). The vendor and the purchaser then entered into a normal sale contract for the sale of the property. However, at completion, instead of the property being transferred to the purchaser by a transfer document the vendor would sell the shares in the two nominee companies to the purchaser. The stock transfer forms attracted only

Outline and background

In 1986 there was "Big Bang" and the gradual adoption of the paperless CREST system of transferring listed or quoted shares. The Government tackled the prospective loss of stamp duty by introducing stamp duty reserve tax ("SDRT") for the transfer of UK shares and certain UK securities. It applies whether or not there is a transfer document and operates like a conventional tax: if the purchaser (or in practice the dealer on his behalf) does not report the transaction and pay the tax he can be assessed and ultimately pursued through the courts. Stamp duty on shares still remains if there is a document of transfer (as there will be with private company shares), and broadly payment of stamp duty absolves the buyer from having to pay SDRT, he does not have to pay both.

2.   Stamp duty does not work like other taxes. It is quite lawful for a buyer to not stamp a stampable document. HM Revenue and Customs cannot demand the stamp duty from him or pursue him in the courts if he fails to pay. (There are certain exceptions, in the case of bearer instruments, for example.) The sanction for not paying stamp duty is that stampable but unstamped documents cannot be used in evidence in a court of law. More importantly in practice, the Land Registry and company registrars, as has already been said, will not register a document which appears to be stampable but is unstamped. (If a stampable document is stamped but late, the buyer must pay interest and penalties as well.) This forced the payment of stamp duty in the case of most purchases and many leases. But there were a number of cases where stampable documents were created which in practice there was no need to stamp and which frequently were not stamped. For example periodical leases or leases of less than twenty-one years (later seven years) were not required to be registered at the Land Registry and leases of this type were often not in practice stamped. Sometimes documents were executed and kept offshore so that, if they did eventually have to be stamped, there would be no penalty.

In 2003 the Treasury and HM Revenue and Customs decided, for land transactions, to abandon the policy of patching up stamp duty and to replace it with a wholly new tax. This was stamp duty land tax ("SDLT"), the subject of this book. Although "stamp duty" is part of its title, and

---

nominal stamp duty (the shares were worth nothing as the companies owned only the bare legal title), but the purchaser effectively had control of the property. This was countered to some extent by the Finance Act 2002 which provided in s.115 that *contracts* for the sale of land had to be stamped like a transfer document, but this only applied to sales where the price exceeded £10m.

5

Stamp Duty Land Tax

the tax uses some stamp duty concepts, it was a wholly new tax which did not incorporate any part of the actual text of the stamp duty legislation. It operates as a conventional tax: the purchaser must send in a return and pay, and if he does not do so HM Revenue and Customs can assess him and ultimately pursue him through the courts. If he does not make a return and pay he is liable to interest and penalties and ultimately criminal sanctions. The tax is imposed on acquisitions of land interests (as explained in Chapter 2) and it applies even if the purchase is not effected by means of a transfer document or even if no document is involved at all.[4] At a stroke the two main drawbacks of stamp duty, from the tax-gatherer's point of view, were eliminated.

1–006   SDLT came into force for most purposes for December 1, 2003. The detailed transitional rules are in Sch.19 of the Finance Act 2003.

Since then there have been various changes to it, though the main structure of the tax has not been changed. The nil rate band for residential property (£0–120,000 in 2003) was slightly increased in 2006 to £0–125,000. At the upper end of the scale the rates on residential property costing more than £1m were increased to 5 per cent in 2011 and if over £2m to 7 per cent in 2012. A penal rate of 15 per cent was introduced in 2012 for purchases of high value (over £2m) dwellings by companies in certain circumstances, and the threshold reduced to £500,000 in 2014: this is described in Chapter 3. The current scales of rates are set out in paras 3–001 and 3–002. In 2004 Byzantine provisions were introduced for partnership transactions. These are described in Chapter 12.

The original SDLT legislation contained a very generous exemption, carried over from stamp duty, for acquisitions in disadvantaged areas. The scheme was crude and it was largely abolished in 2005. An increased nil rate band for residential property in disadvantaged areas survived until 2013.

1–007   From 2010 to 2012 there was a relief for first-time-buyers of dwellings who were going to occupy it as their main residence: the nil rate band was £250,000 rather than £125,000. In 2011 a relief for multiple dwellings purchases was introduced. It had come to be thought that, in particular, a residential property investor should not have to pay a high rate of SDLT on a combined purchase of a number of dwellings when he would have paid a lower rate had he bought them separately. This is

---

[4]   Finance Act 2003 s.42(2)(a).

Outline and background

explained in Chapter 3. The rate of tax is calculated by reference to the average price per dwelling of the dwellings bought.

In 2006 a very wide ranging set of sections, ss.75A to 75C of the Finance Act 2003, were introduced, headed "Anti-avoidance". Essentially they are an overriding rule that if there has been a sequence of transactions under which property has passed from X to Y, and the tax prima facie leviable is less than the tax that would be due on a direct transfer, the latter, higher, figure is the tax due. In addition, from 2013 a new general anti-abuse rule, the "GAAR", applies to SDLT and to many other taxes. These matters are explained in Chapter 17.

In 2013 the sub-sale rules, on which a good many avoidance schemes had been based, were recast and now appear in the very prolix Sch.2A of the Finance Act 2003. Sub-sales are dealt with in Chapter 8.

In 2009 certain SDLT-specific compliance provisions (for example on penalties for errors and the Stamp Office's power to demand information) were repealed. This was to give effect to a policy that compliance provisions should, so far as possible, be common to the major taxes. The rules on these matters, not SDLT-specific, are now to be found in the Finance Acts 2007 and 2008 and are described in outline in Chapter 19.

1–008

In 2013 there were some welcome changes to the rules on holding over by tenants when leases expire, though it is still a complicated subject, tackled in Chapter 9.

The yield from and effect of SDLT

The yield from SDLT for the years in which it has been fully in force has been as follows.

1–009

Year	*£m*
2004–05	6,251
2005–06	7,454
2006–07	9,635
2007–08	9,958
2008–09	4,796
2009–10	4,886

Stamp Duty Land Tax

2010–11	5,961
2011–12	6,125
2012–13	6,907

The yield, of course, reflects both the rise (and sometimes fall) in the value of land and buildings and the amount of activity in the property market. Between 2008 and 2011 there was not only a fall in the value of property but a fall in the number of transactions.

But SDLT is a nice earner for the Government: for example, the yield in 2012–13 approached the yield from capital gains tax (on individuals and trustees) (£3,927m) and inheritance tax (£3,116m) combined. And it is cheap to collect: in most transactions the calculation is simple and solicitors arrange for it to be collected and passed to the Stamp Office.

1–010   As to the economic effect of SDLT and stamp duty, we must leave any serious analysis to the economists. An obvious point is that it is only levied when property changes hands, and it therefore has a viscous effect on the property market, creating an incentive to hang on to, and perhaps improve, one's existing property. Capital gains tax has much the same effect, although it is, of course, paid by the seller rather than the buyer and it is not levied on a person's principal private residence.

It is sometimes suggested that SDLT (and CGT on land) should be replaced by an annual levy on the value of land and buildings, in addition to council tax or business rates. But that is unlikely to be popular. CGT has the advantage that it normally only has to be paid when the seller is in funds from the sale, and SDLT at least only has to be paid when the buyer has had to amass a considerable sum anyway to make his purchase. A regular annual levy would have in practice to be met out of taxed income and would be unpopular as a result, and a government is unlikely to adopt it. (Having said that, in 2013 the Government brought in the annual levy called the Annual Tax on Enveloped Dwellings in the special case of certain higher value dwellings owned by companies: it is in addition to CGT and SDLT. It is intended to be a deterrent against holding high value dwellings in corporate wrappers and is politically motivated.)

Outline and background

The SDLT legislation and how it is amended

The SDLT legislation is in Pt 4 of the Finance Act 2003. Amendments have always been textual, that is have been made by amending the text of that Act. The only exceptions are the introduction of certain new compliance provisions which are not unique to SDLT, such as HM Revenue and Customs' power to call for information (in Sch.36 of the Finance Act 2008) and penalties for inaccurate returns (in Sch.24 of the Finance Act 2007) and the disclosure of tax avoidance schemes (DOTAS) legislation; the alternative finance investment bond provisions in the Finance Act 2009; and the GAAR.

1–011

As to how SDLT legislation is amended, sometimes this is done in the conventional way by a provision in the Finance Act for the year. The Provisional Collection of Taxes Act 1968 applies to SDLT, so if necessary SDLT can be collected on the amended basis from Budget Day onwards.

There is also a general power for the Treasury to vary SDLT legislation by statutory instrument. This is contained in ss.109–111 of the Finance Act 2003. The power is very extensive, but it does not include power to vary the rates of tax or the rate thresholds (though it can alter the transactions taxable at given rates). There are certain protections for the taxpayer:

- a variation made in this way cannot, on general principles, be retrospective (whereas a statute can be);
- the statutory instrument must be positively approved by the House of Commons within 28 days of its being "made", though any period of time during which Parliament is prorogued or dissolved, or the House of Commons is adjourned for more than four days, does not count; and
- a variation made in this way cannot last for more than 18 months—the idea being that gives Government enough time to embed the change in a statute.

There is no similar general variation provision for, say, income tax, corporation tax or CGT, but a defence can be mounted of it in the case of SDLT. With those taxes HMRC often announce a change by press release, stating that the statute, when enacted, will be retrospective to the date of the press release. The problem that this course would pose for SDLT is that, unlike those taxes, it has to be paid 30 days after the transaction; adopting this practice would result in a messy situation

1–012

Stamp Duty Land Tax

whereby the revised tax could not be collected until the statutory change took place, after which it would have to be collected retrospectively. The statutory instrument route removes this problem.

The provision has been used from time to time. The best known example is the introduction of the general SDLT anti-avoidance rule mentioned above. This was first introduced by statutory instrument made on, and having effect from 14.00 on, December 6, 2006 and was later enacted (with significant amendments, as it happens) in Finance Act 2007, which inserted ss.75A to 75C of the Finance Act 2003.

There are in addition some specific areas of SDLT law where the Treasury has the power to make changes by statutory instrument. Probably the most important is the power in s.50 of the Finance Act 2003 to amend what counts as "chargeable consideration" and how it is quantified. This has been used on a number of occasions. The distinction between these specific powers and the general power is that the change does not require the positive approval of the House of Commons, though it will be defeated in the unlikely event of a motion to annul it being tabled and carried. These Treasury powers include the following:

	Finance Act 2003
Power to vary the provisions about chargeable consideration	s.50(2), (3)
Power to except transactions from the general anti-avoidance rule (ss.75A–75C)	s.75C(11), (12)
Power to amend the main compliance provisions (Schedule 10)	s.78(3)
Power to amend the type of information from returns which the Stamp Office can disclose	s.78A(3)
Power to add exemptions	Sch.3, para.5
Power to except cases from the 15% charge on high value dwellings acquired by companies	Sch.4A, para.3(10)
Power to vary the temporal discount rate used in the calculation of the net present value of rent	Sch.5, para.8

Chapter 2

Structure of SDLT

A tax on acquisitions. Chargeable interests

Stamp duty land tax is levied on, and only on, "land transactions", which are defined as the "acquisitions" of "chargeable interests".[1] A "chargeable transaction", that is an acquisition chargeable to SDLT, is any land transaction, that is any acquisition of a chargeable interest, which is not exempt.[2] In the rules on partnerships (see Chapter 12) certain transactions which would not otherwise be land transactions are deemed to be land transactions.

2–001

"Chargeable interest" is defined in s.48 of the Finance Act 2003. It means:

> "(a)   an estate, interest, right or power in or over land[3] in the United Kingdom, or
> (b)   the benefit of an obligation, restriction or condition affecting the *value* of any such estate, interest, right or power,
>
> other than an exempt interest.[4]"

This is wider than the old stamp duty charging provision, which charged "transfers" of "property or any estate or interest in property"[5] rather than "acquisitions" of "chargeable interests".

The definition of chargeable interest obviously includes a freehold or a lease (or a tenancy—in law "lease" and "tenancy" mean exactly the same thing, it is simply that "tenancy" tends to be used for shorter or periodical leases[6]). It includes an equitable interest, for example the

2–002

---

[1]   ss.42(1), 43(1).
[2]   s.49.
[3]   For the meaning of "interest in or right over land" see the VAT case of *Trewby v Commissioners of Customs and Excise* [1976] S.T.C. 122 (CA).
[4]   s.48(1).
[5]   Finance Act 1999 Sch.13 para.1(2).
[6]   A tenancy at will is an exception—it is not a lease, in other words, a term of years under the Law of Property Act 1925.

Stamp Duty Land Tax

interest of a life tenant under a trust, insofar as the trust owns land. Mere *licences* to use or occupy land would probably not be chargeable interests on general principles, but are anyway expressly stated to be exempt interests[7] and so not caught. (Contrast VAT, where a licence to occupy is treated as a land interest.) There can be nice questions, outside the scope of this book, as to whether a purported licence is indeed a true licence or whether it is really a lease: this is a matter of general English land law.[8] It is interesting that in the Scottish substitute for SDLT, the land and buildings transaction tax, at least some licences will be caught. Tenancies at will[9] are exempt interests and so not caught; this is helpful on the matter of the holding over of expired leases, see para.9–014.

"Chargeable interest" also includes an easement, for example a right of way granted by a landowner to his neighbour. It includes a "profit", for example a property right to graze one's animals on another person's land. It includes a restrictive covenant under which a landowner agrees with his neighbour that there shall be a restriction on his (the landowner's) use of his land, for example he agrees not to build. There is no reason why an easement or a restrictive covenant cannot be granted, or released, as a stand-alone transaction for a price, and such transactions are caught for SDLT, but this is not common. In practice such interests are generally "reserved": an owner sells part of his land and it is a term of the transfer that the seller has, say, a right of way over the land he is selling or the buyer agrees not to build on it. No separate price is charged for that right. The writers have no experience of Stamp Office claiming that the land should be regarded as sold at a higher price and the easement or restrictive covenant granted back for a price of its own, nor do they think that analysis correct. However, wording the documents to provide for two prices in that way should certainly be avoided. No conveyancer, of course, would do that for a simple transaction but one might slip into doing it in the case of a complicated property assembly for a development.

The grant of a restrictive covenant was probably, and the release of a covenant was certainly, regarded as exempt from stamp duty, but this is not so for SDLT (in the case of a release or a free-standing grant).

---

[7] s.48(2)(b).

[8] There is much case law on this question, including *Street v Mountford* [1985] A.C. 809 (HL).

[9] For the characteristics of a tenancy at will see *Ramnarace v Lutchman* [2001] 1 W.L.R. 1651 (P.C.).

Structure of SDLT

A call option to, say, buy land will itself be a chargeable interest. On general principles a put option would not be: it is a mere contractual right, not technically a right in or over land. However s.46 of the Finance Act 2003 specifically states that the acquisition of any kind of option requiring a person (if it is exercised) to enter into a land transaction is, if not caught on general principles, deemed to be a land transaction.[10] Therefore the acquisition, whether by grant or assignment, of an option for consideration—if there is consideration for the option itself—is a chargeable transaction in its own right. If and when the option is exercised, and an ordinary chargeable interest acquired, that is a second chargeable transaction: in the case of a call option the two transactions will almost always be "linked" for rate purposes, see para.3–017.

2–003

Similarly, a right of pre-emption would not be a chargeable interest on general principles,[11] but s.46 says that the acquisition of such a right is a land transaction for SDLT.[12] The benefit of a lock-out agreement should not be a chargeable interest.

A "security interest" is stated to be *not* a chargeable interest. "Security interest" is defined as "an interest or right (other than a rentcharge) held for the purpose of securing the payment of money or performance of any other obligation".[13] This means that a mortgagee or chargee has no SDLT liability when he acquires a mortgage or charge over land. Nice questions might arise if the mortgage incorporates an option to purchase (though such provisions anyway raise difficult land law issues and can be sometimes be void). Assuming the provision is not void in general law the view is taken that if it is a provision which only applies if the mortgagor defaults and the court could potentially give him equitable relief in those circumstances, the whole package would be a security interest.

Where a person buys, or is given, a property and assumes a pre-existing mortgage debt, the question of what is the amount on which he has to pay SDLT is dealt with in Chapter 5.

2–004

---

[10] s.46(1)(a).
[11] *Pritchard v Briggs* [1980] Ch.338 (CA).
[12] s.46(1)(b).
[13] s.48(2)(a), (3)(a).

Stamp Duty Land Tax

It is also worth noting that a right to receive rent (even if enjoyed by someone without a land interest[14]) is also regarded as a chargeable interest: SDLT Manual para.00280.

Acquisition. Vendor and Purchaser

2–005

For SDLT to be payable, there must be an *acquisition* of the chargeable interest. "Acquisition" is defined very widely, in s.43(3) of the Finance Act 2003. It is not confined to the acquisition of a pre-existing property interest. It includes the acquisition of a new chargeable interest on its creation, for example a new lease, easement or restrictive covenant.[15] Leases are dealt with in Chapters 9 and 10. It includes the surrender or release of a chargeable interest, for example, a surrender or release of a lease, easement or restrictive covenant, even though the acquirer will not hold it as a separate asset but rather it will be merged into an interest he already owns, often the freehold.[16] It includes the variation of a chargeable interest, except that the variation of a lease is only caught in certain circumstances, as explained in para.10–013.[17]

The terms "purchaser" and "vendor" are used throughout the legislation. To take "vendor" first, the vendor is "the person disposing of the subject-matter of the transaction".[18] The "subject-matter" of a land transaction is "the chargeable interest acquired (the "main subject-matter") together with any interest or right appurtenant or pertaining to it that is acquired with it".[19] It must follow that "vendor" includes a person who, in capital gains tax terms, makes a part disposal, such as a freeholder who grants a lease. It is possible to have an acquisition without a disposal, for example, where a person obtains title by possession to unclaimed land. It is possible that a squatter, who obtains title under the Limitation Act from a landowner, makes an acquisition without there being a disposal—this depends on whether an involuntary disposal counts as a disposal. But these questions are normally academic, as (i) so long as there is an acquisition there is a potential charge to SDLT anyway but (ii) in these cases there will normally be no chargeable consideration.

---

[14] *I.R.C. v John Lewis Properties Ltd* [2001] S.T.C.1118 (Ch D). This point not commented on by CA, [2003] S.T.C. 117.

[15] s.43(3)(a).

[16] s.43(3)(b).

[17] s.43(3)(c), (d).

[18] s.43(4).

[19] s.43(6).

Structure of SDLT

It is the "purchaser" who has the starring role as regards SDLT: it is he who has to make the return and pay the SDLT. (Joint purchasers are dealt with para.2–030.) The purchaser is whoever *acquires* (see above) *the chargeable interest*, even if he would not in ordinary language be described as a purchaser, and even if there is no consideration.[20] For example a donee of land counts as a purchaser: he will not in fact normally be caught for SDLT because he does not generally give any chargeable consideration,[21] but he will be caught if he takes over debt on the property, as explained in Chapter 5, or a donee which is a company connected with the vendor will be caught as explained in Chapter 7. In the case of a surrender or release of a chargeable interest the purchaser is any person whose interest or right is benefitted or enlarged by the transaction.[22] In the case of a variation of a chargeable interest the purchaser is the person benefitting from the variation (that is, whose land interest benefits).[23] There is an overriding proviso that no-one can be a purchaser unless he *either* gives consideration for *or* is a party to the transaction.[24] It seems that this is intended to deal with the following sort of situation: a head lessee pays an unsatisfactory sub-tenant for the surrender of his sub-lease. The head lessee, of course, counts as a purchaser but it might be argued, were it not for the proviso, that the head landlord also is, on the basis that his interest, the freehold, has "benefitted by the transaction" by being rid of an unsatisfactory sub-tenant. But neither has he given consideration nor is he a party to the transaction, so the proviso gets him out.

What is the position where A contracts with B that A should transfer a property to C, assuming that there is no contract, trust or assignment between B and C? C does not give any consideration, and he is not a party to the *contract*, but when the property is transferred to him he certainly becomes a party to the *transaction* and is therefore technically a purchaser. Unless, however, he (or someone connected with him) pays A or reimburses B, or he (C) is connected with B, there will be no chargeable consideration so far as he is concerned, and he will have no liability.[25] B, on the other hand will have a liability, if not on general principles, then under s.44A (discussed at paras 2–027 to 2–029, below).

---

[20] s.43(4).
[21] There is also a specific exemption for transactions with no chargeable consideration in Sch.3 para.1.
[22] s.43(3)(b)(i).
[23] s.43(3)(c)(i).
[24] s.43(5).
[25] Sch.4 para.1(1).

Stamp Duty Land Tax

The effective date: s.119

2-006 The SDLT legislation assigns an "effective date" to every chargeable transaction. This date is of fundamental importance, because it is within thirty days from that day that the purchaser must, if tax is payable, file an SDLT return and pay it; and in some cases must file a return even if no tax is payable. Compliance matters are dealt with in Chapter 18. As one would expect, prima facie the effective date is the date of legal completion of the transaction.[26] But there are exceptions, the most important of which is considered below. Others are considered at the appropriate places in this book.

Acquisition without preceding contract

2-007 Many acquisitions of land interests take place without any preceding contract. Most leases are granted in this way, and most surrenders of leases take place that way. Here the basic rule applies that the effective date of the transaction is "the date of [legal] completion",[27] that is, when the acquisition actually happens. This normally takes the form of the execution of a transfer or other dispositive document, but some land transactions can in general law be oral (such as the grant of a periodical tenancy) or can take place by operation of law, for example a lease can be surrendered by the lessee, with the landlord's assent, handing over the keys with intent to surrender. That is still completion.

Contract to be followed by completion document: s.44

2-008 Where a contract is to be followed by legal completion at a later date, one would expect the SDLT to be triggered by the completion, not the contract. On general principles, though, the purchaser acquires an equitable interest in the property on exchange of contracts, and if there were no special provision his exchange of contracts would trigger his liability. The position is modified, therefore, by s.44 of the Finance Act 2003, which applies whenever there is a contract under which the transaction is to be completed by a "conveyance" (which includes any instrument[28]).[29] Under this provision it is the common sense position that generally prevails, namely that it is completion that is the effective

---

[26] s.119(1)(a).
[27] s.119(1)(a).
[28] s.44(10).
[29] s.44(1).

16

date and thus triggers the purchaser's liability.[30] Bear in mind, however, that if there is a contract which is to be completed later but *not* by a document, for example a contract for the surrender of a lease to be completed later by operation of law, s.44 does not apply: the landlord will acquire an equitable interest in the lease by virtue of the contract and the contract will trigger his SDLT.

However, the SDLT legislation had to deal with "rest in contract" arrangements. In other words, situations where there is a contract, the contract does not itself amount to or incorporate a transfer document, the purchaser typically pays the price and is allowed into full possession, but no document of transfer is intended to be ever executed, or not for a long time, so until then there is no "completion". (This can have serious non-tax drawbacks, particularly where the purchaser needs to register his title.) Transactions may be carried out in this way for reasons which are nothing to do with tax avoidance: for example, in general law an agreement for lease is in some cases more or less as good as an actual lease. But as we have seen in Chapter 1, stamp duty avoidance schemes often relied on resting in contract.

One solution would have been a general rule that the contract should trigger the SDLT, but that would have been a great nuisance to purchasers in straightforward cases. The solution adopted is to levy SDLT when, to all intents and purposes, the transaction has been carried out from the commercial point of view. The rule is that if "substantial performance" of the contract takes place before legal completion the date of the substantial performance is the effective date and so triggers the SDLT liability: in the curious words of s.44(4) of the Finance Act 2003 "the contract is [then] treated as if it were itself the transaction provided for in the contract". Substantial performance takes place if either:

1. the purchaser, or a person connected with him, takes possession of the whole, or substantially the whole, of the subject-matter of the contract,[31] or
2. the purchaser, or a person connected with him, takes receipt of rents and profits of the property, or the right to receive them,[32] or
3. a substantial amount of the consideration is paid or provided.[33]

---

[30] s.44(3).
[31] s.44(5)(a).
[32] s.44(6)(a).
[33] s.44(5)(b).

Stamp Duty Land Tax

2–009 This is so even if the purchaser is not seeking to avoid tax, and even if legal completion follows soon. If he needs to borrow to pay the tax he needs to bear in mind that he will not at that point be able to give a lender full security over the land. For who is connected with whom, see the Appendix.

There is one case where the purchaser will positively want to "substantially perform": this is where all or part of the consideration he is giving is the carrying out of works on the land. By substantially performing *before* he does them he generally avoids SDLT on the value of them. This is explored in paras 6–009 to 6–011.

The three types of substantial performance are now considered. 2 and 3 are easier than 1 and are taken first.

Substantial performance: receipt of rents and profits: s.44(6)(a)

2–010 Substantial performance takes place if the purchaser, or a person connected with him, takes receipt of, or the right to receive, rents and profits of the property. "Profits" presumably means licence fees and the like. This will not often be a problem because under the typical contract the purchaser is not entitled to rent until completion. Where the contract does give the purchaser the right to rents and profits earlier the fact that the property happens to produce no rent between contract and completion does not save him. On the other hand, in the writers' view the property must be rent or profit producing: the fact that that the contract gives the purchaser the theoretical right to rent will not catch him if the property is not let. If it is merely that on completion he becomes retrospectively entitled to the rents earned between contract and completion, that does not give rise to an earlier substantial performance.

Substantial performance: payment of consideration: s.44(5)(b), (7)

2–011 To be precise, there is substantial performance:

a. if none of the consideration is rent, when the whole or substantially the whole of the consideration is paid or provided;

Structure of SDLT

b.   if the only consideration is rent, when the first payment of rent is made;

c.   if the consideration includes both rent and other consideration,
    (i)   when the whole or substantially the whole of the consideration other than rent is paid or provided, or if earlier
    (ii)   when the first payment of rent is made.

("Consideration", not "chargeable consideration", is the word used). The payment of even £1 of rent will trigger substantial performance. To be safe it should be assumed that this applies not only where the transaction is the grant of a new lease but also where it is an assignment of an existing lease—if the assignee pays rent which would otherwise be the assignor's liability, that is a form of consideration.[34]

In the case of a cash price, or other non-rent consideration, it is only the payment or provision of the whole or substantially the whole of it that is caught. The Stamp Office, helpfully, say that they normally interpret that as 90 per cent or more: SDLT Manual para.07950. However, it should be assumed that the Stamp Office will not feel bound by their 90 per cent figure where there are contrived avoidance arrangements: see SDLT Manual para.07950. And structuring payment of the price as, for the time being, a loan does not, in the writers' view, work.

Where the total price is uncertain, where there is an overage or earn-out element for example (see paras 4–004 to 4–010), it is believed that the Stamp Office calculate the 90 per cent on the estimated total consideration figure included in the purchaser's return.

2–012

It is not clear what the position is if the purchaser pays not to the vendor outright but to a stakeholder or into an escrow account. For planning purposes the purchaser should assume that this does count as the consideration being "provided", at least if the only circumstance in which he could be entitled to his money back was a breach of contract by the vendor.

---

[34] Sch.17A para.17 says that it is not _chargeable_ consideration, but not that it is not consideration.

Stamp Duty Land Tax

Substantial performance: taking possession: s.44(5)(a), (6)

2-013 The purchaser substantially performs when he, "or a person connected with him, takes *possession* of the whole, or substantially the whole, of the subject-matter of the contract". The statute states that "it is immaterial whether possession is taken under the contract or under a licence or lease of a temporary character". The purchaser must *take* possession: merely having an unexercised *right* to possession is not enough (though the SDLT Manual seems to take a different view[35]).

Possession is the word used, not occupation. Possession for present purposes requires occupation, but it is a stricter concept. It is a term of English land law, and not too easy to pin down.

> "The difference between possession and occupation is rather technical, and even to those experienced in property law, often rather elusive and hard to grasp. None the less, it is very well established ... ".[36]

It is clear that it requires both factual possession (occupation, so far as we are concerned) and the intention to possess. Possession must ordinarily be exclusive[37]: a possessor must be able to exclude any third party and the owner himself.[38] It is difficult, though not impossible, for possession to be "shared": for that, the persons in question must have a joint interest or something tantamount to it.[39]

2-014 Having said that, one should assume, in the light of the courts' purposive interpretation of legislation, that, however it is documented, a purchaser who is allowed in to occupy the property quite generally, for all purposes or to carry out really major works—a new build, for example, or a major reconstruction—will be held to have taken possession.

But it is important that any possession must be of the whole, or substantially the whole, of the subject-matter. The Stamp Office have not said what they regard as substantially the whole, and it would be

---

[35] Para.07900: "a contract will be substantially performed where the purchaser obtains "the keys to the door" and is entitled to occupy (however this is documented)".

[36] *Akici v L.R.Butlin Ltd* [2006] 1 W.L.R. 201 (CA), per Neuberger LJ.

[37] *Topplan Estates Ltd v Townley* [2005] 1 E.G.L.R. 89 (CA).

[38] *Clarence House Ltd v National Westminster Bank Plc* [2010] 2 All E.R. 201 (CA).

[39] *Akici.*

Structure of SDLT

risky to rely on the 90 per cent figure they use for price. A cautious figure might be 75 per cent. Properties often have grounds: so long as the purchaser is kept out of 25 per cent or more of the combined building floor area (if any) and non-building land area he should be all right.

The question often arises as to whether allowing the purchaser, or his contractor, to enter to fit out or to do other non-major works means that he takes possession. The fact that it is his contractor rather than him himself does not help: the contractor will be there on his behalf. But in the writers' view so long as there is documentation (which can be simple, say an exchange of letters) stating that the purchaser, although being physically given access, is not being given possession and that the vendor can make use of the property at any time (and preferably that the purchaser will be excluded altogether if he is in breach) he will not take possession.

Indeed whenever a purchaser is allowed into the property between contract and completion (except for short visits for measuring and the like) it is strongly advisable that there should be documentation (say an exchange of letters) stating what he is being allowed on for, limiting if relevant the area to which he has access, and stating that he is not being given possession and the vendor can make use of all parts of the property at any time.

2–015

It is sometimes said that if the purchaser has to hand back the keys of the property every night and collect them in the morning, that prevents his taking possession. The writers are sceptical, but in many cases possession can, as has been explained, be avoided in other ways.

Sometimes a contract will provide for a developer-purchaser to take possession of a site in stages. If this happens without legal completion of that area, the above rules apply: only when he has taken possession of (say) 75 per cent of the whole land will he have substantially performed on the possession ground. Where, however, there is legal completion of the area in question that is likely to be regarded as a separate acquisition of a chargeable interest, with SDLT being triggered on the appropriate part of the price. Where the transaction is an agreement to grant a building lease, where the lessee agrees vis-à-vis the lessor to build, he will want to trigger the effective date, as explained above, but if possible only on the area he is working on. One answer is to require legal completion of that phase before he starts work on it. If that is not commercially possible he should consider whether it is possible to turn

Stamp Duty Land Tax

the transaction into multiple land transactions so that he can substantially perform on one phase at a time by taking possession of that phase only.

Substantial performance: procedure: s.44(8), (9)

2–016 If there is substantial performance the purchaser must, if the transaction is notifiable, send in his return and pay any tax (on all the consideration, not just on what, if anything, he has already paid) within 30 days in the ordinary way. Compliance is dealt with in Chapter 18.

When legal completion does take place the statute states that that is a *second* "notifiable transaction" (presumably only if the acquisition is notifiable on general principles, see Chapter 18). Tax is only payable on any excess of the chargeable consideration at that time over the chargeable consideration at substantial performance.[40] There will not often be any, and if there is not this second return is just a nuisance (but it must be made, otherwise the Stamp Office will not send an SDLT 5 to the Land Registry). The Stamp Office say that the return (an SDLT 1) should be sent to the Birmingham Stamp Office (therefore on paper) with a covering letter and a copy of the previous SDLT 1.[41]

This double notifiability gives rise to concerns. For example, if the transaction is an exchange and the tax is calculated on the market value of the property (see Chapter 6), and the value has gone up since substantial performance, does it mean that the purchaser must pay more tax? It is considered not: it is considered that there is still only one chargeable transaction and one effective date. The legislation relating to the carrying out of works, see paras 6–009 to 6–013, implies[42] that, on general principles, there are two effective dates, but it is thought that this does not change the proper interpretation of s.44(8), partly because the works provision is an amendment to the Act, which points against its affecting the interpretation of the rest of the Act.

2–017 A valuable rule is that if tax is paid on substantial performance but subsequently the contract is "to any extent" rescinded or annulled (including by mutual agreement), or is for any other reason not carried into effect, the purchaser is entitled to a refund of the tax or the

---

[40] s.44(8).
[41] SDLT Manual para.07800.
[42] Sch.4 para.10(2A). Sch.6B para.6(6) is to the same effect.

appropriate part of it.[43] He must claim this by amending his return. There is "except as otherwise provided" a time limit of 12 months plus 30 days from (here) substantial performance for amending a return[44] and the Stamp Office take the view that no claim can be made after that. This matter has reached the tribunal, though there has not yet been a decision on the substantive points.[45] Two substantive points are raised by the case: the first is that as s.44(8) itself contains no time limit for claiming a refund the twelve months + 30 days limit does not apply: it is an "otherwise provided" case. The second argument is that a partial repayment claim can be made where, say, the contract is varied to reduce the area sold and thus the price. In view of the words "to any extent" the Stamp Office's case on this must be very weak.

There are also general provisions under which a purchaser can, within four years, claim a refund of tax paid but never due, but for that he would have to show, for example, that the contract was void or voided for mistake or misrepresentation. These provisions are dealt with in para.19–020.

Price apportionment: Sch.4 para.4

Often a purchaser buys, in one transaction, a package of items, one or more of which are chargeable interests (i.e. land interests) and one or more are not and thus do not attract SDLT. This situation is tackled by para.4 of Sch.4 of the Finance Act 2003, which provides:

> "(1) For the purposes of this Part [i.e. the SDLT legislation] consideration attributable—
> –   in part to a land transaction and in part to another matter...
> shall be apportioned on a just and reasonable basis.
> (2) If the consideration is not so apportioned, this Part has effect as if it had been so apportioned.
> (3) For the purposes of this paragraph any consideration given for what is in substance one bargain shall be treated as attributable to all the elements of the bargain, even though—
> (a)   separate consideration is, or purports to be, given for different elements of the bargain, or

2–018

---

[43] s.44(9).

[44] Sch.10 para.6(3).

[45] *Portland Gas Storage Ltd v Revenue and Customs Commissioners* [2014] S.T.I. 2406 (UT). See para.19–004.

Stamp Duty Land Tax

> (b) there are, or purport to be, separate transactions in respect of different elements of the bargain."

This issue tends to arise most often when a purchaser is buying a building and chattels in it; or where he is buying as a going concern a business that includes a land interest. These cases are explored below. The provision states that any apportionment by the parties of the overall sale price, in the contract or otherwise, is not conclusive. If the parties' figure is carelessly or deliberately wrong the purchaser can be liable to penalties, and where there is evasion the parties could be liable for the criminal offence of conspiracy to defraud the revenue, and their solicitors, if parties to the evasion, might be liable for that, penalties and professional misconduct.[46]

Fixtures and chattels

2–019   As we have seen, it is only the consideration for the "subject-matter" of a land transaction, that is for the chargeable interest, that attracts SDLT.[47] "Chargeable interest" is defined by reference to land, and "land" is defined as including buildings and structures and land covered by water.[48] On general principles it includes fixtures but not chattels. Where the purchaser as well as buying the land or building is buying some chattels in it, he pays no SDLT on the price attributable to the chattels, nor is the price for the latter taken into account taken into account under the linked transaction rules (see para.3–013). Worthwhile amounts of tax can be saved by attributing as much as legitimately possible to chattels, especially if that brings the land price into a lower rate band.

The distinction between land and chattels is one of general land law: there are no special SDLT rules. There are in fact three categories:

1. fixtures other than those within 2;
2. "tenant's fixtures", that is fixtures of certain types installed by a tenant for the purposes of his trade—he is allowed to remove them before the expiry of his lease; and
3. chattels.

---

[46] *Saunders v Edwards* [1987] 1 W.L.R. 1116 (CA).
[47] Sch.4 para.1(1).
[48] s.121.

Structure of SDLT

There is a respected account of the law in Woodfall on Landlord and Tenant, paras 13.131 to 13.168.1.

Loose, unfixed, items are almost always chattels. But many items are chattels even though physically affixed: whether an item is or not depends on the degree and, more importantly, purpose of its annexation. It is said that the test is whether it has been fixed for its more convenient use as a chattel or for the more convenient use of the land or building. As Roch LJ said in *Botham v TSB Bank Plc*[49]:

2–020

> "If the item viewed objectively, is intended to be permanent and to afford a lasting improvement to the building, the thing will have become a fixture. If the attachment is temporary and is no more than is necessary for the item to be used and enjoyed, then it will remain a chattel."

In the case of dwellings the division is to a great extent well known: baths, lavatories, fitted kitchen units, fitted cupboards (generally), AGAs, boilers and the hot and cold water system and the basic electrical installation including in-built lights are fixtures: carpets, curtains and blinds are chattels, as are "white goods" such as dishwashers and cookers (unless an integral part of a fitted kitchen, such as a split level oven).[50] In the case of a commercial building like an office partitions and cupboards if fixed but fairly easily removable are chattels. Industrial premises are more difficult. A machine which is held in place simply by its own weight is a chattel.[51] A greenhouse resting by its own weight on a concrete slab and removable as a practical matter is a chattel.[52] Any item which has been affixed to the premises simply to provide stability and which can be removed without material damage either to itself (even if dismantling and reassembly is involved) or the building is, it is considered, a chattel.

The intention of the parties as to whether an item is a fixture or a chattel is irrelevant. The test is objective.[53]

---

[49] (1996) 73 P. & C.R. D1 (CA).

[50] *Botham v TSB Bank Plc.* For an SDLT case where a house purchaser was unsuccessful in arguing that certain items were chattels, result being to push her purchase into a higher rate band, see *Orsman v R.C.C.*

[51] *Hulme v Brigham* [1943] K.B. 152.

[52] *H.E.Dibble Ltd v Moore* [1970] 2 Q.B. 181.

[53] *Melluish v BMI (No.3) Ltd* [1996] A.C. 454 (HL).

25

Stamp Duty Land Tax

Fixtures and chattels: what the parties should do

2–021   Where as part of the deal the purchaser is buying chattels, it is of course desirable for him to attribute, in the contract, as much to chattels as he legitimately can, if he can persuade the vendor to agree his figure. This is particularly so if the effect is to keep the land price in a lower band. As has been seen, the parties' apportionment is not conclusive; but having said that, apportionment of a price is not an exact science and there is no reason why the parties should not adopt a highish figure for chattels, provided it is defensible, in other words that the purchaser could plausibly argue for it. Where a substantial amount of tax is at stake, a professional valuation may be desirable.

There is no requirement to report (for information) the amount attributed to chattels on the SDLT return form, unless the purchaser is buying a business as a going concern, in which case he must report the total amount attributed to chattels, stock, goodwill and "other" items (Q1 of SDLT 4).

There is more risk of the Stamp Office asking questions if the land price figure is at, or not much below, the top of a rate band. They launch some enquiries on a random basis, and it is believed that where the land consideration is close to the top of a band their computer is more likely to generate an enquiry.

2–022   If the contract does not apportion the price at all, that does not stop the purchaser when completing the return putting in a reduced price for the land (i.e. deducting a figure for chattels) if he considers that justified, but if the unreduced figure is in the transfer he should expect questions to be asked (the transfer figure and the return figure will differ).

As to tenant's fixtures on an assignment or surrender of a lease: they are nevertheless fixtures and if the purchaser is buying them they, at first sight at least, attract SDLT. (Of course, if the outgoing tenant is to actually remove them, even after the effective date, no part of the price will in fact be attributable to them.) However, in the case of an assignment of a trade as a going concern it can be argued that what the assignor is selling, as regards those fixtures, is the right to sever and remove them and that that is not an interest in or right over land, and so escapes SDLT,[54] but this argument is not certain to succeed.

---

[54] See Nock, *Stamp Duty Land Tax* 3rd edn, para.4.19.

Structure of SDLT

If fixtures are severed, so that at the effective date they are not fixtures but chattels, at first sight they escape SDLT. But severing simply to save SDLT will rarely be worth the bother unless the effect is to push the land price into a lower rate band. And if the purchaser is to reaffix them, the writers consider that he may be caught by the general anti-avoidance provision, s.75A.[55]

Purchase of a business as a going concern. Goodwill

On the purchase of a business as a going concern, the purchaser will buy some or all of the following:

2–023

- capital land and buildings (including fixtures in them)
- trading stock (which will include land and buildings and fixtures in them in the case of a land trade)
- capital chattels (these are included in fixed assets in the accounts, but by definition are not fixtures in the land law sense)
- work in progress
- debtors
- intellectual property (patents, registered trade marks, registered designs, copyrights, software, etc.)
- the name (if not a registered trade mark)
- the benefit of present contracts
- business books and records, including lists of customers
- goodwill.

(The name, benefit of contracts and business records are often treated as part of goodwill rather than as separate items.) The total consideration given by the purchaser is not only the cash he pays but any liabilities of the business that he takes over.

The only item on which the purchaser has to pay SDLT is the land and buildings, which includes the fixtures in them. But SDLT is by no means the only tax that is important when apportioning the total price. Vendors and purchasers must also consider the following.

- income tax or corporation tax on stock and work in progress. The vendor will want a low figure for these items, the purchaser a high figure;

---

[55] It is not considered that he is saved by s.75B (incidental transactions).

Stamp Duty Land Tax

- capital allowances for income tax or corporation tax. On chattels the vendor will prefer a low figure, the purchaser a high. On fixtures at first sight the position is the same, but the purchaser's position is complicated by the rules in ss.185A and 187A of the Capital Allowances Act 2001: parties will now almost always make an election under s.198, often for the vendor's tax-written-down figure, otherwise the purchaser is generally denied any allowances;
- on intellectual property and goodwill, one or both parties may be within the corporation tax regime for intangibles. If so the vendor will want a low figure (unless he can obtain roll-over), the purchaser a high;
- on chargeable assets for capital gains taxation, the vendor will want a low price (unless he can obtain replacement roll-over). The purchaser may not much care if he does not plan to sell them in the near future.

2–024 (Losses and entrepreneur's relief available to either party may affect their attitude.) And then there is SDLT: the purchaser will want a low figure for the land and buildings, the vendor does not care (as regards SDLT—it is not his worry). As it is the one area where the purchaser wants to go low, he is well placed in apportionment negotiations on this point.

A vexed question is how price should be apportioned between land and buildings on the one hand, and goodwill on the other. There is agreement that the figure to be attributed to goodwill is the total price paid less the figures properly attributed to all the other assets of the business being bought.[56] Therefore the issue so far as SDLT is concerned is how much should be attributed to the land and buildings.

There is no dispute about "inherent goodwill" (though as a matter of terminology HMRC no longer favour this and similar terms). A site may have a particular advantage—not derived from its reputation or trading history—as regards the business being carried on, or as regards business generally. For example shop premises may be on a busy corner site. A filling station on a main road will attract custom regardless of its trading history. A building designed or adapted and fitted out as a hotel, and with planning permission for hotel use, will have a good start as the base for a hotel business, regardless of its history; and so on. Any additional value attaching as a result is "inherent goodwill", that is, not goodwill at all but part of the value of the building.

---

[56] para.6.1 of the HMRC Guidance Note referred to below.

Structure of SDLT

Difficulty arises in particular with so-called "trade related properties". This is by origin a concept of the valuation profession and means properties which are particularly designed or adapted for the business carried on there, in the case of which the value is thought particularly likely to reflect the maintainable profit from the property. Examples are pubs, hotels, filling stations, cinemas, restaurants and care homes. The matter was explained in R.I.C.S. Guidance Note GN2, and is now incorporated in RICS Valuation—Professional Standards (the Red Book).

2–025

HMRC have fastened on to this. Their position is set out in their Background Note and Guidance Note originally dated February 3, 2009, reissued with minor amendments on September 30, 2013.[57] Their argument, over-simplifying somewhat, is that a typical hypothetical willing purchaser of a trade related property would be a reasonably efficient operator ("REO"); and he would, _even if he were not buying the business as a going concern_, nevertheless be able to achieve a fair maintainable operating profit ("FMOP") from the property (after some delay, if relevant, to work the business up, particularly if the old business was in a poor state). The actual profits made by the vendor can be evidence, though no more than that, of what the fair profit would be. The _property's_ value should therefore be based on an appropriate multiple of the fair profit figure, with appropriate adjustments and deducting from the prima facie figure so arrived at the value of any other assets (ignoring goodwill).[58] The amount to be attributed to goodwill is then, on general principles, the total price paid by the purchaser minus the amounts so attributed to the property and all other assets. But the consequence, in HMRC's view, is that there will often only be an amount left for goodwill if either (i) the vendor has being making super-profits and the purchaser is paying him something extra in the hope that he can wholly or partially replicate them or (ii) the purchaser is overpaying for the business.

This line of argument of HMRC's seems to be confined to trade related properties. It seems they do not apply it to shops, offices, industrial buildings and so on.

On trade-related properties, one can accept that there is a grain of correctness in HMRC's approach, more in some cases than others. It is

---

[57] [2013] S.T.I. 3220.
[58] Other assets include the value of the benefit of existing contracts, if they have a value, less the value of contracts which the hypothetical purchaser might be expected to make in lieu.

Stamp Duty Land Tax

clearly not wrong to take some account of the site and trading record of the property in arriving at a value for it. This is what a prospective purchaser, even of the building alone, would do. Where the approach is wrong, in the writers' opinion, is to attach too little value to the additional package the purchaser receives by virtue of his purchase being of a business as a going concern, and too little to the impairment of value which results from its absence. On a purchase as a going concern the purchaser takes the name; the business records; the staff (though of course he may not keep them all); and in particular the benefit of a restrictive covenant whereby the vendor promises not to compete. For example the purchaser of a care home or pub building on its own runs the risk that the vendor may open up next door the following day and take a good many residents or customers with him. The amount paid for the additional package is for goodwill.

Goodwill: what purchasers should do

2–026   Again, the purchaser should seek to negotiate with the vendor a highish, but defendable, apportionment of the total price to goodwill. It will normally be advisable for him, when he sends in his return, to write to the Birmingham Stamp Office explaining briefly how the figure has been arrived at—this should limit the time within which the Stamp Office can open an Enquiry, see paras 19–013 to 19–017. In the SDLT return he must disclose (for information) the amount attributed to all non-land and building items (Q1 of SDLT 4).

Quasi-purchases: s.44A

2–027   There is a provision, s.44A of the Finance Act 2003, which sets out to catch the developer who does *not* acquire a land interest, and who is therefore a glorified building contractor, but has the ability to nominate onward buyers. The provision shows signs of hasty drafting and raises various difficulties of interpretation. It is a trap for those who are unaware of it but for those who are aware of it it is not too difficult to sidestep.

The provision applies where:

- there is a contract between A (typically the landowner) and B (typically a developer),
- under which A agrees to transfer or lease the land in question, at the direction *or request* of B,

Structure of SDLT

- to a person (C, not normally identified at this point) who is not a party to the contract, or either to a C or to B himself.[59]

If, and only if, and when, this contract is substantially performed B is deemed to acquire a chargeable interest, and B's substantial performance is the effective date of that deemed acquisition.[60] The section does not explain what the deemed chargeable interest is that B is deemed to acquire, and therefore it is difficult to know what consideration he gives for it. But to make sense of the section one has to assume that the chargeable interest he acquires is his bundle of rights under the contract. The consideration that he gives A for those rights will depend on the facts, but will typically be:

- (possibly) a licence fee in return for being allowed on to the land;
- his obligation to build;
- his obligation to find, or at least try to find, onward buyers.

The consideration he gives will not ordinarily include payment of all or part of the proceeds of the ultimate sales; because, whatever the practical arrangements, those sales will generally be made by A (or by B as attorney for A) and out of the proceeds A will pay B a sum (almost always proceeds-related) for his work. That is consideration given by A to B, not B to A. **2–028**

"Substantial performance" is governed by the rules already explained, and B will typically substantially perform when he takes possession of the land. This will therefore trigger his SDLT liability. His chief chargeable consideration will be the works that he does: as to how these are valued and generally, see Chapter 6. He probably cannot invoke the rule that works are not chargeable consideration if done after the effective date, because that only applies if they are done on land acquired or to be acquired,[61] and he is not acquiring any land.

Deemed acquisitions under s.44A are always notifiable and B must send an SDLT 1 to the Stamp Office, whatever the chargeable consideration.[62]

Section 44A prima facie overlaps the sub-sale rule, because in a basic purchase contract the buyer has the right to direct the seller to transfer **2–029**

---

[59] s.44A(1).
[60] s.44A(3).
[61] Sch.4 para.10(2)(b): see para.6–010.
[62] s.77(1)(c).

31

Stamp Duty Land Tax

to any third party nominated by him. The general view in the tax profession is that the sub-sale provisions override s.44A when they prima facie both apply.

When B does nominate a C, generally A will enter into a sale contract with C and C will have an SDLT liability on general principles. If B contracts with C (to procure a transfer by A) that will also be a contract for an ordinary acquisition by C.[63] If in the event B directs or requests A to transfer to B himself, that is treated as a contract for an ordinary acquisition by B[64]; B seems to have a double charge here, one under s.44A and the other on general principles.

The answer to s.44A is to take advantage of its wording. The simple course is not to have a right to nominate or request at all and leave sales decisions to A, but this will not often be commercially acceptable. An alternative is to give the right to nominate not to B but to, say, B's parent company or sister subsidiary. (As a belt-and-braces precaution it may be best to avoid a director or subsidiary of B, in order to forestall any Stamp Office argument that, construing the provision purposively, such a person should be regarded as a mere agent of B.) A course sometimes seen is that onward sales are decided by a committee on which A and B are both represented, with B having no more than 50 per cent of the voting power and no casting vote. In all drafting any hint that B has the right to make suggestions to the decision maker must be rigorously avoided, otherwise there might be a Stamp Office argument that the contract provides for B to (indirectly) request A.

Joint purchasers: s.103, Sch.16 para.3

2–030   Where two or more persons make a joint purchase, what happens as a matter of land law is that a person or persons buy the legal estate as bare trustees for persons who will own beneficially as either joint tenants or tenants in common (or in Northern Ireland as coparceners). Normally these persons will be the same, for example A and B buy the legal estate as bare trustees for A and B as beneficial owners, though they can be different, so C and D could buy as bare trustees for A and B. Leaving aside the case of a grant of a lease, para.3 of Sch.16 of the Finance Act 2003 tells us that it is A and B as the beneficial owners who are treated as making the purchase. It is one joint purchase for rate and general purposes, even though they are incidentally also each acquiring separate

---

[63] s.44A(7).
[64] s.44A(6).

Structure of SDLT

beneficial interests.[65] By s.103 A and B as the joint tenants, tenants in common or coparceners beneficially entitled[66] are jointly obliged to submit a single SDLT return and are either jointly or jointly and severally liable for the tax.[67] They must both make the declaration in the land transaction return, which means in the case of a paper return they must both sign it.[68] Where there are more than two joint purchasers an SDLT 2 must be completed for each additional one. Claims for relief must be made by all of them.[69] There are detailed provisions in s.103 about Enquiries, assessments, reviews and appeals in joint purchaser cases.[70]

Interaction with other taxes

Value added tax

The interaction of SDLT and VAT is dealt with elsewhere in this book, especially at paras 4–011 to 4–013 and 9–019 to 9–020.

2–031

While SDLT generally has to be paid on the VAT element of a price or rent, VAT never has to be paid on SDLT. SDLT is not part of the consideration that the purchaser or lessee pays for the supply, it is a separate tax that he has to pay to the Government.

Capital gains taxation

SDLT is part of the "incidental costs of acquisition" which the purchaser or lessee is allowed to deduct in computing his chargeable gain when he comes to sell.[71] In the case of a company within the charge to corporation tax it is indexed upwards, just as his acquisition price itself is.[72] Conversely in the case of a lease which is, or becomes, a wasting asset, the SDLT is part of the cost that is written down.[73]

2–032

---

[65] _Pollen Estate Trustee Company Ltd v Revenue and Customs Commissioners_ [2013] S.T.C. 1479 (CA).

[66] See the definition of "jointly entitled" in s.121.

[67] s.103(2)(a), (c), (3). There is very little difference between joint and joint and several liability.

[68] s.103(4).

[69] s.103(2)(b).

[70] s.103(5)–(7A).

[71] Taxation of Chargeable Gains Act 1992 s.38(1)(a), (2).

[72] Taxation of Chargeable Gains Act 1992 s.53(2)(b).

[73] Taxation of Chargeable Gains Act 1992 Sch.8 para.1.

Stamp Duty Land Tax

Income tax and corporation tax

2–033   If the purchaser is carrying on a property dealing or development trade, his SDLT will be part of the cost of his trading stock and allowable for his income tax or corporation tax as such. In his accounts it will be added to trading stock and therefore generally allowed when the property is sold.

Or suppose that the purchaser is carrying on a trade or property investment business, but not a property trade. In principle a lease— unless it is very short, say less than two years—is a capital asset and the costs of acquiring it, as distinct from the rent and other regular costs, are capital costs. So except in the case of a very short lease the SDLT is an allowable expense only for capital gains taxation, see above. However the Inland Revenue used to have a practice that the costs, including stamp duty, of *renewing* a less than 50-year lease were allowable as an expense for income tax or corporation tax. While the Manuals seem to be silent on the subject now, one hopes that HMRC still apply this practice.

Chapter 3

The Rates

The rates: s.55

The chargeable consideration for a land transaction is explained in Chapters 4, 5 and 6. Having calculated it, the rate of SDLT on that chargeable consideration is as follows. (But different rates, nil and 1 per cent, apply to rent (more accurately the net present value of rent) on the grant of a lease, explained in Chapter 9.)

3–001

Residential property

Chargeable consideration	Rate	Tax at top of band	100% figure (see below)
£	%	£	£
up to 125,000	nil	nil	
more than 125,000 up to 250,000	1	2,500	126,263
more than 250,000 up to 500,000	3	15,000	255,155
more than 500,000 up to 1,000,000	4	40,000	505,209
more than 1,000,000 up to 2,000,000	5	100,000	1,010,527
more than 2,000,000	7	-	2,043,011

Where the purchaser of a dwelling is a company and the chargeable consideration over £500,000 the rate is sometimes a penal 15 per cent rather than 7 per cent. This is explained later in this chapter.

3–002

Between 2010 and 2012 there was a special relief for first-time buyers (the rate was nil up to £250,000),[1] but there is no such relief at the time of writing.

---

[1] s.55AA.

Stamp Duty Land Tax

Non-residential property

Chargeable consideration	Rate	Tax at top of band	100% figure (see below)
£	%	£	£
up to 150,000	nil	nil	
more than 150,000 up to 250,000	1	2,500	151,516
more than 250,000 up to 500,000	3	15,000	255,155
more than 500,000	4	-	505,209

3–003 The tax is charged on the so-called "slab" system: that is, having ascertained the chargeable consideration the whole of it is taxed at the rate of the band into which it falls—it is not just the excess over the threshold below that is taxed at that rate, as with income tax for example. This means that a property bought for £250,000 attracts tax of £2,500, but a property bought for £250,001 attracts tax of £7,500. This system is inherited from stamp duty. There is no form of marginal relief, not even a rule (as there was for estate duty pre-1969) that, if it gives a lower figure, the buyer's tax should be calculated as if his price was at the threshold below plus in addition tax equal to 100 per cent of the excess of his price over the threshold figure (so that SDLT on a price of £251,000, for example, would be £2,500 + 1,000 = £3,500). The system is unpopular, and distorts the market. From the vendor's point of view it deters him from asking a price a bit above a threshold. From the purchaser's point of view it encourages him to try to beat the vendor down to a price (including VAT, if payable) equal to the threshold figure, or to look for another property the price of which is at or below the threshold, or possibly a better one the price of which is well above it. It is not impossible that at some point the system will be changed to the "slice" system—though if that happens there is likely to be an increase in rates to compensate for the loss of revenue that would otherwise result. It is interesting that the Scottish replacement for SDLT, to come in in 2015, the land and buildings transaction tax (LBTT), will use the slice system—the rates have not been announced at the time of writing.

The right hand columns in the tables show, out of interest, the price at which the tax equals the tax at the threshold below plus 100 per cent of

The Rates

the additional price. Where the price is between the threshold and the figure shown the purchaser pays even more in extra tax than the extra price he is paying.

The system means, of course, that if a provisional price is not much above a threshold, it is very much in the purchaser's interest to see whether the price can to any extent be legitimately attributed to items other than the land or buildings. This has been explored in relation to chattels and goodwill in Chapter 2.

What counts as residential property: s.116

It is obviously important to know what the legislation regards as residential and what it does not, because the tables show that the rates are stiffer for some residential property, namely property which costs between £125,001 and £150,000 and property which costs over £500,000 or £1m. The normal rule is surprisingly generous, in that the residential rates only apply if the main subject-matter, i.e. the chargeable interest being acquired under the chargeable transaction in question, consists *entirely* of residential property.[2] And even if a transaction is prima facie residential, if a linked (see below) transaction is non-residential that blesses the other transaction and makes it non-residential.[3]

3–004

The basic rule is that "residential property means a building that is, at the effective date, used *or suitable for use* as a dwelling, or is in the process of being constructed or adapted for such use". Its garden or grounds counts as part of it.[4] A building suitable for use as a dwelling thus counts as a dwelling even if it is not currently used as one: if the building is, say, a house currently used wholly as an office, is it caught? It is considered that if no works, or only very minor works, would be required to make it useable as a dwelling it is caught; if greater works would be needed it is not (it is not in its present state suitable for use as a dwelling). In a case such as this the purchaser should take photographs of the property at the date on the date he acquires it, showing its use until then as a commercial building and before any conversion works are carried out. In addition, if planning permission would be required for dwelling use, it is difficult to see how it could be said to suitable for use as a dwelling. A building used or suitable for use as a house or flat is

---

[2] s.55(2).
[3] s.55(4)(a).
[4] s.116(1)(a), (b).

37

Stamp Duty Land Tax

caught even if the purchaser intends to demolish it or convert it to something else, though if at the effective date material demolition works have already taken place it will no longer be suitable for use as a dwelling.[5] A dwelling is probably "being constructed" if the foundations have started to be laid: one can try arguing that it is only being constructed when it has gone *beyond* the foundation stage (the VAT "golden brick" practice) but that will probably not succeed. A mere plot on which a dwelling is to be constructed is not a dwelling, even if planning permission has been obtained and site preparation work has started.

The "entirely" rule means that, for example, a purchase of an office or a factory with a caretaker's flat, or with a caretaker's house on the property, all counts as non-residential. As has been said, the garden or grounds of a dwelling count as residential, as does "an interest in … land that subsists for the benefit of a" dwelling,[6] but where there are fields which are part of the property and those fields have been for a fair time either commercially farmed by the vendor or let to a farmer, it is considered that that makes the whole property non-residential. Where on the other hand a house has only a paddock, used for purposes ancillary to the house, the whole property would be residential.

Example I

Jill sells Michael a house for £2.5m. Prima facie Michael's tax at 7 per cent would be £175,000. But if she also sells him a workshop, used for a business of hers, (the workshop need not be nearby) for £20,000 in a linked transaction, Michael's tax is £2,520,000 at 4 per cent = £100,800, a saving of £74,200. The easiest way of making them linked is to have one contract under which one purchase cannot be completed without the other.[7] Though this sort of thing tends to be difficult to arrange in practice.[8] A leaseback by Michael of the workshop to Jill at a market rent, if that is desired, should not prejudice the position.

---

[5] This raises the practical difficulty of getting the works started without taking possession and thus triggering substantial performance and thus the effective date. See Chapter 2. One can consider getting the vendor to do the initial works, but this may present commercial problems.

[6] s.116(1)(b), (c).

[7] Indeed this might make it all one transaction, never mind linked transactions.

[8] It is not considered that this falls foul of s.75A. See inter alia s.75C(2).

The Rates

Institutional accommodation: s.116(2)–(5)

Some institutional accommodation is treated as residential for these rate **3–005** rules and some is not. The language is largely taken from the Value Added Tax Act 1994 Sch.8, Group 5, Note (4) to do with the zero-rating of new buildings. Buildings *used*, at the effective date, *for* any of the following purposes count as used as dwellings.

List A
(a)   Residential accommodation for school pupils.

This means a boarding house, if a separate chargeable interest, of a boarding school, but not the school generally. Nor is a boarding school the main residence of its pupils under (d).[9]

(b)   Residential accommodation for students, other than accommodation falling within (b) in List B.
(c)   Residential accommodation for members of the armed forces.
(d)   An institution that is the sole or main residence of at least 90 per cent of its residents, unless it falls within List B.

The question is whether the building itself can be correctly described as an "institution", not whether the person or body running it is an institution in the organisational sense.[10]

List A is rather narrower than the corresponding list for VAT. This, of **3–006** course, is helpful.

Buildings *used*, at the effective date, *for* any of the following purposes do *not* count as used as dwellings.

List B
(a)   A home or other institution providing residential accommodation for children.
(b)   A hall of residence for students in further or higher education.
(c)   A home or other institution providing residential accommodation with personal care for persons in need of personal care by reason of old age, disablement, past or present dependence on alcohol or drugs or past or present mental disorder.

---

[9]   *Jacobs v Customs and Excise Commissioners* (2002) 18489. These points were not disputed on appeal [2004] S.T.C. 1662 (Ch D).
[10]   *Cordery Build Ltd v Revenue and Customs Commissioners* (2012) TC 2068.

Stamp Duty Land Tax

3–007   "Personal care" normally involves assistance with functions like washing and dressing. Therefore sheltered housing does not normally involve personal care.[11] Certain "homes" like convalescent homes do not fall within (c) unless the residents fall into the disabled, alcohol or drugs category.

(d)   A hospital or hospice.
(e)   A prison or similar establishment.
(f)   A hotel or inn or similar establishment.

A guest house or boarding house will normally count as a similar establishment, though this may not be so if it is, say, mainly the owner's private house.[12] A hostel for, say, the homeless run on charitable or quasi-charitable lines is unlikely to qualify under (f), though it will sometimes qualify under (c).

A building in List B not only does not count as used as a dwelling, it cannot be caught as *suitable for use as* a dwelling, even if it actually is.[13] If a building is, at the effective date, not in use at all, but is suitable for both a List A use and a List B use, and a List B use is the more suitable, it is effectively treated as List B[14]; but curiously if a List A use is the more suitable it also, on a literal interpretation, counts as non-residential.[15] If it is not in use at all but is suitable for a List B use and not at all for a List A use, or for a List A use and not at all for a List B use, it will count as non-residential unless it is also suitable for use as a dwelling.

The six-or-more dwellings rule: s.116(7)

3–008   If in a single transaction a purchaser acquires six or more dwellings, the whole purchase (or grant of a lease, if that is what it is) of those dwellings counts as a purchase of non-residential property. The purchase or lease has to be a single chargeable transaction; it is not enough that linked transactions (see below) make up six. Where the purchaser qualifies for the multiple dwellings relief explained below,

---

[11]   *Cordery.*
[12]   On this see SDLT Manual para.00365.
[13]   s.116(4).
[14]   s.116(5)(a).
[15]   As it is not in use it is not caught by s.116(2), and even if on the facts it is suitable for use as a dwelling it cannot be caught on that basis because s.116(5)(b) specifically prohibits it.

The Rates

claiming that will almost always give a better result[16]; it is not possible to both claim it and obtain the benefit of the six-or-more rule.[17]

Acquisitions of more than one dwelling: decoupling and averaging: Sch.6B

A valuable relief, the multiple dwellings relief, was brought in in 2011, at the same time that the rate of tax on residential property costing more than £1m was increased to 5 per cent. It was presumably not thought right that residential investors and developer-converters should have to pay a higher rate because they happened to be assembling a number of lower priced dwellings in a single transaction or linked transactions. It is, however, a tricky relief in that the clawback rule (see below) contains unpleasant traps. The relief is not given on commercial property. Here is an example of how it works.

3–009

Example II

John buys three houses (or three flats), in one transaction or linked transactions, for prices of £1,400,000, £800,000 and £600,000. Absent this relief the prices would be aggregated making £2.8m, on which he would have to pay tax at 7 per cent, namely £196,000. If he claims the relief an average price is calculated, £2.8m ÷ 3 = £933,333. He pays tax on each dwelling at the rate appropriate to that average figure, namely 4 per cent. His total tax is therefore £2.8m x 4 per cent = £112,000, a saving of £84,000. (Note that the amount of consideration for any given dwelling does not change. So if John was buying the £1.4m property only, and the others were being bought by someone connected with him in a linked transaction, John would pay on £1.4m, though at 4 per cent.)

"Dwelling" is defined similarly to the way in which "residential property" is defined for the purpose of the ordinary rate rule, see above. It includes a building which is used, or is suitable for use, as a dwelling; or which is in the process of being constructed or adapted for that use; it includes land which is, or is to be, occupied or enjoyed with a dwelling as its garden or grounds.[18] There is no general rule that the dwelling must be bought with vacant possession, but for reversions on long leases see para.3–011, below.

---

[16] An exception would be if under the transaction the purchaser buys, say, a block of six flats for £22,000 each, making £132,000. S.116(7) makes the SDLT nil. He should not claim the Sch.6B relief because of the rule that that relief can never reduce the rate to below 1%: Sch.6B para.5(2).

[17] Sch.6B para.5(6)(a).

[18] Sch.6B para.7(2), (3).

Stamp Duty Land Tax

3–010 Again, the purchase of a bare site for a new dwelling, or two or more such sites, does not normally qualify.[19] There is however a provision designed to prevent the purchaser being prejudiced by the triggering of an early effective date. This is a rule that "dwelling" includes any property where the purchaser's effective date of the acquisition is triggered by substantial performance (see Chapter 2), typically the purchaser's taking possession of the site; and construction or adaptation had not begun at that date; but the *purchase contract provides that* the property bought shall consist of a dwelling (fully or partly constructed, presumably).[20] Each dwelling site counts as a separate dwelling. This provision presents certain problems for the purchaser-developer. It may be necessary for him to put himself in the contract under an obligation to build vis-à-vis the vendor (otherwise the "subject-matter of the transaction" might not be a building), even though this is not commercially normal in a freehold purchase. Merely commencing works after legal completion will not do, as then the property bought could hardly be said to consist of a dwelling. However, substantial savings of tax can be made here in the right circumstances.

There must be a "relevant transaction" or transactions, that is, either the purchaser must acquire two or more dwellings in a single transaction, or there must be linked acquisitions of two or more dwellings.[21] In the case of linked acquisitions the purchasers may, of course, be different but connected people. There is no requirement for the properties to be nearby, though they normally will be. As has been seen, the relief takes the form of averaging the consideration attributable to the dwellings and levying tax on each dwelling at the rate appropriate to that average price.[22] However, if that would give a rate of nil per cent, the rate is instead 1 per cent.[23] The relief must be claimed (by entering code 33 at Q9 in the SDLT 1).

The relief can be used to mitigate tax.

---

[19] There are provisions stating that land which is, or is to be, occupied or enjoyed with a dwelling as a garden or grounds, or that subsists, or is to subsist, for the benefit of a dwelling, is taken to be part of that dwelling: Sch.6B para.7(3), (4). (This is akin to the provision which allows gardens and grounds used with dwellings to qualify for the CGT principal private residence exemption.) In the writers' view these provisions presuppose that something amounting to a dwelling already exists and cannot be used to achieve relief for a bare site. However the argument could be tried.

[20] Sch.6B para.7(5), (6).

[21] Sch.6B para.2(1)–(3).

[22] Sch.6B paras 4, 5.

[23] Sch.6B para.5(2).

The Rates

Example III

Alice buys a house for £900,000. The SDLT at 4 per cent would be £36,000. But if she also buys in the same transaction, or a linked transaction, a modest cottage for £20,000, the amounts are averaged, making £460,000 each, on which her tax at 3 per cent is £13,800 x 2 = £27,600, a saving of £8,400.[24]

There is a curious provision relating to the purchase of a dwelling **3–011** subject to a lease which, when granted, was for more than 21 years, in other words the purchase of a freehold reversion on a long or medium-term lease. Such a purchase is ignored *in deciding whether there is a relevant transaction*.[25] For example, and assuming no linked transactions, X buys in a single transaction one such reversion and another dwelling. His purchase is not a relevant transaction, he obtains no relief. But if he buys one such reversion and two other dwellings it is a relevant transaction. It can be argued that he obtains full relief, including on the reversion, but the Stamp Office disagree, saying that the relief is given on the two other dwellings only.[26] But if that had been what the draftsman intended it would have been more natural to say that such reversions do not count as dwellings for the purpose of the Schedule.

If the acquisition in question includes some property which does not count as a dwelling, that does not rule relief out: it is still given on the dwelling element. The price insofar as attributable to the dwellings (arrived at on a just and reasonable basis) is ascertained and the rate of tax on them is decided as already explained, aggregating and averaging the price attributable to them only.[27] The tax on the figure for the other property is governed by the ordinary linked transaction rules, in other words aggregating the total consideration to arrive at the *rate*.[28]

Example II (continued)

In Example II, suppose that John also buys non-dwelling property for £200,000 as part of the transaction. His tax on the dwellings is calculated as before. His rate of tax on the £200,000 is based on his total

---

[24] It is not considered that this falls foul of s.75A. See inter alia s.75C(2). Where the exercise would still result in an averaged rate of 5% or 7% aggregating non-residential property as explained in Example I will save more tax.

[25] Sch.6B para.2(6).

[26] SDLT Manual paras 29971, 29975.

[27] The purchaser cannot use a non-residential rate in the dwellings calculation: Sch.6B para.5(1)(a).

[28] Sch.6B paras 5, 6.

Stamp Duty Land Tax

consideration of £3m—though it happens that it is also 4 per cent, because that is the rate for non–residential property in these circumstances.

Decoupling and averaging: the clawback: Sch.6B, para.6

3–012 There is an important qualification to this relief. If an acquisition has been made and the relief claimed and obtained, it is clawed back if events of certain types occur subsequently, events which give rise to a situation where relief is presumably thought not to be merited. The rule is that if, in the period ending:

- three years from the effective date of the purchase, or
- if earlier, on the date the purchaser sells the dwelling in question on to someone unconnected with him,

an event, change of circumstance or change of plan occurs, which, had it occurred immediately before the effective date of the original purchase, would have denied or reduced the relief, the tax on that purchase is recalculated accordingly. Within 30 days of the event, etc. the purchaser must send in an SDLT return and pay the extra tax.[29] This "return" should take the form of a letter to the Birmingham Stamp Office—an SDLT 1 should not be used.[30]

This catches, for example, a case where in that period the purchaser converts one or more of the dwellings to office use or combines two dwellings into one. But there are traps. It seems to catch the purchaser who, say, totally demolishes a dwelling, even if he intends to replace it with another dwelling or dwellings—at the point of total demolition the property would not qualify. If a purchaser buys two dwellings and within the period grants a long- or medium-term lease of one (or both), it can be argued that relief would have been denied had the lease been granted before the effective date, and so the relief is clawed back: but fortunately the Stamp Office disagrees and do not seek clawback on the grant of a long lease.[31] The onward sale of a dwelling, whether to a connected or unconnected buyer, does not of itself cause clawback, though if the

---

[29] Sch.6B para.6(3), (4). Interest runs from the end of that 30 days: s.87(3)(a)(ia).
[30] SDLT Manual para.29965.
[31] SDLT Manual para.29983.

The Rates

buyer is connected with him the original purchaser remains at risk of the buyer doing something which triggers it within the remainder of the three-year period.

Linkage: ss.55(4), 108, Sch.5 para.2(5)

If transactions are "linked" their prices (strictly, chargeable considerations) are added together and the rate of tax on each of them is what would be the rate on the aggregate figure. Important points about the rule are:

3–013

1. It is a rule about the *rate* of SDLT. It does not change the chargeable consideration on which the purchaser pays.
2. Where linked purchases are made by different (but connected) purchasers it does not make any purchaser responsible for any other purchaser's SDLT (unless they elect to make a single return, see below).
3. Where two linked purchases are not simultaneous, it is accepted that the first purchase cannot, at the time it is made, be linked with the later one, and initially the SDLT, if any, on it should be calculated and paid in accordance with ordinary rules. When the later purchase is made SDLT on the first purchase is recomputed, as explained below.

It is inevitable with graduated rates that there has to be a rule to counter the splitting of transactions to obtain lower rates. Section 108 of the Finance Act 2003 says:

> "Transactions are linked for the purposes of [SDLT] if they form part of a single scheme, arrangement or series of transactions between the same vendor and purchaser or, in either case, persons connected with them."[32]

This has some similarity to the old stamp duty rule (which is relevant now to purchases of shares) which runs:

> "[Transactions are aggregated if they] form part of a larger transaction or series of transactions ...[33]"

---

[32] s.108(1). For the SDLT Manual material on linkage see paras 30100 to 30100 L.
[33] Finance Act 1999 Sch.13 para.6(1).

Stamp Duty Land Tax

3–014   The rule which aggregates linked transactions for rate purposes is s.55(4) of the Finance Act 2003.

Example IV

Arthur buys two houses from a developer for £250,000 and £400,000. Assume the purchases are linked. He must pay on each not at 1 per cent or 3 per cent but at the rate appropriate to the aggregate price, £650,000, therefore 4 per cent.

Where grants of leases are linked the nil rate rent band is shared between them[34]: this is explained in Chapter 9.

3–015   There is only one decided case on the stamp duty rule and none on the SDLT rule. It is generally considered that the stamp duty rule requires some contractual linkage between the transactions. Whether that is correct or not, it is tolerably clear that the SDLT rule can apply whether or not there is contractual linkage. On the other hand the SDLT rule is more generous in one way, namely that if the first sale is from vendor A to purchaser B no subsequent sale can be linked with it unless it is by A (or someone connected with him) to B (or someone connected with him). A sale by C (someone unconnected with A) or to D (someone unconnected with B) cannot be linked to the earlier sale however closely they are tied in fact. The rules about who is treated as connected with whom—usually the answer is clear but sometimes it is quite difficult—are taken from what is now s.1122 of the Corporation Tax Act 2010, which is set out in the Appendix to this book. The key questions, in the writers' opinion, are:

1.   Do the contracts cross-refer to each other? If they do—for example, if there is a provision that the parties will not complete one without simultaneously completing the other, or if the purchase of one is conditional on the purchase of the other—it is very difficult to see how there cannot be a scheme or arrangement or series of transactions.

2.   If there is no contractual linkage, would each transaction have been entered into on its actual terms even if the other was not being entered into?

---

[34] Sch.5 para.2(5), (6).

The Rates

Example V

Candida buys two flats in a block, one for her and the other for her daughter. She receives a discount for the double purchase. Even if there are two purchase contracts which do not cross-refer to each other, her purchases are linked.

If, however, she had received no discount, *and* there were two contracts entirely independent of each other legally, her purchases would not be linked, even if it so happened that they took place simultaneously and even though a layman might say that they were a series of transactions.

Separate purchases, that is of items not lotted together, at one auction are not linked.[35]   **3–016**

Transactions in opposite directions cannot be linked. An acquisition by Y from X cannot be linked an acquisition by X from Y, however much they are related commercially. This is statutory in the case of exchanges,[36] but must also be the position on general principles bearing in mind the object of the linking rule is to counter the splitting of purchases to achieve a lower (or nil) rate—though the Stamp Office are believed to disagree.

Options and similar cases

As is explained in Chapter 2, the acquisition of an option to buy or sell an interest in land is a chargeable transaction in its own right if there is consideration for the grant of the option itself. The grantee, the acquirer of the option, must pay SDLT on that consideration if it is not covered by the nil rate band. The same goes for a right of pre-emption.[37] If a call option is exercised, the resulting purchase and the grant of the option are linked, because the purchase results from the option contractually: it does not matter in the writers' view how likely it was at the date of grant that it would be exercised. The purchaser must pay on his purchase at the rate arrived at by aggregating his exercise price with the option consideration, and he must also, as explained below, reopen the tax position of the option itself and pay any extra tax on the option consideration amount. However if the grantee, having obtained the option, had assigned it to X, someone unconnected with him, and X exercised it, the grant of the option and the purchase would not be   **3–017**

---

[35] *Att-Gen v Cohen* [1937] 1 K.B. 478.
[36] s.47(1).
[37] s.46.

Stamp Duty Land Tax

linked (the sale would not be from the grantor to the original grantee or anyone connected with the original grantee).

On the other hand, a purchase by exercising a put option would not be linked with the grant of the option: the two considerations go in different directions.

Linkage: procedure: s.81A

3–018   Where linked transactions have the same effective date the purchaser (each purchaser if there are more than one) should complete his SDLT 1 for each transaction, showing his chargeable consideration for that transaction at Q10, and the total chargeable consideration for all the linked transactions, including the transaction to which the return relates, at Q13. Or if the transactions involve the same type of chargeable interest (e.g. are all freeholds) the Stamp Office allow[38] a single return to be made for all the transactions; this is so even if the purchasers are different (but connected) people: if they do this they then, in the Stamp Office's view, count as joint purchasers, which would mean that they are jointly and severally liable for the tax.[39] But the writers do not recommend a single return for more than one transaction (unless the purchaser is the same and the properties share the same Land Registry title number): apart from anything else it tends to confuse the Stamp Office.

Where the transactions are not simultaneous, as has been explained the first transaction is not initially regarded as linked to anything. The purchaser should make an ordinary SDLT return for it, if it is notifiable. When the second transaction comes along the then purchaser should complete his return for that transaction showing the total linked considerations at Q13; in addition, the first transaction's purchaser has to put in a return, or supplementary return, for the first transaction paying any additional tax due as a result of the (now) linkage. This return must be made and the tax paid within 30 days of the effective date of the second transaction.[40] (In practice if the first transaction purchaser is certain that the later transaction will take place and quite soon, it is simpler for him to draw up his initial return as if it had already happened, see above. There can be no objection to that and it avoids his having to make the second return.)

---

[38]   SDLT Manual para.30100 K.
[39]   s.103(2).
[40]   s.81A. Interest runs from the expiry of that 30 days: s.87(3)(aa).

The Rates

The 15 per cent rate for higher value dwellings bought by companies: Sch.4A

With effect from March 20, 2014[41] a penal rate of SDLT can be levied on a company which buys a dwelling costing more than £500,000 (£2m for purchases between March 21, 2012 and March 19, 2014). The broad intention seems to be to target properties intended for occupation by the company's controllers or their families, and there are tightly drawn exemptions for dwellings bought for *bona fide* property rental businesses or property development or dealing trades. It is part of a package of measures trained on property of this type, the others being:

3–019

1. the "annual tax on enveloped dwellings" ("ATED"), in Pt 3 of the Finance Act 2013. This imposes on companies with such properties an annual tax ranging from £3,500[42] to £140,000 per dwelling;
2. a capital gains tax charge at 28 per cent on chargeable gains made by companies on dwellings on which they have been liable to the ATED charge. This is in ss.2B to 2F of and Sch.4ZZA to the Taxation of Chargeable Gains Act 1992, introduced by Sch.25 of the Finance Act 2013. It is planned that the Finance Bill 2015 will make non-UK residents liable to UK CGT on gains on UK dwellings quite generally.

Insofar as there are tax, as distinct from political, reasons for this offensive, its purpose seems to be to tackle avoidance of UK inheritance tax by wealthy non-domiciled individuals. A non-domiciled individual who owns a dwelling in the UK direct is liable to IHT on it when he dies or (sometimes) if he passes it on *inter vivos*. If he owns it through a non-UK-incorporated company he owns instead shares situated outside the UK, so outside the ambit of IHT. IHT law has not been changed, but this package encourages direct ownership of the underlying UK situs property by the individual. The new rule is not, however, limited to companies which are non-UK incorporated or non-UK resident, nor is it limited to companies controlled by non-domiciled or non-resident individuals (presumably for fear of being in breach of the EU Treaty).

---

[41] For the transitional rules see Finance Act 2014 s.111(4)–(6). The reduction in the threshold does not normally apply if the contract was entered into before March 20, 2014.

[42] £15,000 until March 31, 2015, until which date the threshold is £2m, and £7,000 until March 31, 2016, until which date the threshold is £1m.

Stamp Duty Land Tax

The 15 per cent rate applies to purchases by companies.[43] "Company" means a body corporate, but not a partnership even if it is technically a body corporate (like the UK limited liability partnership).[44] It includes an OEIC but not a unit trust. But it does catch a purchase by a partnership if any one or more of its members is a company, or a purchase by a collective investment scheme.[45] If a dwelling is bought jointly by a company and someone else, the whole purchase is caught.[46] But a purchase by a company in its capacity as trustee of a settlement is not caught.[47] And a purchase by a company as a bare trustee is not caught unless the transaction is the grant of a lease—see Chapter 13.

3-020 The purchase must be of a "higher threshold interest", namely an interest in a dwelling where the chargeable consideration for the acquisition is more than £500,000.[48] As usual if the price is more than £500,000 the rate applies to the whole price. "Dwelling" is largely defined in the same way as it is for the purpose of the residential property definition (see paras 3–004 to 3–007, above), but institutional property, even institutional property (like a school boarding house) which counts as a dwelling for the purpose of that definition, does not count as a dwelling for the purpose of the 15 per cent rate.[49] A mere site for a dwelling, or a building (not yet suitable for use as a dwelling) intended for conversion to a dwelling, is therefore not caught, except that there is the same rule as for multiple dwellings relief (see para.3–010, above) extending the definition of dwellings to the purchase of a site where early substantial performance is triggered.[50]

The 15 per cent charge operates on a dwelling by dwelling basis. If there are other dwellings, each costing less than £500,000, or non-residential property, included in the transaction, the rate does not apply to them (the overall price has to be apportioned on a just and reasonable basis[51]). In fact they benefit: the purchase of them counts as a separate transaction, to be notified on a separate SDLT return,[52] and does not count as linked to the high-value dwelling purchase.[53] This can reduce

---

[43] Sch.4A para.3(3).
[44] Sch 4A para.9.
[45] Sch.4A para.3(3).
[46] Sch.4A para.3(5).
[47] Sch.4A para.3(4).
[48] Sch.4A paras 1, 2, as amended by Finance Act 2014 s.112.
[49] Sch.4A para.7.
[50] Sch.4A para.7(5), (6).
[51] Sch.4A para.2(4) and the definition of "attributable" in para.7.
[52] Sch.4A para.2(3), (7), (8).
[53] Sch.4A para.3(1)(b).

The Rates

the rate on this other property because it only has to be aggregated *inter se*. The same applies if these lower-value dwellings or non-residential property are in a transaction which would on ordinary principles be treated as linked to the higher-value dwelling purchase: it does not count as linked to it.

As regards the higher-value property, the company purchaser cannot invoke the six-or-more dwellings rule to escape the 15 per cent charge; the 15 per cent rule overrides.[54] Nor can it invoke the multiple dwellings relief.[55] It can claim it for any lower-value dwellings included in the transaction, or in a linked transaction, *inter se*.

The 15 per cent rate does not apply to rent on the grant of a lease.[56] The rates are the usual nil and 1 per cent.

3–021

There is a rule designed to prevent the splitting of the purchase of a single property into two (for example the acquisition of a long lease for a premium and the acquisition of the freehold reversion, each for a price less than £500,000) being effective to avoid the 15 per cent rate. If they are linked purchases they are aggregated for the purpose of the 15 per cent rule.[57]

The 15 per cent rate: the exceptions: Sch.4A paras 5–5F

Any purchase by a company of a dwelling for more than £500,000 attracts the 15 per cent rate unless one of the following important, and generally tightly worded, exceptions in Sch.4A paras 5 to 5F apply. (A company-purchaser claiming an exception should enter 35 at Q9 in its SDLT 1.) They are complicated and the rules for partnership and alternative finance (Shari'a, etc.) cases are not covered below.

3–022

The most important exception in practice is that in para.5. If the company is buying the dwelling *exclusively* for the purpose of:

---

[54] This follows from the fact that Sch.4A does not use the term "residential property", see s.116(7).
[55] Sch.6B para.2(4)(aa).
[56] Sch.4A para.3(9).
[57] Sch.4A para.4.

Stamp Duty Land Tax

- its being rented out in the course of a property rental business run on a commercial basis and with a view to profit[58]; or
- its being developed or redeveloped in the course of a property development trade run on a commercial basis and with a view to profit; or
- its being resold in the course of a property dealing trade run on a commercial basis and with a view to profit,

there is prima facie no 15 per cent charge. Paragraph 5 does not say that the business or trade must be carried on by the company-purchaser itself: it could, say, pass the dwelling on to a fellow group company which will do so. "Run on a commercial basis and with a view to profit" should be taken seriously by any company seeking this exemption: it will need to be able to show the Stamp Office, if asked, business plans which forecast a profit, though not necessarily immediately.

But this exception does not apply if it is intended that any "non-qualifying individual" will be permitted to occupy it—even if on a fully commercial basis and paying a market rent.[59] (Note that in a genuine "representative occupation" case, like that of a caretaker, the individual does not occupy at all, it is the company that occupies.) "Non-qualifying individual" is elaborately and widely defined in para.5A. In particular it means an individual who is "connected with" the company-purchaser, that is who "controls" it directly or indirectly, or whose close relatives do so, or who and whose close relatives do so. It also includes any spouse or close relative of any such persons, any spouse of any such close relatives and any close relative of any spouse mentioned![60] The definition of "connected person" is set out in the Appendix to this book. Paragraph 5A(1) needs to be carefully studied by the adviser to any company planning to seek this exemption if there is any intention that anyone associated, however remotely, with the company should occupy.

3–023 There is also an exception for the purchase of a dwelling intended to be made available for use or enjoyment by the public for at least 28 days per year. The making of it available to the public must be in the course of a trade carried on a commercial basis and with a view to profit. Reasonable plans to implement this intention without delay must have

---

[58] Sch.4A para.5(1)(a), (3), Finance Act 2013 s.133.
[59] Sch.4A para.5(2).
[60] Sch.4A para.5A(1).

The Rates

been formulated, unless delay is unavoidable or is commercially justified. The trade need not be carried on by the company-purchaser itself.[61]

There is also an exception for the acquisition of a dwelling by a financial institution involved in the lending of money if the dwelling is acquired in the course of its business and for the purpose of resale.[62] This might happen where a mortgagor defaults and the institution buys the dwelling from him, whether in full settlement of the mortgage debt or not.

There is an exception for the purchase of a farmhouse. To qualify for this, it must be part of land which is to be occupied for a farming or market gardening trade carried on a commercial basis and with a view to profit. The individual who is to occupy the farmhouse is required to have a substantial involvement with the farming. Reasonable commercial plans must have been formulated for the occupation to start without delay (unless delay is unavoidable or commercially justified). This exception is quite generous: it does not matter if the individual owns or is connected with the company-purchaser; and the company-purchaser does not have to carry on the farming trade itself, it could let the farm to the individual or anyone else.[63]

Paragraph 5D contains an exception which applies where the company-purchaser, or a fellow group company, carries on, or is to carry on, a trade (it does not have to be a property trade) and the company-purchaser is buying the dwelling for an employee to live in. A director counts as an employee.[64] The employee must be, or must be going to be, employed for the purposes of the trade, not necessarily full-time,[65] and the dwelling must be made available to him or her "for purposes that are solely or mainly purposes of the ... trade": this stops a mere paper employee qualifying.[66] The trade must be carried on on a commercial basis and with a view to the realisation of profit.[67] The exception is not allowed if the employee, or any employee, to whom it is likely that the dwelling will be made available has a "10% or greater share in any company" which owns the interest bought—normally this will be the

3–024

---

[61] Sch.4A para.5B.

[62] Sch.4A para.5C.

[63] Sch.4A para.5F.

[64] Sch.4A para.5E(10).

[65] Sch.4A para.5E(2). On a literal interpretation (para.5(3) via para.9) the trade might have to involve making the dwelling available to the public, but this cannot be the correct interpretation.

[66] Sch.4A para.5D(2)(b).

[67] Sch.4A para.5D(1), (4).

Stamp Duty Land Tax

company-purchaser.[68] The definition of "10% or greater share" is, unsurprisingly, complicated and is in s.147 of the Finance Act 2013.[69] Any rights held by the employee as loan creditor are taken into account.[70] There are imputed to him or her any shares or rights held by any associates of his or hers. Section 147 needs to be carefully studied by the company's advisers if there is any question of anyone occupying who has a link, however remote, with the company.

There is also a convoluted rule which prevents the para.5D exception applying even if the employee, or an employee, who will be allowed to live in the dwelling is wholly unassociated with the company. If he has duties which include domestic services to be rendered to an individual connected with the owning company the exception can be denied. The "master" must occupy either the dwelling itself (in which case it is most unlikely that any exception will be available anyway) or a "linked dwelling". "Linked dwelling" has nothing to do with linkage in the ordinary SDLT sense and is narrowly defined to mean, roughly, either a building in the same grounds or a flat in the same block with direct access between the flats.[71]

The 15 per cent rate: the exceptions clawback: Sch.4A paras 5G–5K

3–025 It will have been seen that all the exceptions depend on the intention or purpose of the company-purchaser at the time it buys. If it can honestly say that it has the necessary intention or purpose it can claim the relief. The relief is, however, often clawed back, and it must pay the extra SDLT (being the difference between tax at 15 per cent and the tax it paid) if at any time during the three years from the purchase any requirement of the exception in question is not objectively fulfilled. The rules are explained in outline below and differ from exception to exception.

In the case of the para.5 exception (purchase for letting or for a property trade) there is clawback if at any time in the three-year period, while the dwelling is still owned by the company:

---

[68] Sch.4A para.5E(4).
[69] via Sch.4A para.5E(9).
[70] Because of s.147(2)(e).
[71] Sch.4A para.5E(5)–(7), Finance Act 2013 ss.116(2), 117(1).

The Rates

1. it is not exclusively held for the purpose of such a trade or business, or
2. any non-qualifying individual is allowed to occupy it.[72]

However, there is no clawback under 1 if, and for as long as, the "default" is due to a change of circumstances that was unforeseen and beyond the company's control and it is not reasonable to expect the purposes for which the dwelling was bought to be carried out.[73] Where the business or trade has not started or has ceased the dwelling is regarded as held for it if, and for as long as, reasonable steps are being taken to ensure that the company's purpose is carried out.[74] But allowing a non-qualifying individual to occupy is a killer: no excuse can relieve from that. It should be noted that the clawback only applies if the company-purchaser still owns the dwelling at the time of the event in question: if it has, say, sold it on to a fellow group company it will not apply.

In the case of the exception for dwellings to be made available to the public, there is clawback if, at any time in the three years following the purchase and while the property is still owned by the company, it is not being used for a trade of the required type. The "unforeseen circumstances" and "reasonable steps" let-outs explained in para.3–025 apply.[75]

3–026

In the case of the exception for financial institutions, there is clawback if, at any time in the three years following the purchase and while the dwelling is still owned by the company, the company ceases to be a financial institution involved in money lending or ceases to hold the dwelling for resale. The "unforeseen circumstances" let-out explained in para.3–025 applies.[76]

In the case of the exception for farmhouses, there is clawback if, at any time in the three years following the purchase and while the company still owns the farmhouse:

1. the land in question is not occupied for a qualifying farming trade, or
2. the farmhouse is not occupied by a qualifying individual.

---

[72] Sch.4A para.5G(1)–(3).
[73] Sch.4A para.5G(4).
[74] Sch.4A para.5G(5), (6).
[75] Sch.4A para.5H.
[76] Sch.4A para.5I.

Stamp Duty Land Tax

The "unforeseen circumstances" and "reasonable steps" let-outs explained in para.3–025 apply.[77]

3–027 In the case of the exception for dwellings bought for an employee to live in, there is clawback if, at any time in the three years following the purchase and while the company owns the dwelling:

1. the company, or relevant fellow group member, does not trade on a commercial basis and with a view to profit, or
2. the dwelling is not made available to an eligible employee solely or mainly for the purposes of that trade.

The "unforeseen circumstances" and "reasonable steps" let-outs explained in para.3–025 apply.

Where clawback is triggered, the company-purchaser must put in a supplementary SDLT return and pay the extra tax within 30 days of the "default".[78] The Stamp Office's normal advice in an 'adjustment' situation like this is to not complete a new SDLT 1 but to make the "return" in the form of a letter to the Birmingham Stamp Office. As to interest, on a literal reading of s.87 of the Finance Act 2003 it runs from the original effective date (the case falls within s.87(3)(c)), but it is considered that the Tribunal would strive to avoid that interpretation at least if the tax is paid within the 30 days; such tax is not *unpaid* tax (s.87(1)).

---

[77] Sch.4A para.5K.
[78] s.81.

Chapter 4

Chargeable consideration: cash

The basic rule

What is the precise amount on which the purchaser is liable to SDLT? The answer is that he is liable on the "chargeable consideration" for his purchase. How this chargeable consideration is arrived at is chiefly set out in Sch.4 of the Finance Act 2003. The basic rule is that it is the "consideration in money or money's worth given for the [property], directly or indirectly, by the purchaser or a person connected with him".[1] (It is always the purchaser, though, not any connected person, who is liable to the Stamp Office for the tax.[2]) In an ordinary case the answer is, of course, simple: the chargeable consideration is the price paid on completion together with any deposit paid earlier. For the position where VAT is, or may be, payable on the price see the end of this chapter.

4–001

Without doubt, a payment to the vendor by a third party, but procured by the purchaser, will be consideration.

As to "money's worth", obviously this means that marriage consideration and the like do not count. Also, consideration which cannot be valued is not money's worth,[3] but if in a case before them there is consideration the tribunal is likely to strive to find, if it can, that it can be valued. In any event where there is consideration consisting of goods, land or services the specific rules set out in Chapter 6 will override. Completion apportionments (adjustments of price to deal with accrual of business rates, council tax, lease rents and so on as between vendor and purchaser) are in practice ignored, as they were for stamp duty and are for VAT.

---

[1] Sch.4 para.1(1).
[2] s.85(1).
[3] *Yuill v Fletcher* [1984] S.T.C. 401 (Ch D).

Stamp Duty Land Tax

4–002 Rent under a lease is in principle chargeable consideration; there many special rules about how it is computed and the rate of tax on it can never exceed 1 per cent. The position is explained in Chapter 9.

Where under the purchase contract the purchaser agrees to indemnify the vendor against liability to a third party for a breach of an obligation owed by the vendor in relation to the land—this might be, say, a vendor's breach or possible breach of a restrictive covenant—neither that agreement nor any payment made under it counts as chargeable consideration.[4] This can be a useful exemption where the vendor has a live or potential liability of this kind—the purchaser should indemnify him against it and reduce his main price.

Simple delayed payment

4–003 The parties may agree that the purchaser shall pay later or by instalments. So long as the figures are known figures on the effective date and there is no element of contingency he has no relief: he must simply pay SDLT on the total price on the usual filing date, 30 days after the effective date (see Chapters 2 and 18). He should, of course, bear this in mind when making his funding arrangements. He is not entitled to discount the price for delay in receipt, likely inflation or the possibility that he may become insolvent or resist paying.[5]

Where the price is in a foreign currency, the price is for the purposes of calculating SDLT converted into sterling at the London closing exchange rate on the effective date of the purchase (unless the parties have used a different rate for the purposes of the transaction).[6] This means that where there is delayed payment for any reason the exchange rate for calculating SDLT will differ from the exchange rate at the date on which the price is eventually paid.

Contingent, uncertain or unascertained consideration: s.51

4–004 There are, however, special rules for contingent, uncertain and unascertained consideration. Stamp duty dealt with this by the crude "contingency principle". Essentially a document was stampable on any

---

[4] Sch.4 para.16.
[5] Sch.4 para.3.
[6] Sch.4 para.9(2).

Chargeable consideration: cash

price amount known or ascertainable at the date of its execution. Therefore if it provided for a stated sum, including a maximum, minimum or prima facie sum, to be contingently payable, the purchaser had to pay duty on that, even if it was highly unlikely to become payable, and there was no refund if nothing, or a lesser sum, turned out to be payable. Conversely if a sum might become payable but the document stated no specific figure he paid no duty on that part of the price. This could sometimes be used to reduce the duty.

SDLT has a more sophisticated rule. First, some definitions.

- "Contingent", in relation to consideration, means
  - that it is to be paid or provided only if some uncertain *future* event occurs, or
  - that it is to cease to be paid or provided if some uncertain future event occurs.

It is implicit that contingent consideration must be a stated figure.

- "Uncertain", in relation to consideration, means that its *amount* or value depends on uncertain *future* events.[7] If so, the fact that there is a minimum "floor" price does not mean that the price is not uncertain.
- "Unascertained" is not defined.

A simple example of contingent consideration is as follows.

4–005

Example 1
John sells a site to Landright Ltd, a developer, for £2m, with a further £1m to be paid if Landright succeeds in obtaining planning permission of a certain type within two years of completion.

The rule for contingent consideration is that prima facie the purchaser must pay tax up front on the whole price, £3m here,[8] without any discount for the fact that the contingent element may never become payable, though as we will see matters are adjusted later in the light of what actually happens, and he can apply for postponement of the tax on the contingent element.

An example of uncertain consideration is as follows.

---

[7] s.51(3).
[8] s.51(1).

Stamp Duty Land Tax

Example II

Anne sells a site to Transform Ltd, a developer, for £2m, together with, if Transform obtains planning permission, a further sum equal to 10 per cent of the sales proceeds received by Transform from the houses it plans to build there after completion.

4–006   The rule for uncertain consideration is that prima facie the purchaser must pay tax up front, as well as on the £2m here, on a *reasonable estimate* of what that extra price might be.[9] It is not essential to instruct an accountant or valuer. This estimate can take into account the fact that nothing might be payable at all, and it would be in order for Transform to complete its return on the basis that the extra price will be nil if that is what it bona fide believes (perhaps, say, because it does not have planning permission and does not expect to get it). Again there is an adjustment later in the light of what is actually paid, and Transform can apply for postponement. If there were a maximum cap, say £500,000, on the overage that would not, in the writers' view, constitute a contingent sum (therefore Transform does not have to pay on that sum unless it estimates that that ceiling will be reached)[10]; this contrasts with the old stamp duty position.

The rule for unascertained consideration is the same as for uncertain, namely the purchaser has to pay up front on a reasonable estimate.[11] The distinction is that on unascertained but not uncertain (as defined) price he cannot apply for postponement, as we will see. An example of unascertained but not uncertain price is where the contract provides that the price is to depend on measurements, to be carried out by a surveyor after legal completion, of floor area of the (already built) building being bought. This is not an uncertain price, as defined, because it does not really depend on uncertain *future* events—the floor area and thus the price are already ascertainable, it is just that they have not been ascertained yet.

The difficult case is where, on the face of it, the price is both contingent and uncertain, because the legislation does not explicitly say which rule prevails.

Example III

As Example II, but, if planning permission is obtained, there is a minimum overage payment of £100,000.

---

[9]   s.51(2).
[10]   See the CGT case of *Marson v Marriage* [1980] S.T.C. 177 (Ch D).
[11]   s.51(2).

60

Chargeable consideration: cash

If Transform considers that planning permission is likely to be obtained it will complete its return showing the £100,000 (or its reasonable estimate of the overage, if higher) as chargeable consideration, but suppose it considers it is unlikely to obtain planning permission? Does it nevertheless have to report the £100,000 as a contingent price? In the authors' view, no: a natural reading of s.51 is that the contingency rule and the uncertainty rule cannot apply in the same case and uncertainty trumps contingency.

Contingent, uncertain or unascertained consideration: later adjustment: s.80

In all these cases the purchaser's tax liability is adjusted by reference to what happens in the event. If and when

4–007

- it becomes clear that the contingency will not occur, or
- in the case of uncertain or unascertained consideration, an amount becomes ascertained,

the purchaser must recalculate his liability on that basis. The rates are those current at the original effective date.[12] If it gives him an additional SDLT liability, he must make a "return" to the Stamp Office self-assessing the extra tax, and he must pay it, within 30 days of that event.[13] Interest runs from the original effective date[14]—this is not always appreciated. "Return" does not in practice mean an SDLT 1: it means a letter to the Birmingham Stamp Office. Sometimes the increased price will push the whole purchase into a higher rate band. It is the ascertainment of the figure that triggers the obligation: note that this may well be before the additional price is payable or paid. In some overage cases, for example, the price may become ascertained in dribs and drabs necessitating several returns.

If the event shows that the purchaser has overpaid tax he is entitled to claim the appropriate refund. He should do this by amending his SDLT 1 form if he is still in time to do so (12 months + 30 days from the effective date), otherwise he should write to the Birmingham Stamp Office.[15] He will be entitled to (modest) interest on his repayment.[16]

---

[12] s.80(2)(c).
[13] s.80(1), (2).
[14] s.87(3)(c), (5).
[15] s.80(4).
[16] s.89.

Stamp Duty Land Tax

Contingent or uncertain consideration: postponement of tax: s.90 and SDLT (Administration) Regulations 2003 rr.9–28

4–008   It is perhaps not surprising that in these cases the purchaser does not have an absolute right to delay payment of SDLT, or it would inevitably be used as a basis for contrived avoidance schemes. But in the case of contingent or uncertain (but not merely unascertained) consideration the purchaser is entitled to apply to the Stamp Office to postpone tax on the contingent or uncertain element of the price. Almost always the purchaser should do so. It is necessary that some or all of the additional consideration, if payable at all, will or may become payable more than six months from the effective date[17] but this will be so in the great majority of cases. The writers have never known an application refused.

The purchaser, in practice his solicitors, must act promptly. The application may be made before the purchase's effective date but, if not, has to be made within 30 days after it.[18] There is no special form: it should be made by letter to the Birmingham Stamp Office, and the simplest course is to send it there with a copy of the draft SDLT 1 and SDLT 4. It is understood that the Stamp Office refuse to consider late applications, even though they impliedly have power to do so.[19] It is important to appreciate that in the case of uncertain consideration the purchaser still has to make his reasonable estimate of what it will be, and add that figure in computing the total consideration figure at Q10 of the SDLT 1; similarly any contingent figure must be added. It is that total which governs the rate on which tax on the rest of the price has to be paid—a postponement does not avoid that aggregation,[20] which may lift the total price into a higher rate band. At Q12 of the return code 39 should be entered, as well as the code for the rest of the consideration, e.g. 30 for cash. In the SDLT 4 the no box should be checked at Q4 unless permission to postpone has already been received. At Q14 enter the total tax ignoring postponement but at Q15 only the immediate tax on the assumption that postponement will be permitted. This should be paid within the usual 30 days—do not wait for the Stamp Office's response.

The application should set out all the relevant facts, including the amount being attributed to this element of the price in the SDLT 1 and

---

[17]   s.90(1)(b).
[18]   Stamp Duty Land Tax (Administration) Regulations 2003 r.11.
[19]   s.97(1).
[20]   s.90(5).

Chargeable consideration: cash

the circumstances in which the contingent price will crystallise or the uncertain price will become an ascertained figure.[21] These are called "relevant events". The Stamp Office usually deal with these applications reasonably promptly and if they accept it will write back to say so and confirm or modify what they consider the "relevant events" to be.[22]

The grounds on which they can refuse an application are limited. The main ones are that the price in question is not eligible in law for postponement at all, or that there are SDLT avoidance arrangements. Avoidance arrangements are only grounds for refusal if they are designed to engineer a postponement application or to avoid tax under s.51; permission cannot be refused on the ground that there is other SDLT avoidance involved in the purchase.[23] A purchaser seeking to take advantage of the ability to postpone in a straightforward way need have no concern. If permission is refused the purchaser has the right of appeal.[24]

4–009

When a relevant event occurs the purchaser must within 30 days make a "return" to the Stamp Office recomputing the tax on the whole purchase by reference to the actual contingent or ascertained figure, self-assessing the extra tax, and paying it.[25] There is no special form, it should be a letter to the Birmingham Stamp Office; a further SDLT 1 should not be used.[26] He must use the rate table current at the original effective date.[27] Interest is not payable (unless he fails to pay within the 30 days, in which case it runs from the 31st day).[28] Where the figure exceeds any provisional figure for it inserted in the SDLT 1, the result in some cases will be that it pushes the whole purchase into a higher rate band, and the extra tax will then be an unpleasantly high amount. Conversely if it is lower it may push the whole purchase into a lower band and the extra tax on the crystallised sum may be more than outweighed by a refund entitlement, which the purchaser should claim.[29] Uncertain consideration will sometimes only crystallise in dribs and drabs, and if so the purchaser will have to make a number of these returns. Bear in mind that it is the "relevant event" which triggers the liability to pay the tax, not the payment to the vendor. For example in an

---

[21] Stamp Duty Land Tax (Administration) Regulations 2003 r.12(2).
[22] Stamp Duty Land Tax (Administration) Regulations 2003 r.16.
[23] Stamp Duty Land Tax (Administration) Regulations 2003 rr.17, 18.
[24] Stamp Duty Land Tax (Administration) Regulations 2003 rr.19–23.
[25] Stamp Duty Land Tax (Administration) Regulations 2003 rr.24(3), 25(1).
[26] SDLT Manual para.50950.
[27] Stamp Duty Land Tax (Administration) Regulations 2003 r.25(2).
[28] s.87(3)(b).
[29] Stamp Duty Land Tax (Administration) Regulations 2003 r.24(5).

Stamp Duty Land Tax

overage case the relevant event will be when the overage is calculated, not when it is paid or payable, which will typically be some days later.

It is not uncommon where there are overage provisions or the like that at some point after completion the parties agree, by mutual consent, to vary them. Strictly speaking this cancels the permission to postpone altogether.[30] In practice the purchaser should approach the Stamp Office who are likely to agree a revised arrangement.

4–010   If the purchaser sells on before the delayed price has become payable he will need to make satisfactory commercial arrangements with the onward buyer as to how that price and the consequential SDLT is to be met. The original purchaser remains liable to the Stamp Office for it. If the onward buyer agrees to pay it that will prima facie be extra consideration given by him which has to be taken into account when calculating his own SDLT on his own purchase, though he might conceivably be able escape that SDLT by structuring it as an indemnity under Sch.4 para.16, see para.4–002, above.

Where the purchaser in his SDLT 1 attributes a nil value to uncertain consideration (see para.4–006) one might ask, why bother to make a postponement application? There is at that stage nothing to postpone. The answer lies in the interest position. As has been said, if an amount does crystallise and he has not postponed he must pay interest on the resulting tax from 30 days after the effective date, whereas if he has postponed he pays no interest so long as he pays the tax promptly once the consideration is ascertained.

Value added tax: Sch.4 para.2

4–011   Important issues arise in relation to VAT on rent: these are explored in Chapter 9. Where SDLT has to be paid on *market value* the question arises whether market value includes VAT: the answer is no, see para.7–008. We consider here the position where there is VAT on the purchase price.

Paragraph 2 of Sch.4 to the Finance Act 2003 provides:

> "The chargeable consideration for a transaction shall be taken to include any value added tax chargeable in respect of the transaction, other than value added tax chargeable by virtue of an

---

[30]   Stamp Duty Land Tax (Administration) Regulations 2003 r.28(b).

Chargeable consideration: cash

option to tax any land under Part 1 of Schedule 10 of the Value Added Tax Act 1994 made after the effective date of the transaction."

Unquestionably the ordinary rule is that if a purchase is standard-rated, whether because it is mandatorily standard-rated or because the vendor has opted, the VAT is part of the price and attracts SDLT, even if the purchaser can recover the VAT as input VAT from HMRC. Paragraph 2 specifically provides this but it would anyway flow from general principles: VAT is at bottom a tax on the vendor who simply increases the price for his sale to recoup it. This is unpopular as a tax on tax, though it is certainly not the only example of this in the UK tax system, for example VAT is levied on prices that already incorporate customs or excise duties. The stamp duty position was the same. Sometimes it has the particularly nasty effect of pushing the purchase into a higher rate band.

If when negotiations are taking place the vendor has not yet opted the **4–012** purchaser should always seek to negotiate a provision in the contract that he will not. As always with a term in one's client's favour it is best to get it into the heads of terms. If the vendor says that he intends to opt in order to recoup input VAT on his incidental sale costs or to avoid clawback under the capital goods scheme, the purchaser should consider whether to an offer an increased price in return for the vendor's agreeing not to opt, the increase being to meet all or part of the vendor's input VAT cost.

If the vendor is determined to opt, the wording of the paragraph cited above offers some possibilities of minimisation. If there is to be an early effective date by the purchaser taking possession, the contract should provide that the vendor, if he opts, will do so between then and completion. He has not then opted by the effective date. Section 44(8) should not affect this as it does not in the writers' view create a new effective date, see para.2–016. The vendor's time of supply for VAT is, in the writers' view, still completion.

Value added tax: transfers of businesses as going concerns

If the purchase is a transfer of a business as a going concern falling **4–013** within Art.5(1) of the Value Added Tax (Special Provisions) Order 1995, of course the vendor will not charge VAT. It is obviously in the

Stamp Duty Land Tax

purchaser's SDLT interests for this to be so if it can be (and generally in his VAT interests, even if he could recover the VAT, because he avoids the cash flow problems of paying it and obtaining a refund).

There is a problem, at least in theory, which is that the vendor will almost always insist on a standard clause saying that if it turns out that the sale is VATable the purchaser will pay the VAT. It is difficult to avoid the conclusion that this creates a sum contingently payable, see above. While the purchaser will by applying under s.90 be able to obtain permission to postpone the tax on that sum itself, in some cases the amount will push the total price into a higher rate band, severely increasing the tax on the main price. In this situation, when the time comes that there is no longer any possibility of the vendor claiming VAT, the purchaser can claim a refund from the Stamp Office, but this might be years away.

Fortunately the indications are that the Stamp Office turn a blind eye to this and do not expect the VAT to be reported as contingent consideration.[31] Of course, if it turns out that VAT is actually payable the purchaser must amend his return accordingly, if he is in time to do so, or otherwise report the increased price to the Stamp Office.

---

[31] See SDLT Manual para.03800.

Chapter 5

Chargeable consideration: debts

Acquisition in satisfaction of debt: Sch.4 para.8(1)(a)

If X transfers a property to Y in satisfaction, or part satisfaction, of a debt owed to Y, or in return for a release, or part release, of a debt owed by X (normally it will be in satisfaction of a debt owed by X to Y), the face value of the debt released or satisfied counts as chargeable consideration given by Y for the property.[1] This is hardly surprising and the same rule in essence applies for stamp duty,[2] and indeed for all taxes. Four principles apply here and throughout the debt rules:

5–001

- "debt" is defined to mean an obligation, whether certain or contingent, to pay a sum of money either immediately or at a future date[3];
- it is the face value which is prima facie the chargeable figure, even if the debt is worth less because of X's rocky financial position, but see the next point;
- if the face value of the debt satisfied exceeds the market value of the property at the effective date, the chargeable consideration is limited to that market value figure.[4] For market value, see Chapter 7;
- the amount charged includes any accrued interest which under the terms of the transaction is also treated as satisfied.[5]

---

[1] Sch.4 para.8(1).
[2] Stamp Act 1891 s.57.
[3] Sch.4 para.8(3)(a).
[4] Sch.4 para.8(2).
[5] Sch.4 para.8(3)(c).

Stamp Duty Land Tax

Acquisition with assumption of debt: Sch.4 para.8(1)(b)

5–002 Or X may transfer property to Y on terms that Y takes over liability for a debt (let us assume not secured on the property) owed by X to a third party. As a matter of general law this can be done either by a novation, where the third party releases X and treats Y as the substitute debtor, or Y can simply indemnify X against X's liability to the third party. Whichever way it is done the face value of the debt is treated as chargeable consideration given by Y for the property.[6]

Issues to do with the satisfaction or assumption of debt often arise when a company is making a distribution of property—for example by dividend in specie or in a winding up—to a shareholder or shareholders, and either the shareholders have lent to the company and the distribution is in satisfaction or part satisfaction of their loan or the company has borrowed from a third party, say a bank, and the shareholders agree to assume that liability in place of the company. This situation is considered in Chapter 7.

Transfer subject to secured debt: Sch.4 para.8(1)–(1C)

5–003 More common in practice is where property is transferred subject to an existing mortgage. The transaction will generally be between associates or relatives. The mortgagee's consent will be required; the mortgagee will (except sometimes where he is himself an associate or family member) insist on the transferee taking on personal liability for the mortgage debt and may well also insist on the transferor remaining liable, in which case the transferor and transferee will be jointly and severally liable to the mortgagee. If so, then, depending on the deal and the circumstances, the transferee may agree to indemnify the transferor, or the transferor may agree to indemnify the transferee, against the mortgage debt.

The SDLT rules about secured debt were altered in an ill-thought-out way in 2004 because of an alarm about avoidance and sometimes have harsh results.

---

[6] Sch.4 para.8(1).

Chargeable consideration: debts

Where the transferee agrees vis-à-vis the transferor to bear the debt, the debt which he takes on is chargeable consideration given by him.[7] This is not unreasonable. However the position is penal if it is the transferor who continues to bear the debt.

Example 1

Leo transfers his mortgaged house to his daughter Gwenda. The mortgage is £600,000. The bank mortgagee insists on their being jointly and severally liable but as between Leo and Gwenda Leo enters into a binding indemnity agreement whereby he will go on footing the mortgage debt.

Paragraph 8(1A) of Sch.4 says that if debt is secured on the property both immediately before and immediately after the acquisition and the rights or liabilities in relation to that debt of *any* party are changed as a result of or in connection with the transaction, the "purchaser", Gwenda here, is treated as giving chargeable consideration equal to the mortgage debt, and she is liable to SDLT on £600,000 at 4 per cent. Gwenda's rights and liabilities have probably changed in that she now has a liability to the mortgagee even though in reality she will not have to bear any debt. It is possible to argue that her rights and liabilities have not *changed* as she had none before, but this argument is not thought likely to succeed. In any event, Leo's rights and liabilities have certainly changed (he has acquired a new liability to Gwenda). Possible ways round this:

5–004

- Leo repays his mortgage debt, if he has the cash, gives the property to Gwenda free of mortgage. If desired, Gwenda takes out her own mortgage on it (not immediately after acquisition), guaranteed by Leo if necessary; Leo makes the mortgage payments. The property is then not mortgaged immediately before and immediately after the transfer and para.8(1A) does not apply. There is no chargeable consideration. This is not considered to be vulnerable to s.75A as neither has Leo received any consideration nor has Gwenda given any;
- Gwenda, while acquiring the mortgaged property, enters into no personal liability to the mortgagee at all. The mortgagee is only likely to be prepared to agree to this if he is a family member or other associate. It is not considered that either Leo's or Gwenda's

---

[7] Both under the ordinary rule in Sch.8 para.8(1) (transferee is assuming the debt) and under para.8(1A) if transferee indemnifies transferor (transferor acquires new rights relating to the debt).

Stamp Duty Land Tax

rights or liabilities then change as a result of the exercise and so there should be no chargeable consideration.

The transferor needs to consider his inheritance tax position carefully on any such arrangement.

Joint names cases: Sch.4 para.8(1B), (1C)

5–005 Where the property is jointly beneficially owned either before or after the transaction (or both), para.8(1A) still applies but the amount of debt assumed by the transferee or transferees is, by statute, calculated on the assumption that the debt was or is owed in the same proportions as the property was or is beneficially owned.[8] Ownership as beneficial joint tenants is treated as ownership in equal shares.[9]

Example II

H (husband) and W (wife) own their house in the proportion H40:W60 subject to a mortgage of £1.5m. W gives her share to H subject to the mortgage.

At first sight H is treated as having already owed 40 per cent x £1.5m = £600,000 of the mortgage and now as assuming a further 60 per cent x £1.5m = £900,000, and so is liable to SDLT on £900,000 at 4 per cent. However if H and W remain jointly and severally liable vis-à-vis the mortgagee and there is no change in the terms of the mortgage and there was and is no binding agreement between them as to who should bear the mortgage payments, H should argue that neither party's rights or liabilities have changed and therefore under para.8(1A) there is no chargeable consideration.

Example III

W owns a house subject to a mortgage of £1.5m. She gives a 50 per cent share in it to H subject to the mortgage. The mortgagee requires W and H to enter into joint and several liability for the mortgage debt.

H is deemed to assume debt of 50 per cent x £1.5m = £750,000 and is liable to SDLT on that at 4 per cent. His liabilities in relation to the debt have changed (he now has a liability to the mortgagee). This works well if, say, he made none of the mortgage payments before and now enters into a binding (or, a fortiori, non-binding) agreement with W to meet all

---

[8] Sch.4 para.8(1B).
[9] Sch.4 para.8(1C).

Chargeable consideration: debts

of them: he is liable on £750,000 rather than £1.5m.[10] If it works badly (if for example W intends to go on meeting all the mortgage payments) the parties should consider whether it is practicable to adapt the first or second suggestion in para.5–004, above.

Transactions between husband and wife, or between civil partners, in connection with divorce or separation are often exempt. See para.13–010.

---

[10] This assumes that para.8(1B) overrides para.8(1): this is thought to be the correct interpretation. It is not considered that s.75A applies because, inter alia, it is considered that para.8(1B), (1C) are here a relief and s.75C(2) applies.

Chapter 6

Chargeable consideration: in kind

Consideration in kind

Where the consideration which the purchaser gives is kind (i.e. any type **6–001** of asset or service) rather than cash, it is convenient to break the situation down into four types of case.

- Exchange of a non-land asset for the land acquired
- Exchange of land for land
- Provision of services, other than works on land, in exchange for the land acquired
- Provision of the service of carrying out building or similar works on land in exchange for the land acquired.

If the purchaser pays some cash as well as the in-kind consideration, the cash will be additional chargeable consideration given by him in addition to whatever figure is prescribed by the in-kind rules, except that the position is a bit more complicated in land for land exchange cases.

We deal at the end of the chapter with the superficially similar case where the purchaser pays the vendor or an associate of the vendor to do works.

Land exchanged for non-land asset: Sch.4 para.7

Example 1

Guy acquires Blackacre, worth £350,000, from Jason in return for transferring to Jason a diamond necklace worth £250,000 and paying Jason £100,000 cash. Guy is liable to SDLT on £250,000 + 100,000 = £350,000.

73

Stamp Duty Land Tax

6–002 Guy is liable on the cash he pays plus the market value of the necklace on the effective date of his acquisition.[1] For market value see paras 7–007 to 7–008. He does not have to add value added tax when ascertaining the market value of the necklace, even if he is charging actual VAT to Jason on the necklace. On the other hand if Jason is charging him VAT on the supply of Blackacre on top of the rest of the consideration that adds to the cash he pays and Guy must pay SDLT on that VAT in accordance with ordinary rules, see paras 4–011 to 4–012.

Land exchanged for land: s.47 and Sch.4 para.5

6–003 The position is more complicated where there is an exchange of land for land and, as will generally be the case, a "major interest" is being transferred in one direction or both directions. "Major interest" means, in England and Wales:

- an estate in fee simple absolute (in other words a freehold), or
- a term of years absolute (in other words a lease: a lease or tenancy of any length, unlike in the case of VAT where it means a lease of over 21 years),

whether subsisting in law or in equity. In Northern Ireland it means any freehold estate or leasehold estate whether subsisting in law or equity.[2] It can be argued that the share of a co-owner, which under the Trusts of Land and Appointment of Trustees Act 1996 is a beneficial interest behind a "trust of land", is not a major interest.

Under stamp duty there was a well-established practice whereby a transaction which was in substance an exchange would, by carefully drafting it as a sale of the higher value property for cash to be partly satisfied by the transfer of the lower value property, attract ad valorem duty in one direction only, namely on the cash sum attributed to the higher value property. Section 47 of the Finance Act 2003 rules this out for SDLT.

The land-for-land exchange rules sometimes work harshly. And in 2011 they were amended in a way which can make matters worse, though this latter harshness is generally alleviated by a practice which the Stamp Office has adopted.

---

[1] Sch.4 para.7.
[2] s.117.

Chargeable consideration: in kind

Example II

A transfers Whiteacre (worth £3.25m) to B and pays B £750,000 in exchange for B transferring Greenacre (worth £4m) to A.

Under para.5 of Sch.4 A is liable to SDLT on the acquisition of Greenacre on the higher of:

6–004

- the consideration he is giving for Greenacre, which is £750,000 cash and Whiteacre, Whiteacre being valued at its market value,[3] £3.25m, making £4m, and
- the market value of Greenacre, the property he is *acquiring*, £4m.

Here the two formulae produce the same figure, and A is liable on £4m at 4 per cent (assuming Greenacre is not residential). For market value see paras 7–007 to 7–008. VAT does not have to be added when ascertaining market value, even when the actual transfer of the property being valued attracts VAT, but, when ascertaining the actual consideration A is giving for Greenacre, if B charges him VAT on top of the rest of the consideration the VAT must be added on ordinary SDLT principles, see para.4–011. So if B charged him VAT of 20 per cent of £4m = £800,000 that would make the total consideration under the first test £4.8m, and A would have to pay SDLT on that.

As to B, under the same rules he is in law liable on whichever is the higher of:

- the consideration he is giving for Whiteacre, namely Greenacre, worth £4m, and
- the market value of Whiteacre, £3.25m.

The unjust result would be that he must pay on £4m on the acquisition of a property worth £3.25m. The Stamp Office get round this by saying that in "innocuous transactions" (and this is one) B (here) can apportion the value of Greenacre (£4m) to being only £3.25m consideration for Whiteacre and to being £750,000 consideration for the cash payment of £750,000.[4] This reduces the figure under the first test to £3.25m and therefore his tax to £3.25m at 4 per cent (assuming Whiteacre is non-residential). It does not appear that any special drafting is required to achieve this result, but in the writers' view it is prudent to state in the transfer of Whiteacre that the consideration for it is "part of Greenacre".

6–005

---

[3] Sch.4 para.7.
[4] SDLT Manual paras 04020, 04020a.

Stamp Duty Land Tax

This practice can apply in non-arm's-length cases as well.

Example III[5]

A grandmother transfers her £1m house to her grandson in exchange for his £300,000 flat. The grandmother must pay on the higher of the market value of the flat she is acquiring (£300,000) and the consideration she gives. The consideration she is giving is at first sight her house is worth £1m but she is allowed to apportion that into £300,000 for the flat and a gift element of £700,000. So she pays on £300,000 at 3 per cent.

The grandson is liable on the higher of the market value of the house (£1m) and the consideration he is giving (£300,000). There is no Stamp Office practice to help him and he has to pay on £1m at 4 per cent on the acquisition of a house which only cost him £300,000. The grandmother might consider instead, for example, simply transferring him a 30 per cent interest in the house in exchange for the flat. Later she will be free to review the situation and she might decide to give him the remaining 70 per cent.[6]

In an exchange the two acquisitions are not "linked" for SDLT, in other words the two considerations are not aggregated for rate purposes.[7] This is statutory, but in the writers' view that would be so even if the statute were silent. See para.3–016.

6–006 The exchange regime is not confined to straight swaps between A and B. It extends to cases where, say, A transfers land to B in consideration of B transferring land to C, though in these three (or more) cornered deals identifying and quantifying the consideration given by each party can be difficult.

In the case of a land transaction which is a swap of a non-major interest for a non-major interest, Parliament has decided it can afford to be generous. The only chargeable consideration is whatever other consideration, if any, there is, typically equality money.[8] Examples are the mutual adjustment of easements between adjoining owners, or the grant of cross-options between an owner and a prospective purchaser. If it is correct that the interests of co-owners are not major interests it would also cover the situation where, say, C and D own Blackacre in equal

---

[5] Adapted from SDLT Manual para.04020a.
[6] If pre-planned this would be vulnerable to s.75A, see s.75C(6).
[7] s.47(1).
[8] Sch.4 para.5(4), (5).

Chargeable consideration: in kind

shares and E and F Whiteacre in equal shares and C swaps his half share in Blackacre for E's half share in Whiteacre.

Partitions: Sch.4 para.6

The partition is another case where favourable treatment is given. Suppose a property is owned jointly by E and F in equal shares and they agree to physically divide it so that they each own a separate physical part outright. This is in principle an exchange: E is transferring to F his (E's) half share in the land to be taken by F outright in exchange for F transferring to E his (F's) half share in the land to be taken by E outright. But it is provided that "the share of the [whole property] held by the purchaser immediately before the partition ... does not count as chargeable consideration". In other words when looking at, say, E's position, E's half share of the area which is now being handed to F outright does not count as chargeable consideration given by E for F's share in the area being handed to him (E).[9] The idea is that the only amount on which E should be liable to SDLT is any other consideration, if there is any, which E gives, typically equality money. The drafting of para.6 is defective in that it ignores the fact that the basic exchange rule is that E is liable *either* on the consideration he gives *or* on the market value of what he receives, whichever is the higher, so on a literal interpretation it leaves him liable on the latter. Nevertheless the intention of the provision is clear and the Stamp Office accept that.[10]

6–007

It is not clear that para.6 on its wording extends this treatment to the case where there are different properties, for example where G and H own both Redacre and Blueacre in equal shares and G takes Redacre outright and H takes Blueacre outright. It is considered that a tribunal would, by reading the plural for the singular, make a benevolent construction of para.6 and hold that the treatment applies.

Transfer of land in consideration of services other than works: Sch.4 para.11(1)

Where the consideration for the purchaser's acquisition consists of the performance of services by him (or procured by him) other than building works, he is treated as giving consideration equal to the amount

6–008

---

[9] Sch.4 para.6.
[10] SDLT Manual para.04030a.

77

Stamp Duty Land Tax

that would have to be paid in the open market for those services.[11] For how to compute this, see the next section.

Transfer of land in consideration of works: Sch.4 para.10

6–009   In a building works case it is important to begin by analysing precisely what, if anything, the purchaser is agreeing to do vis-à-vis the vendor. If he is indeed agreeing to do (or procure the doing of) works he will sometimes have an SDLT liability on them: this is governed by para.10. If he is merely agreeing to pay money—for example, the vendor is selling him land and agreeing to build a building on it for which the purchaser will pay—para.10 is not relevant and the case is considered in the next section.

In the case of a freehold sale the vendor will not normally care what the purchaser does with the property after he has bought it and imposing works obligations on him is unusual. However, the purchaser might agree to do works where, say:

- the vendor happens to want works done on land he is retaining, or
- there is an overage deal and the seller wants to tie the purchaser into a positive obligation to carry out the planned development.

Works required by a s.106 agreement are considered later. Where a purchaser will almost always be put under an obligation to build is where he is the lessee of a building lease—as well as building himself in his own interests the vendor will put him under an obligation to carry out the development in his (the vendor's) interests. In the case of an ordinary lease the lessor will sometimes put the lessee under an obligation to fit out to an agreed specification.

6–010   There can only be any question of SDLT on works if the carrying out of them is, on general principles, consideration given by the purchaser to the vendor for the land interest acquired. For example, it may be agreed that, solely for the purpose of serving the purchaser's development, the purchaser will lay pipes under the vendor's retained land. This is not consideration to the vendor (though it is better if it is not described as consideration in the documentation. It should preferably permit the

---

[11]   Sch.4 para.11(1).

Chargeable consideration: in kind

purchaser to do the works rather than oblige him to, and in any event the provision should not be included in the consideration clause).[12]

Where the purchaser does agree to give consideration which "consists of the carrying out of works of construction, improvement or repair of a building or other works to enhance the value of land", it will be chargeable consideration unless all the following three tests are passed.[13]

- The works are carried out after the effective date of the purchase (see Chapter 2).
  If it is desired that they should be done, or at least started, before legal completion this is a case where the purchaser will positively want to trigger an early effective date, typically by taking possession, before doing them. He should bear in mind that he must take possession of the whole or substantially the whole of the property and, if the contract does not make it explicit that he will do so, there should be an exchange of letters or e-mails between the parties' solicitors making this clear. An alternative in the case of a grant of a lease is for the agreement to provide for an early rent payment of £1, thus constituting substantial performance.
- The works are carried out on land acquired or to be acquired under the transaction or on other land held by the purchaser or someone connected with him.
  Normally this requirement will be met, but sometimes the vendor may want works done on land he is retaining, or even other land of his altogether. There has been much speculation as to whether this requirement can be circumvented by giving the purchaser a short lease at a peppercorn rent of the area in question—that would then be land "held" by the purchaser, a lease is enough. There is certainly a very respectable case that this works, though it would be a brave adviser who advises that it certainly works. The tribunal might decide, to adapt the words of Lord Wilberforce in *W.T.Ramsay Ltd v I.R.C.*,[14] that that is not the sort of "holding" that the legislation is dealing with. Section 75A should not apply[15] but the GAAR might be a risk if large sums were involved.

---

[12] Alternatively, if the works are being done partly for the vendor's benefit, it can be argued that the consideration, i.e. their cost, should be apportioned into an element which is consideration to the vendor and an element which is for the purchaser's own benefit, the latter escaping SDLT. See the Stamp Office's practice at para.6–005, above.

[13] Sch.4 para.10(1), (2).

[14] [1981] S.T.C. 174 (HL).

[15] See ss.75B(3)(a), 75C(2).

Stamp Duty Land Tax

- It is not *a condition of* the transaction that the works are carried out by the vendor or a person connected with him.
  The mere fact that the purchaser chooses to use a contractor that the vendor has used does not matter.

An example of a building lease case is as follows.

Example IV

Tracts, a freeholder, enters into an agreement to grant a building lease to Devco, a developer. The agreement, as would be usual, obliges Devco to develop. Before Devco substantially performs or the lease is granted Devco finds an institutional buyer, Domain, who will take the lease. Devco assigns the benefit of the agreement for lease to Domain. Tracts requires Domain to enter into a direct obligation to it (Tracts) to carry out the development. Domain contracts with Devco for Devco to do the work. The lease is granted and then Devco does the work. Although Domain has agreed with Tracts to procure the work, the work is done after the effective date of the transaction and on land that Domain has acquired. It is being done by Devco but Devco is not Domain's vendor.[16] Accordingly Domain has no SDLT liability in respect of the works. (In this sort of case one also has to consider whether, vis-à-vis Devco, Domain is buying a built building. This aspect of the matter is dealt with below.)

6-011   It is not uncommon for a vendor who has obtained planning permission to have had to enter into obligations to the local authority under s.106 of the Town and Country Planning Act 1990. This might be, say, for the construction of infrastructure, the construction of a school, the provision of a park or the provision or improvement of a road. Or it could be for the payment of cash to the local authority, say as a subsidy towards a bus service or a contribution towards traffic calming measures. If the vendor sells to a developer-purchaser he (the vendor) will want him (the purchaser) to shoulder the obligation.

Section 106 provides that any successor in title to the original owner has a direct obligation to the local authority to perform the s.106 agreement, and the agreement *may* also provide that on a sale the original owner ceases to be liable.[17] If the latter is the case the purchaser should point this out to the vendor and, if possible, avoid any undertaking to him on the matter at all. Subject to that, if the s.106 agreement requires on-site works, that is on the site that the purchaser is acquiring, para.10 will

---

[16]   Sch.17A para.12B(2).
[17]   Town and Country Planning Act 1990 s.106(3), (4).

Chargeable consideration: in kind

normally protect him from liability anyway. If the works are off-site he should seek to word any undertaking as an indemnity to the vendor against any breach by him of his s.106 obligations so as to hopefully attract the protection of Sch.4 para.16, see para.4–002, though it is questionable whether that protects against an *accrued* liability of the vendor's, for example if he has commenced development and his s.106 obligations have crystallised. Subject to that, the purchaser can fall back on an argument that, as he has a direct obligation to the local authority anyway, the works obligation should be apportioned and only a small proportion of it should be regarded as chargeable consideration.

Where the obligation is to pay cash the advice to the purchaser should be the same, except that he cannot rely on para.10.

Where the s.106 agreement provides that land must be transferred to the local or other authority, whether or not after works are done on it, the authority is exempt from SDLT on the transfer to it. See para.14–010.

Works: computing the chargeable consideration: Sch.4 para.10(3)(b)

If the purchaser's works do constitute chargeable consideration given by him, what figure does he put on them in computing his SDLT? It is "the amount that would have to be paid in the open market for the carrying out of the works in question".[18] In principle it is not, despite what many practitioners think, what the actual cost of the works turns out to be. If the purchaser has in fact entered into a contract for the works for a price or has obtained a quotation the simplest course in practice will be to use that figure, but that will not necessarily give the best, i.e. lowest, result. But in those circumstances to use a "guesstimate" lower figure of his own would be questionable behaviour vis-à-vis the Stamp Office and he should not do it unless he has firm evidence in support; he should obtain, if he can, a written lower estimate from an independent contractor and use that.

6–012

The figure should not include any professional fees. If he has an estimate from a contractor on a "design and build" basis the professional fees element should be deducted from it.

---

[18] Sch.4 para.10(3)(b). The rule where the consideration is services other than works is similar: "the amount that would have to be paid in the open market to obtain those services": Sch.4 para.11(1).

Stamp Duty Land Tax

Where the purchaser has his own labour force, the actual cost to him is likely to be less than using an outside contractor. The figure he has to insert is what an outside contractor would charge.

6–013 If a contractor would charge VAT the VAT has to be added. While the market value of a property does not include VAT (see para.7–008), on the literal wording of para.10(3)(b) VAT must be included.

One hopes that the Stamp Office will adopt the direct tax practice (Statement of Practice 1/06) that if the taxpayer notifies them of who has made the estimate (this will require a letter to the Birmingham Stamp Office), and of his or her qualifications (if any), the taxpayer will be protected from a discovery assessment, in other words if they have not opened an Enquiry within 9 months + 30 days of the effective date they will not assess later.

There is something of a puzzle in that the SDLT (Administration) Regulations 2003[19] assume that the works consideration will, or at least may, be "uncertain" as defined in s.51(3), namely that "its amount or value depends on uncertain future events". This is not so where the contract precisely prescribes the works to be done; statute, as we have seen, says that its value is to be determined by an estimate, and the estimated figure will be ascertained, or at least ascertainable, on the effective date, it does not depend on future events. It is so where under the terms of the purchase contract the specification of the works may be varied. But it seems that Stamp Office practice[20] in all cases is that a postponement application can be made for the works element of the SDLT, so long as they may take more than six months from the effective date,[21] and this is obviously welcome from the cash flow point of view. If the works are expected to take less than six months from start to finish (as distinct from less than six months from the effective date) the purchaser must pay the tax in full within 30 days of the date on which they are substantially completed. If they are expected to take longer he must submit with his postponement application a scheme for payment by instalments, payment to be made not less frequently than every six months.[22] Each time a relevant date or dates occurs he must put in a return and pay the relevant tax.[23] This "return" should take the form of a letter to the Birmingham Stamp Office: a fresh SDLT 1 should not be

---

[19] Inferred from rr.13, 24(3), 27.
[20] SDLT Manual para.50920.
[21] s.90(1)(b).
[22] SDLT (Administration) Regs 2003 r.13.
[23] SDLT (Administration) Regs 2003 rr.24, 25.

Chargeable consideration: in kind

filed.[24] If the specification of the works changes he should notify the Stamp Office and give a revised estimate of the cost of the relevant part of the works. If he wants to stick in principle to paying on the basis of his estimates he should be careful of the language he uses to the Stamp Office: he should always refer to estimates rather than actual cost.

Package deal for purchase of site and erection of building

When the vendor agrees to build a building, or do other works, for the purchaser and to sell him the land in question (the land transfer may take place before the works begin or after they finish or part way through) the purchaser is not agreeing to carry out works, it is the vendor who is agreeing to do that; the purchaser is only agreeing to pay cash and para.10 of Sch.4 is irrelevant. The leading case is the stamp duty case of *The Prudential Assurance Co. Ltd v Inland Revenue Commissioners*.[25]

6–014

In that case a developer had already speculatively partly built a building. The developer then entered simultaneously into two contracts with Prudential, the purchaser, one for the sale of the site to it for a price, including VAT, of £2,875,000, and the other for the construction of the building for a stated price of £7,834,522, including VAT, which covered the works that had already been done as well as the works to be done. On the same day the parties executed the land transfer, i.e. legally completed. The Stamp Office argued that the transfer was liable to stamp duty on the whole price for the land and the building erected and to be erected on it, namely £10,709,522. Prudential argued that the true consideration given by it for the land transfer, the amount on which duty was therefore due, was the £2,875,000 plus the amount of the works price which represented the works that had been done by legal completion, which two figures totalled £6,139,712.

The court found for Prudential. Although the whole transaction was a package deal, stamp duty was only due on the consideration for the sale (that is, of the land, defined to include any building on it). The performance of neither contract was legally dependent on, or geared to, performance of the other, in particular there was no provision for the land to be re-transferred to the developer if the building was not satisfactorily built. It could not be characterised as the sale of land and a completed building.

---

[24] SDLT Manual para.50950.
[25] [1992] S.T.C. 863 (Ch D).

Stamp Duty Land Tax

6–015 The Stamp Office's rather confusingly worded interpretation of *Prudential* is in Statement of Practice SP 8/93. They accept that *Prudential* applies to SDLT.[26] They make the point, correctly, that the overall price must be fairly apportioned between the SDLT-able land (including any works done at the effective date) and the non-SDLT-able works element, otherwise they can look through the figures and reapportion them.[27]

We suggest that the main types of case that the practitioner is likely to come across are as follows:

- Landowner agrees to sell site to purchaser. Purchaser makes his own arrangements for the erection of a building. Here we have, in the words of SP 8/93, two transactions, in other words not only are there two contracts but there is also no package deal. Purchaser has to pay SDLT only on the price he pays landowner for the land, even if legal completion does not take place until after the building is built.
  In theory this could apply even if the purchaser happened to choose the landowner, or an associate, to build for him, but only if, on the facts, there was no package deal; that would be rare.
- Developer agrees with purchaser to sell him a site with a building, which developer will build, on it. Legal completion is to take place, and does only take place, when the building is complete. Here purchaser is purchasing land with a completed building on it and, of course, he is liable to SDLT on his total price.
- Developer agrees with purchaser to sell him a site and, in a separate contract, to erect a building on it. Legal completion is to take place either before the works have commenced or part way through. This is the *Prudential* situation. Although there is "one transaction", i.e. a package deal, so long as the two contracts are not unacceptably legally linked as to their *performance,* in particular there is no provision for purchaser to re-transfer the land if the building is not satisfactorily built, purchaser will only be liable to SDLT on the bare site price plus whatever part of the works price can be regarded as for the building in its state at legal completion. Indeed there seems no logical reason why two contracts are necessary—the position should no different if the terms were all in one contract.

---

[26] SDLT Manual para.04015.
[27] Sch.4 para.4, see para.2–018.

Chargeable consideration: in kind

If the developer *unexpectedly* starts to build early, so that there are, say, some works on the land at legal completion when the contract assumed there would be none, purchaser does not have to pay on the value of those works.[28]

Example V

Emptor Ltd, an investor, enters into a package of two contracts with Devco Ltd, a developer, to buy a site from Devco and for Devco to erect a building on it. Legal completion is to take place half way through the project. It is agreed that Emptor shall not be required to complete unless the building has reached a specified stage and to a satisfactory standard. It is also agreed that, subject to that, if Emptor fails to complete the building contract terminates. There is no provision that Emptor can re-transfer the land and obtain a refund of its money if Devco does not finish the building satisfactorily. Here the performance of the two contracts is linked. One might read the judge's remarks in Prudential and other cases about interdependence of performance and jump to the conclusion that Emptor must therefore pay on its total land and works price. This would be to misread the cases. Emptor will certainly have to pay SDLT on its land price and on the part of the works price represented by the works done by legal completion; but, while performance is certainly linked up to the time of legal completion, it is not linked after, so the interdependence point then becomes irrelevant.

---

[28] *Kimbers and Co. v Inland Revenue Commissioners* [1936] 1 K.B. 132 (KBD).

Chapter 7

Companies. Market Value

Companies for SDLT

Prima facie a company purchaser is treated like any other purchaser for SDLT. There are, however, some special rules and considerations.

7–001

Definition of company

The ordinary definition of "company" for SDLT is any body corporate or unincorporated association, except that it does not include a partnership of any kind, even a partnership which is technically a body corporate like the UK limited liability partnership.[1]

7–002

Section 101(1) of the Finance Act 2003 states that SDLT applies to a unit trust scheme "as if the trustees were a company" and as if the units were shares in a company. "As if the trustees were a company" presumably is meant to mean that the unit trust itself is treated as a company for SDLT, and no doubt this is how it would be interpreted. In the case of an umbrella scheme as defined, where unitholders' contributions are separately pooled but they have the right to swap between pools, each fund counts as a separate unit trust.[2] The definition of "unit trust scheme" is taken from the Financial Services and Markets Act 2000 and means a collective investment scheme the assets of which are held on trust[3]; the definition therefore is considerably wider than unit trusts expressly so called.

As we shall see, for group relief the definition of "company" is narrower and means a body corporate only.[4] See Chapter 11.

---

[1] s.100(1), Sch.15 para.1.
[2] s.101(3).
[3] s.101(4), FSMA 2000 s.237(1).
[4] Sch.7 para.1(2).

Stamp Duty Land Tax

Holding property in a company as a means of SDLT minimisation

7–003 Buying the shares in a company which already owns property rather than buying the property itself is the simplest way of avoiding SDLT. Instead of paying tax at up to 4 per cent (up to 7 per cent or even 15 per cent in the case of residential property) on his gross price, the buyer has in practice no tax of this type to pay if the company is not UK incorporated, and if it is UK incorporated he only has to pay stamp duty at 0.5 per cent and then only on his net price (that is, after allowing for any debt which the company has). However there are many snags, particularly where a UK resident individual is involved.

- It assumes the property is in, or can be pushed into, a company, and that its owner is prepared to sell the company.
- Buying a company, even a single purpose vehicle owning one property and nothing else, is, from the legal, due diligence and inherent tax risk point of view, more complicated to negotiate and document than just buying a property.
- If the property has been in the company for some time and the company is UK resident[5] there may well be a latent capital gains taxation liability on it in the company. The purchaser may need to negotiate a reduced price.
- If the purchaser is UK resident and the property is to be his principal private residence, he will have no CGT exemption, which is only given to dwellings owned direct. So UK residents rarely hold principal private residences through companies.
- As well as the company, if UK resident, being liable to UK capital gains taxation on any gain it makes on the disposal of the property (and if it is non-UK-resident a UK resident owner can sometimes be liable on the company's gain as if he had made it himself,[6] or if the property is a dwelling worth more than a certain amount (or from 2015, any amount) the company itself can be liable to UK CGT on it), in addition the owner of the company, if UK resident, will be liable on any gain he makes on the shares, so there is potential double taxation in UK resident cases.

---

[5]   Or even if not, if the purchaser is UK resident, see Taxation of Chargeable Gains Act 1992 s.13, or if the property is a dwelling worth more a certain amount or (from 2015) any amount.

[6]   Taxation of Chargeable Gains Act 1992 s.13, though these rules have been somewhat watered down in order to try to comply with EU Treaty principles.

Companies. Market Value

- Where the property in the company is a dwelling worth over £2m (to become £500,000), the company, whether UK resident or not, will sometimes be liable to the annual tax on enveloped properties ("ATED").
- If it becomes desirable for any reason to extract the property from the company that can sometimes be done without a significant SDLT cost, sometimes not. This is explained below.

Moreover if the property is not in a separate company to begin with, the vendor will have to shift it into one. If the vendor is an individual it will be very difficult for him to get the property into a company without the company having to pay SDLT on its market value, see below. If the vendor is itself a company and shifts it into a subsidiary for the purpose of selling the subsidiary on quickly, there will be no group exemption for the transfer in (see Chapter 11) and there will be SDLT on, at least, its market value. On the other hand if it is already in a subsidiary then, unless it has been transferred in intra-group within the last three years, the vendor can simply sell the subsidiary if the subsidiary does not have significant other assets that are not desired to be sold; or, if it does, those other assets can be first sold intra-group (no SDLT) to another subsidiary or the parent, and the first subsidiary sold denuded of them. These matters are explored in Chapter 11. Capital gains taxation considerations for UK resident groups are much the same, though the quarantine period is six years rather than three.

In 2002 and 2003 the Government floated the idea of extending the scope of SDLT so that it would apply not only to the purchase of land or buildings but also to the purchase of shares in a company owning land or buildings, as happens in other jurisdictions, for example the German RETT. They have not—so far—proceeded with this. Their reasons for not doing so are a matter for speculation, but might include:

- difficulty of policing, particularly where the company or the purchaser is non-UK-resident. Share sales are not reported to the Land Registry;
- HMRC make a sizeable amount from the double charge to capital gains taxation;
- if the charge was to be limited to shares in property investment or holding companies, as it probably would be, nice distinctions, with much scope for dispute, would have to be drawn between them and, say, developer-trader companies or bona fide trading companies which happened to own property; and how would the charge affect REITs?

Stamp Duty Land Tax

Transfers to connected companies: the market value rule: s.53

7–004   There is a rule that when a transferor transfers land or a building to a company connected with him the company is liable to SDLT on whichever is the higher of:

- the chargeable consideration, if any, given by the company calculated in the ordinary way, and
- the market value of the property at the effective date.[7] For the ascertainment of market value see below.

The rule also applies, regardless of who the purchaser is, if the consideration he gives consists of or includes the issue or transfer of shares in a company with which the vendor is connected.[8]

"Company" here is defined as any body corporate and therefore does not include unit trusts or unincorporated associations.[9] One of the purposes of this rule, which is inherited from stamp duty,[10] is no doubt to deter a property owner from making a gift of the property to a company which he has set up, perhaps in order to sell the company and avoid SDLT for the purchaser on an onward sale. Absent this relief this would be an effective scheme for avoiding SDLT both on the transfer in and on the onward share sale (subject to the possible application of s.75A), though it would have serious capital gains taxation drawbacks for a UK resident owner—the gift gives him no uplift to his base value for his shares.

7–005   As to who is connected with whom, the SDLT legislation adopts[11] the corporation tax test in s.1122 of the Corporation Tax Act 2010, set out in the Appendix to this book. It is widely drawn. As most readers will know, among other things even if the property owner has only a minority stake, or no stake, in the company he will still be connected with it if he and a relative or relatives of various kinds jointly control, or simply if a relative or relatives control. And if he and other persons, even if unrelated, are "acting together to secure or exercise control" of the company they are connected with one another and they are each regarded as connected with the company. See the Appendix on this.

---

[7]   s.53(1)(a), (1A).
[8]   s.53(1)(b).
[9]   s.53(3).
[10]   Finance Act 2000 s.119.
[11]   s.53(2).

Companies. Market Value

"Control" is not restricted to voting control, it is defined in various alternative ways,[12] and rights as a loan creditor can be taken into account.

The rule does not override exemptions and reliefs. For example the intra-group exemption, where it does apply (see Chapter 11), will exempt the transfer. The market value rule only applies to transfers *to* a connected company, not *by* a connected company unless, of course, it is by a company to a company connected with it.

The market value rule will apply where a sole tradership is incorporated, that is transferred to a company in consideration of an issue of shares, with or without other consideration, to the sole trader. Unlike for CGT[13] there is no SDLT exemption for it. However the incorporation of a partnership will ordinarily be exempt under the partnership code, and an incorporating sole trader can also make use of it provided he is prepared to first turn himself into a partnership by taking a partner in. See para.12–028.

What is the position where the actual consideration contains, say, an overage element? Ignoring the special rule for a moment, what a purchaser would do is put a figure on the total consideration for inclusion in its SDLT 1, pay tax immediately only on the immediate price and apply successfully for postponement of tax on the overage element, as explained at paras 4–008 to 4–010. The market value figure, however, will always be a fixed sum ascertained as at the effective date, and will include some hope value if appropriate. The Stamp Office's view is not known, but in the writers' opinion if the market value figure exceeds the total actual consideration figure that would otherwise go into the SDLT 1 it is the market value figure that should go into the SDLT 1 and on which the company has to pay immediately. The company should also, however, apply for postponement in relation to the overage in case, in the event, the total actual consideration figure turns out to be higher than the market value figure. If, as is more likely, the figure that would have gone into the SDLT 1 is higher than the market value figure it is the former that should go into the SDLT 1 and the company should apply for postponement of tax on the overage element in the ordinary way, but explaining the position to the Stamp Office. If it turns out that the actual total consideration is less than the market value figure it will have to pay on the latter at that point, less whatever tax it has already paid.

7–006

---

[12] In Corporation Tax Act 2010 ss.450, 451 via s.1123(1).
[13] Taxation of Chargeable Gains Act 1992 s.162.

Stamp Duty Land Tax

Subject to that, if the market value rule applies and the market value figure exceeds the actual consideration the purchaser should insert his market value figure at Q10 of the SDLT 1 and insert 34 at Q12.

Market value

7–007 When the market value of land or another asset does have to be ascertained, the SDLT legislation adopts the capital gains tax rules.[14] It is the price which the asset in question might reasonably be expected to fetch on a sale in the open market. A sale from a hypothetical willing seller to a hypothetical willing buyer is assumed. For detailed treatment readers should consult standard works on capital gains tax and inheritance tax. Where a connected company buys for cash and has negotiated the price on an arm's length basis, it is very likely that the Stamp Office will accept that the price (before any VAT) represents market value (here if the actual price attracts VAT the actual consideration will exceed market value, see below). Where in the transaction more than one asset is being acquired no reduction is to be made by assuming that they are all placed on the market at the same time.[15]

If there is a dispute the outcome will largely depend on the evidence of valuers, but certain points can be gleaned from case law, including:

- it must be assumed that the hypothetical sale will be conducted in a manner likely to produce the highest price, and that all necessary preparations for the sale have been made[16];
- where a part share in a property (e.g. a 50 per cent share in Blackacre) has to be valued there will be a discount, i.e. it will be worth less than 50 per cent of the value of Blackacre as a whole. What the discount will be will depend on the circumstances and valuers' evidence, but 10 per cent, i.e. resulting on these facts in a value of 45 per cent of the value of Blackacre as a whole, is not uncommon[17];
- in the case of land with hope value, it is not just a matter of evaluating the chance of obtaining planning permission. One should bear in mind that the hypothetical buyer will want a

---

[14] s.118, adopting Taxation of Chargeable Gains Act 1992 ss.272–274.

[15] Taxation of Chargeable Gains Tax Act 1992 s.272(2).

[16] *Duke of Buccleuch v I.R.C.* [1967] 1 A.C. 506 (HL).

[17] *St. Clair-Ford v Ryder* [2007] R.V.R. 12 (Lands Tribunal).

Companies. Market Value

discount because of the risk he is taking; he will want his expected profit if permission is obtained to be significantly greater than his expected loss if it is not[18];

- in the case of development land, one method of valuing it is the "residual method", i.e. you take the expected amount the completed development could be sold for and deduct expected costs and some profit for the developer, but this method should only be used as a last resort, i.e. (presumably) evidence of sale prices of comparable land is better[19];

- in the case of landlocked land do not assume that the tribunal will necessarily fix a nil or nominal value. It will strive to give it a real value, perhaps by assuming that neighbouring owners will be special purchasers[20];

- ransom strips: in one case it was held that their value is normally between 33 per cent and 50 per cent of the value of the ransomed land.[21]

It is arguable that if the land is acquired subject to a mortgage what has to be valued is the land subject to the mortgage. The grant of a mortgage is itself exempt from SDLT (see para.2–003) but that does not mean that when valuing land you ignore any mortgage on it. The writers consider that the tribunal would be likely to find against that argument, as the converse fits in better with the general structure of SDLT but, as has been said, it is arguable.

VAT: after a hiccup in 2011, the Stamp Office have restated their view **7–008** that market value does not include any VAT even if the vendor is actually charging the purchaser VAT.[22] This is so even if a sale of the property is, or would be, mandatorily standard-rated, such as the sale of a freehold new commercial building. Of course, where SDLT is levied on market value or the actual consideration whichever is higher, as in the case of an acquisition by a connected company, any VAT charged is part of the actual consideration (see para.7–004).

Where the chargeable consideration depends on market value the purchaser will enter 34 at Q12 of the SDLT1. The Stamp Office cannot force him to provide, at any stage, a professional valuation, though if the Stamp Office disputes the value he is likely to have to instruct a valuer in

---

[18] *Prosser v I.R.C.* (2000) EW Lands DET 1 2000 (Lands Tribunal).

[19] *Mon Tresor and Mon Desert Ltd v Minister of Housing and Lands* [2008] 38 E.G. 140 (P.C.).

[20] *Raja Vyricherla Narayana Gajapatiraju v Revenue Divisional Officer, Vizagapatam* [1939] A.C. 302 (P.C.).

[21] *Stokes v City of Cambridge* (1961) 180 E.G. 839.

[22] SDLT Manual para.04140.

Stamp Duty Land Tax

order to resist them. In some cases there will be an argument for obtaining a professional valuation at the outset, on the principle "twice armed is he whose cause is just, but three times he who gets his blow in fust". For income tax, corporation tax and capital gains tax, HMRC have a practice (SP 1/06) that if the taxpayer tells them, in his return or an accompanying document, who has made the valuation and his or her qualifications, if any, then, while they may open an Enquiry into the return within the time limit for that, they will not make a discovery assessment later based on the valuation issue. It is to be hoped that the Stamp Office will adopt the same practice. The purchaser cannot include this information *in* his return, as there is no "white space" in it, but he should send it in a letter to the Birmingham Stamp Office with a copy of the return he is filing.[23]

If the purchaser fights an appeal on the issue of market value, it is heard not by the ordinary tax tribunal but by the Upper Tribunal (Lands Chamber) or in Northern Ireland the Lands Tribunal for Northern Ireland.[24]

Exceptions to the market value charge: s.54

7–009   In certain cases the market value rule does not apply and the company is only liable on whatever consideration, if any, it gives in the ordinary way.

"Case 1" is where the company is acquiring the property as a trustee, and is a professional trustee, that is is acting in the course of a business carried on by it that consists of or includes the management of trusts.[25] Trusts and SDLT are dealt with in Chapter 13.

"Case 2" is where the company is acquiring as a trustee but not as a professional trustee, and the only reason it is connected with the transferor is s.1122(6) of the Corporation Tax Act 2010, the rule that settlors and their trustees are ipso facto connected.[26] This does not help if the transferor and the company-trustee are connected for other reasons, for example if its shares are owned by the transferor or close relatives of his. So family companies should not be used as trustees where land is to be settled, or if for some reason it is imperative to do so great care should be taken that it starts a trust management business: it

---

[23] Sch.10 para.1(5).
[24] Sch.10 para.45.
[25] s.54(2).
[26] s.54(3).

Companies. Market Value

should enter into a fee agreement, charge fees, pay corporation tax on its profits (if relevant) and comply with the financial services legislation requirements for a trusteeship business.

"Case 3" is where the transfer is by a company (to a company connected with it, of course) and is, or is part of, a distribution of the assets of the former company, whether or not in connection with its winding up.[27] "Distribution" is not defined. The legislation says "a distribution of *the* assets" and it is possible to argue that it must be part of a distribution of *all* its assets, but happily the Stamp Office do not seem to interpret it in this way: the SDLT Manual at para.30220 merely talks about "a distribution of assets". The exception covers distributions in a liquidation, dividends in specie and distributions on a reduction of share capital. It covers, in the writers' view, a purchase of own shares by the company for a consideration in kind in the form of the property, though the shareholder will have a liability calculated on the value of the shares it surrenders as actual consideration given by it, see para.7–004. Where there is a reconstruction under s.110 of the Insolvency Act 1986 or a similar reconstruction, where the company transfers property to a new company in consideration of the new company issuing shares to shareholders of the original company, the orthodox view is that that is not a distribution by the original company but a transfer for consideration; but the new company may on the facts be able to claim the reconstruction exemption or the acquisition relief (a 0.5 per cent rate): see Chapter 11.

7–010

The "purchaser", i.e. the shareholder-cum-acquirer-of-the-property, whether a company or not, will also be liable on general principles on the amount of the debt if he assumes debt as part the terms of the distribution. This is examined in the next section.

The "purchaser" could also be liable to SDLT under other provisions of the legislation. The effect of s.54 is merely to cancel the charge on market value under s.53. But other provisions could impose a charge, e.g. where the distributing company is owned by a partnership the partners could have a charge under the partnership code. See paras 12–006 to 12–012.

---

[27] s.54(4).

Stamp Duty Land Tax

Company distributions and debt

7-011 On general principles a simple distribution of a property in specie by a company does not attract SDLT at all—there is no consideration (and where the recipient is itself a company the rule that on a transfer to a connected company there is a charge on the market value of the property is disapplied, see above). However sometimes the company has debt, often taken out to fund the purchase of the property, and it is desired that, as part of the distribution exercise, the recipient shareholder cancel the debt in whole or in part (if he himself is the lender) or assume it (if it is to a third party). Under the rules in Chapter 5 one would expect the shareholder to have an SDLT charge on the amount of debt he is releasing or assuming. Issues of this kind frequently arise on "de-enveloping" where a house or flat is being distributed out in order to avoid the annual tax on enveloped dwellings ("ATED").

Where it is the shareholder himself who has lent there should in practice be no problem. In 2007 the Stamp Office issued a statement, now contained in paras 04043 of the SDLT Manual, broadly saying that there should be no tax in this situation. But the statement is oddly worded. In principle the transfer would be in satisfaction of the debt and the documentation would state that and/or that the shareholder releases the company. But the statement says that the debt is not released and the shareholder is giving no consideration. This is a misunderstanding of the position in general law. However the obvious intention is that there should be no charge, but it is safest to word the documentation imaginatively so as to avoid the words "consideration", "satisfaction" or "release". The statement does not expressly address the situation where not all shareholders have lent, for example A and B own X Ltd; A has lent to X Ltd but B has not; the distribution is to both of them but A takes a bigger share in the property because his loan has to be satisfied. We would not expect the Stamp Office to seek SDLT here, but a cautious adviser will seek a ruling from them.

Where the debt is owed to a third party and the shareholder is to take it over, regrettably the position is clear enough: he will have a tax liability on the amount of debt he assumes. On the other hand if the company has the funds to, and does, repay the creditor before the distribution there is clearly no liability.

The difficult case is where the loan is from a third party, the shareholder, say, subscribes cash for additional shares in the company, the company

Companies. Market Value

uses the cash to repay the loan and distributes the property free of debt to the shareholder. The Stamp Office in para.04042 of the SDLT Manual discuss the possibility of s.75A, the general anti-avoidance section, applying to give the shareholder a tax charge on the amount of the debt but do not commit themselves to a firm view. Certainly one would expect them to mount a s.75A challenge where the shareholder borrowed to raise the cash. It would be better for the shareholder to simply repay the loan by way of gift, or make a capital contribution to the company to enable it to repay it, because then the company receives no consideration and the shareholder gives no consideration and s.75A should not be in point, though it would be essential that there should be no suggestion that the gift or contribution was consideration for the distribution. This would have serious CGT drawbacks for the shareholder if he was UK resident, however, because the gift or contribution would give him no uplift to the base value of his shares.

Chapter 8

Sub-sales etc.

From time to time a buyer will contract to buy a property but before completion rearrange matters so that it will be transferred on to someone else. This might be:

8–001

- because he is a property dealer and arranges a quick onward sale
- because he receives an unexpected good offer for the property
- because he no longer wants it—he may have been unable to raise the finance, for example
- because he is a developer who intends to develop to sell and before he completes himself has found an onward purchaser or purchasers
- where the onward buyer always wanted to buy but the original seller was not prepared to deal with him, so it has been arranged that the immediate buyer will buy and sell on
- because he wants to give it on to, say, a spouse or daughter.

Generally the buyer will be selling on at a profit, but sometimes it will be at the same price or at a loss; or the onward transaction might be a gift, as where a father agrees to buy a house and agrees to transfer it gratis to his son. The onward sale may be of all the property or only part of it, or may be of different parts to different people. There may be a further onward sale by the onward buyer to a third buyer, and so on. Throughout this chapter we call the original seller A, the immediate buyer B, the onward buyer C and (if there is one) the further onward buyer D. It is assumed throughout that B, C and D are acting as principals, in other words in their own right: where a party is acting from the start as a bare trustee for someone else in the chain the position is explained in Chapter 13.

The land law background

In English land law there are three main ways in which this can be done. As we will see an SDLT exemption can be given to B in all three cases. The most common is the "sub-sale". A contracts to sell to B, B contracts

8–002

Stamp Duty Land Tax

to sell to C. (It is generally considered that at no stage does this give C any direct rights against A, or A against C.) Then matters proceed in one of two ways. B can direct A to transfer the property direct to C: he has the right to do this unless the A to B contract prohibits it. We call this a "true sub-sale". On general principles the transfer completes two sale contracts, the A to B contract and the B to C contract. The other way is for B to complete his purchase and take a transfer into his own name, and immediately afterwards complete his own sale to C by executing a transfer to C. We call this a "back-to-back sub-sale". The term "sub-sale" is used but as has been explained it does not have to be a sale, it could be a gift. Standard sale contracts often include a provision that the seller cannot be required to transfer the property to anybody other than the buyer under it (i.e. B): for example the Standard Conditions of Sale and the Standard Commercial Property Conditions do so. Such a provision in the A to B contract prohibits a true sub-sale, and if B wants a true sub-sale (though the SDLT exemption rules do not require it) he must ensure that there is no such provision.

The second way is by assignment (sometimes inaccurately described as a type of sub-sale). A contracts to sell to B, B assigns to C B's rights under that contract, in other words the right to enforce it and take the property on completion. The assignment will deal with the price as between B and C, for example if the A to B price is £1m and C is agreeing to pay £1.1m C will agree with B that C will pay A £1m on completion and B £100,000 (the price for the assignment) either on completion or immediately. Or if the B to C price is £900,000, on completion C will pay £900,000 and B will pay £100,000. (For simplicity, the deposit is ignored in these figures but is taken into account in some of the examples below.) Notice of the assignment will be served on A and A must then, on completion (and provided of course he is paid his price, unless the contract provides for later payment), transfer direct to C. Again the Standard Conditions of Sale and the Standard Commercial Property Conditions prohibit assignment, and if B wants to be able to assign he must ensure there is no such provision in the A to B contract. It is important to appreciate that contractual *liabilities* cannot be assigned and B remains liable to A for the price (and C is not directly liable to A for it); B must rely on his agreement with C to ensure that C foots the price to whatever extent is agreed. So B does not entirely "drop out".

The third way is novation. A contracts to sell to B; A, B and C later enter into a tripartite contract under which the A to B contract is cancelled and A enters into a direct agreement with C to sell direct to C. As well as C agreeing to pay A, he may also pay something to B (or B may pay

100

Sub-sales etc.

something to C) as consideration for B's (or C's) entering into the novation. This price adjustment between B and C may be in a collateral contract between them rather than in the main novation contract. The commercial problem with novation is that A's agreement is required and so he may want an increased price: in particular if C is paying in aggregate more than B agreed to pay, A may want some of that for himself. In a novation B does genuinely drop out.

The old SDLT exemption for B: old s.45

Stamp duty has had, at least since 1891, a relief for true sub-sales. B was exempt from duty.[1] B was not exempt on a back-to-back sub-sale; both transfers had to be stamped. On an assignment there was, at least in practice, only duty on what C paid (for the property and the assignment). On a novation B was exempt on general principles, because there was no completion of his purchase.[2]

8–003

From 2003 to 2013, in a sub-sale or an assignment case s.45 of the Finance Act 2003, in its then form, exempted B from SDLT in sub-sale and assignment cases, subject to certain conditions. The main condition was that there must be no "substantial performance" (see Chapter 2) by B (unless C also substantially performed, and simultaneously). This was designed to, and did, deny relief in particular to the developer who contracted to buy, took possession without completing, developed and sub-sold on to a buyer or buyers. His taking possession (unless he could avoid taking possession of substantially the whole, see Chapter 2) triggered an SDLT liability for him on his price under ordinary SDLT rules; and the ultimate buyer or buyers (C) paid SDLT on their prices in the ordinary way. This rule is also a cardinal principle of the new regime. B must avoid substantial performance of his contract before C completes, else B will incur an SDLT charge of his own. The First-tier Tribunal has held that the old s.45 relief did not apply to a novation,[3] but in a novation case B escaped SDLT on general principles because his contract never completed.[4]

---

[1] Stamp Act 1891 s.58(4)–(7). This provision still applies for stamp duty but is largely academic as regards chargeable securities in that B will generally be liable to stamp duty reserve tax. Since 1984 the exemption has not been given if C's price was less than the market value of the property at the time of the B to C contract.

[2] Again, as regards chargeable securities B is generally liable to stamp duty reserve tax; though it is not clear whether the Stamp Office take the point.

[3] *Allchin v Revenue and Customs Commissioners* (2013) TC 2613.

[4] Even if B substantially performed he was entitled to a refund of his tax under s.44(9), provided he was in time to amend his return. See para.2–017.

Stamp Duty Land Tax

When the SDLT anti-avoidance rule (s.75A, see Chapter 17) was introduced in 2006 an effect of it could be that, while B remained exempt, C had to pay on B's price instead of his own if B's price was higher. This was so either if B and C were engaged in a deliberate avoidance scheme or if, as a matter of construction, s.75A applies whether they were or not: and as we will see the First-tier Tribunal has indeed held that no tax avoidance motive is needed for s.75A to apply.[5] Before this change B could, for example, contract to buy a house and then contract to give it on to her husband or daughter and probably no tax was payable: B was exempt under the sub-sale exemption and C had no tax to pay because he or she was giving no consideration.[6]

8–004   Ninety nine per cent of the time the exemption was used for its intended purpose, but it was also made use of for avoidance schemes. Two types of scheme were as follows:

1.   B agreed to pay and did pay a full price but C's price was nil or very low. This might be, say, because B and C were companies in the same group and therefore, subject to company law considerations, it did not matter that C was getting the property for nothing. A case of this type, dating from before s.75A, which went to the Tribunal is *Vardy Properties v Revenue and Customs Commissioners.*[7] C, a UK company, set up and subscribed a large sum for all the shares in B, an unlimited UK company. B contracted to buy a property from A, an unconnected seller. B then resolved to make a paper reduction in its share capital (in order to create a distributable reserve) and, contingently on completion of its purchase, to make an immediate distribution (dividend) of the property in specie to C. This all happened, with back-to-back completions. B used its share subscription money to pay the price. B and C argued that B was exempt under the sub"-sale" exemption and C was exempt because it had given no consideration. B lost, one ground being a company law technicality: because it had not followed proper procedures its declaration of the dividend was void, it therefore retained the beneficial interest in the property and so C held the property as a bare (constructive) trustee for it, B. It therefore counted for SDLT as a straight purchase by B, and B was liable to tax accordingly. But the Tribunal also held that the scheme would

---

[5]   *Project Blue Ltd v Revenue and Customs Commissioners* (2013) TC 2777.
[6]   Though if C put B in funds to make her purchase C would have to pay tax on B's price because of the rule about consideration indirectly provided by C, see *Vardy Properties*, below.
[7]   [2012] S.F.T.D. 1398.

Sub-sales etc.

not have worked quite apart from that. This is because the then s.45(2)(b)(i) provided that C was liable on "so much of the consideration under the [A to B] contract as ... is to be given (directly or indirectly) by [C] or a person connected with [C]". The Tribunal held that C's share subscription, while of course being direct consideration for the shares, was also consideration given indirectly for the property.[8]

Vardy itself is not being appealed to the Upper Tribunal, but it is understood that there may be appeals to the First-tier Tribunal in similar but not identical cases, for example where B was not a UK company and so the UK company law point does not arise.

2.   In *Project Blue Ltd v Revenue and Customs Commissioners*[9] the taxpayer argued that B's purchase would attract the sub-sale exemption and C's the exemption for alternative property finance, so there was no SDLT. It concerned the purchase of the Chelsea Barracks in West London. A, the Ministry of Defence (which was not, presumably, party to the tax planning, if there was any tax planning) contracted to sell the complex to Project Blue Ltd (B) for £959m. B was part of an organisation controlled by the Qatari royal family. B had to fund its purchase and intended to develop the site. A financial institution, Qatari Bank Masraf al Rayan (C), contracted to buy the complex from B for $2,468m, the additional price being to enable B to fund the development work. B's and C's purchases were effected by a back-to-back sub-sale. C immediately after its purchase leased the property back to B at a rent. B argued that B's purchase was exempt under the sub-sale exemption and C's under the alternative finance exemption in s.71A of the Finance Act 2003 (see Chapter 17). This exemption, though not confined to Moslems, was introduced to facilitate Shari'a Islamic financing, and in this case B did insist for religious reasons on using Islamic financing.

The case came on before the First-tier Tribunal. The Stamp Office accepted that the two exemptions, looked at on their own, applied, but argued that B was caught by s.75A, the general SDLT anti-avoidance section. The Tribunal agreed, holding that s.75A was not confined to avoidance schemes and that, even if it were, B and C had not proved that avoidance was not part of the purposes of the scheme. Section 75A contains a provision, s.75A(7)(a),

---

[8]   The intra-group exemption would not have been available between B and C because, inter alia, of the old s.45(5A)(a).

[9]   (2013) TC 2777.

103

Stamp Duty Land Tax

which says in effect that s.75A does not apply if the exercise would otherwise be exempted *solely* by virtue of the alternative financing exemption, but B could not invoke this because it was relying on the sub-sale exemption as well. Moreover the Tribunal held that B was liable to tax on $2,468m, not £959m. The case is discussed in the context of s.75A at paras 17–005 to 17–007. It is understood that an appeal to the Upper Tribunal is taking place.

The new exemption: new s.45 and Sch.2A

8–005 No doubt because the old rules were sometimes used for avoidance, the Finance Act 2013 rewrote the rules entirely where the sub-sale, assignment or other transaction takes place on or after July 17, 2013. It substituted a new s.45, which itself simply introduces a new schedule, Sch.2A. Schedule 2A is inordinately, unnecessarily lengthy—it has 105 sub-paragraphs compared with the 13 sub-clauses of the old s.45—but in 95 per cent of cases the position will be the same as before. The new regime is described below, but the main changes are:

- the "minimum consideration" rule. If B and C are connected, or are not acting at arm's length, then, while B is ordinarily still entitled to his exemption, C is liable to SDLT on the price payable by B, instead of on the price (if any) payable by him (C), if B's price is higher (though strictly this has been so for many years anyway under s.75A, even if they are unconnected and acting at arm's length). Note that whether *A* is connected or acting at arm's length is irrelevant;
- the new regime does apply to novations;
- if the sub-sale etc. forms part of a tax avoidance scheme, B has no exemption and has a full tax liability on his price;
- if B is entitled to exemption he must, except in a novation case, put in an SDLT return and claim it in it. Under the old rule he did not need to put in a return at all.

The Stamp Office's guidance dated July 2013 (*www.hmrc.gov.uk/so/guidance-sdlt-pre-completion.pdf*) is in general clear and helpful although somewhat long. It is to be incorporated into the SDLT Manual in due course and that may have happened by the time you read this.

As regards terminology, the new schedule deals with what it calls "pre-completion transactions". Where a person (B) enters into a contract (to be completed by a transfer document) to acquire a chargeable interest from A and, before that contract is completed,[10] B and C enter into a transaction (generally a contract) which gives C the right to call for a transfer of the chargeable interest (whether or not it gives C a direct right against A), the transaction which gives C that right is called a "pre-completion transaction".[11] It thus encompasses both a sub-sale of either type and an assignment by B of his beneficial interest in the A to B contract. It also covers, as we will see, a novation. In the Schedule assignments are called "assignments of rights" and any other type of "pre-completion transaction" is confusingly called a "free-standing transfer" (confusing because the sub-sale, etc. will rarely itself be a transfer in the normal sense of the word).[12] Free-standing transfers are further divided between those which are "qualifying subsales"[13] and those which are not. The schedule does not apply to the grant or exercise of an option,[14] for which see Chapter 2.

Like the old rule, the rule does not apply, and B has no exemption, where A contracts to sell a freehold (or an existing lease) to B and B contracts to grant a lease (or sub-lease) of it to C. While the rule can apply to a sub-sale, etc. of a physical part of the property in question, it does not apply to a part disposal in the CGT sense. For the position where A contracts to grant a lease to B and B contracts with C to procure that it is granted to C, or assigns to C the benefit of the contract with A, see para.10–006.

8–006

The provisions are here explained first by reference to sub-sales, which are the most common type of "pre-completion transaction".

Sub-sales

The starting point is that, on general principles, a sub-sale completes two transactions and, in the absence of any exemption, there is a double charge to tax, on B and on C. The schedule does not say that but (correctly) assumes it. The question then is whether B is entitled to exemption.

8–007

Example 1

Annette (B) contracts to buy a house from John (A) for £1m, paying a deposit of £75,000. At no stage before completion does she

---

[10] This follows from Sch.2A para.1(2)(b).
[11] Sch.2A para.1(2).
[12] Sch.2A para.2(1), (2).
[13] Sch.2A para.16(8).
[14] Sch.2A para.1(4).

105

Stamp Duty Land Tax

substantially perform, for example by taking possession of the whole or substantially the whole of the house and grounds (see Chapter 2). Before completion she contracts to sell the house on to Neville (C) for £1.1m. Neville pays her a deposit of £110,000. Neville does not substantially perform his contract either. The purchase is completed by a true or back-to-back sub-sale, Neville paying John (direct or via Annette) £925,000 and paying Annette £65,000.

(The deposit movements are shown here but make no difference to the principle.) B, Annette, can claim exemption from SDLT. It is a "qualifying subsale" (virtually any sub-sale contract is).[15] The rule, as under the old law, is that she is entitled to exemption if "performance" of the A to B transaction takes place *at the same time as, and in connection with*, performance of the B to C transaction.[16] "Performance" means completion or substantial performance whichever is earlier.[17] Here neither party has substantially performed and we are assuming that the two completions take place at the same time and in connection with each other (on this see para.8–015, below). Had Annette substantially performed that would have given her a tax liability on general principles and she could claim no exemption (though note that had *Neville* substantially performed by taking possession that would have been treated as substantial performance by Annette as well[18] and so Annette would be entitled to the exemption[19]). Exemption would be denied if the sub-sale formed part of SDLT avoidance arrangements (see below), but there is no suggestion of that here.

Example II

As Example I, but Annette instead of selling to Neville contracts to give the house to Clare, her daughter. Again neither Annette nor Clare substantially performs and completion is by true or back-to-back sub-"sale".

8–008   Annette is still entitled to exemption, but the "minimum consideration" rule applies. This is that where B and C are either connected (see the Appendix) or are not acting at arm's length C is liable to SDLT on the higher of the price, if any, that she has agreed to pay and the price which B has agreed to pay.[20] Here B and C are, of course, connected and not

---

[15]   Sch.2A para.16(8).
[16]   Sch.2A para.16(1)(c).
[17]   Sch.2A para.16(7).
[18]   Sch.2A para.9(4).
[19]   It would be a sensible precaution to ensure that the completions are simultaneous as well.
[20]   Sch.2A para.12.

106

Sub-sales etc.

acting at arm's length. C is therefore liable to SDLT on £1m at 4 per cent, making £40,000. (Note that if B is for any reason not exempt—say if Annette had taken possession before completion—the minimum consideration rule still applies and then operates penally. Annette would have been liable on £1m at 4 per cent and Clare would have been liable on £1m at 4 per cent.)

Note that the example presupposes that Annette contracted to sell on to Clare (a deed would be necessary) before any completion. If Annette had simply completed her purchase and given the house to Clare ordinary rules would have applied and Annette would have been liable on £1m and Clare would have had no liability. If Annette had given the money to Clare and Clare had bought, Clare would of course have been liable on £1m and Annette would have had no liability.

Example III

As Example I, but the market has fallen and Annette contracts to sell to Neville for £900,000, now the market price, rather than £1.1m. Again neither party substantially performs and completion is by true or back-to-back sub-sale.

Here Annette and Neville are acting at arm's length (the price is a market **8–009** price) so the position depends on whether they are connected (see the Appendix). If they are, Neville must pay SDLT on £1m, even though he is simply paying market price. (In such a case C needs to make sure that he is told what the A to B price is.) If they are not connected he is evidently expected to pay on £900,000 only. In strict law the general SDLT anti-avoidance rule, s.75A, requires him to pay on £1m in all cases, but he is safe reporting £900,000 only in the light of Ex 2.2 in Chapter 3 of the Stamp Office's guidance—in spite of the fact that para.18(5) of Sch.2A expressly says that nothing in the minimum consideration rule restricts the application of s.75A!

Example IV

A contracts to sell an office block to Estatesco (B) for £12m. Estatesco contracts to sell it on to Broad Vistas Ltd (C) for £12.2m. Broad Vistas contracts to sell it on to Landright Plc (D) for £12.5m. Again no party substantially performs its contract and there is a true sub-sale or back-to-back sub-sale of all the transactions.

Stamp Duty Land Tax

Here there is a sequence of sub-sales. Both B and C can claim exemption,[21] and Landright pays tax on £12.5m at 4 per cent making £500.000.

8–010   Suppose that the prices had gone down, so that the B to C price had been £11.5m and the C to D price £10.5m. If B, C and D were unconnected and acting at arm's length D would simply pay on £10.5m. Suppose however C and D (only) were connected or not acting at arm's length. The effect of the minimum consideration rule would be that D would have to pay on £11.5m (C's price), but not on £12m.[22]

Example V

Quintin contracts to sell a site to Devco (B) for £1.5m. Devco does not substantially perform. Devco contracts to sell a plot to an onward buyer (C) for £200,000, and this sale is completed, by a true or back-to-back sub-sale. The part of the £1.5m attributable to that plot is £160,000. Devco has not yet completed on the remainder of the site.

This is a sub-sale of part. C is certainly liable on £200,000. One would expect Devco to be exempt on the site sub-sold. There is a problem, however, in that para.16 of Sch.2A seems to be drafted on the assumption that in a sub-sale of part case B will, simultaneously with completion of the sub-sold part, be completing himself his purchase of the balance of the land. In a case where he is not, on a literal interpretation either the case does not fall within para.16(1)(b) and/or (c), in which case he obtains no exemption and completion of the sub-sale gives him a liability on £160,000; or it does fall within those provisions, in which case para.16(4) means that completion of the sub-sale gives him a liability on £1.5m—160,000 = £1,340,000. The writers are reasonably confident that a Tribunal would interpret the paragraph to give the common sense result, by holding that para.16(1) does apply in a case such as this and that, in the Example, the para.16(4) calculation is £160,000—£160,000 = nil, and we believe it in any case to be unlikely that the Stamp Office would argue for any other result; but the Stamp Office guidance does not address the issue. However until the matter is decided or the Stamp Office make a clear statement that they interpret it in this way, the really cautious adviser will recommend that Devco and Quintin enter into separate contracts for each plot.

---

[21] This follows from Sch.2A para.16(1). B and C are both "original purchasers" as defined in para.1(1)(a).

[22] Sch.2A paras 12–14. On these facts C is "the first T" under para.13(2)–(5). The "second minimum consideration" under para.14 is on the facts the same as "the first minimum consideration", as it generally will be in sub-sale cases.

Sub-sales etc.

Once a very substantial part (90 per cent in terms of value) of the whole property has been sub-sold B will have substantially performed his purchase contract by procuring the payment of that 90 per cent, and that will trigger his liability to pay his SDLT on the balance of the property at that point, even if he later sub-sells it.

Assignments

Assignments of benefits of contracts (called in Sch.2A "assignments of rights") are dealt with, inter alia, in paras 4 to 7 of Sch.2A. The position is almost always the same as in an equivalent sub-sale transaction, though as a matter of conveyancing mechanics the cash movements are generally different. The same exemption and minimum consideration rules apply.

8–011

Example VI

Vivienne (A) contracts to sell a house to Guy (B) for £1m, paying a deposit of £75,000. He assigns the benefit of his purchase contract to Alistair (C) who pays him £175,000 for it (effectively £75,000 reimbursement of the deposit plus a £100,000 turn for Guy). Neither Guy nor Alistair substantially performs. On completion Alistair accordingly pays £925,000 to Vivienne, either direct or via Guy.

This is the equivalent of Example I but using an assignment rather than a sub-sale. The result is the same: Alistair pays on his total outlay (£1.1m); Guy is prima facie liable on £1m but can claim exemption. It is not clear that on general principles Guy (B) makes an acquisition at all, so to ensure that he is regarded as doing so, and thus prima facie has a tax liability, para.5 of Sch.2A deems him to be the purchaser under a notional land transaction.

Example VII

Suppose Guy instead makes a loss of £100,000. He would then assign the benefit of his contract to Alistair for nil. On completion Alistair would pay Vivienne £900,000 and Guy would pay her £25,000. Guy would prima facie be liable on £1m but could claim exemption. On a literal interpretation of the legislation Alistair is liable on £1m,[23] but the Stamp Office guidance (at Ex.5.2.4) says he is liable on £900,000 only, so one need have no qualms about filling in his return on that basis. (If

---

[23] Sch.2A para.4(5).

Stamp Duty Land Tax

Guy and Alistair were connected or not acting at arm's length the minimum consideration rule would kick in and Alistair certainly would be liable on £1m.)

Novations

8–012 Novations count as pre-completion transactions.[24] The effect of this is limited. B never acquires the property, nor is he deemed to acquire it, so B is exempt from SDLT on general principles rather than under the specific exemption. He does not have to put in a return or claim an exemption. The minimum consideration rule does apply, however, so if for example A contracts to sell a house to B for £1m, and there is a novation and A releases B and contracts to sell it to C for £900,000 (with B paying A £100,000 to induce him to do this), and B and C are connected or not acting at arm's length, C will be liable on £1m.

Where a novation is helpful is if B has substantially performed. As the A to B contract is cancelled rather than completed (or deemed to be completed) B can claim a refund of his SDLT under s.44(9), see para.2–017.

Who is the Vendor? Sch.2A paras 8, 10, 11

8–013 Sometimes in SDLT law whether a purchaser is liable to tax, or the amount of his liability, depends on who his vendor is. One example is where the two are companies in the same group (see Chapter 11). Who C's vendor was in a sub-sale case was a matter of controversy under the old s.45. The general rule now is that it is A who counts as C's vendor[25]: C should show A as his vendor in his SDLT return. So C cannot claim the group exemption if it (C) and B are in the same group (unless A is as well, in which case the group exemption will normally be available throughout). It helps as regards the connected company rule (Chapter 7): if C is a company connected with B (but not A) that rule does not apply, though the minimum consideration rule still will. But there are a number of cases where either or both of A and B count as vendor to C. The most important are where C's purchase involves existing debt of his

---

[24] Sch.2A para.1(5).
[25] Sch.2A paras 8(3), 10(4).

Sub-sales etc.

vendor's (see paras 5–001 to 5–004) and where C is carrying out works as consideration and it is one of the terms that the vendor will do them (see paras 6–009 to 6–011).[26]

SDLT avoidance arrangements: Sch.2A para.16

Where the sub-sale or assignment is part of SDLT avoidance arrangements, B (or C if there is a D and so on) is not entitled to exemption. Arrangements are SDLT avoidance arrangements "if, having regard to all the circumstances, it would be reasonable to conclude that the obtaining of [an SDLT] advantage for [B etc.] or any other person was the main purpose, or one the main purposes, of [B etc.] in entering into the arrangements". This test has both objective and subjective elements. Buyers and sellers who are simply using the rules in a straightforward way need not be concerned. The paragraph explicitly states that the breadth of s.75A (the general SDLT anti-avoidance rule) is not affected.

8–014

Back-to-back sub-sales: completion arrangements

As has been said, for B to obtain exemption in a back-to-back sub-sale case the two completions must take place "at the same time as, and in connection with" each other.[27] The Stamp Office in their guidance give as an example completions at a single meeting. But completion meetings are not common. In practice the writers are not aware of the Stamp Office attacking back-to-back sub-sales on the ground of non-simultaneity so long as they happen on the same day, but advisers should be careful particularly where any even slightly ambitious tax planning is involved or there are any intervening events, e.g. the grant of an agreement for lease, or a licence, before completion of the sub-sale. It is then advisable to, say, have B execute the transfer to C in escrow and C pay his money into an escrow account on terms that on terms that the transfer and the money will be ipso facto released when the A to B sale completes.

8–015

---

[26] Sch.2A paras 8(5)–(9), 10(5)–(8).
[27] Sch.2A para.16(1)(c).

111

Stamp Duty Land Tax

Compliance

8–016   Except in a novation case B must fill in an ordinary SDLT 1 return and, if exemption is due, claim it by inserting 34 at Q9. C completes an SDLT 1 in the ordinary way. As regards land registration, there is no problem in an assignment or true sub-sale case: there is only one transfer and C produces his SDLT 5 certificate to the Land Registry in the ordinary way. In the case of a back-to-back sub-sale, if B wants to register his (scintilla of time) ownership he will produce his SDLT 5 and C will produce his SDLT 5. If B does not want to register C should produce both transfers and his SDLT 5 and tell the Registry that B acquired the land from A and has transferred it to him (C) pursuant to a "free-standing transfer" as defined in Sch.2A to the Finance Act 2003.[28]

---

[28] Stamp Office guidance on the pre-completion transactions rules, paras 2.18 to 2.23.

Chapter 9

Leases: the charge on rents

Introduction

Inevitably the SDLT legislation treats rent rather differently from other chargeable consideration. It is paid over a period of, sometimes, very many years; in most cases the rent will change during the course of the lease because of rent reviews or ad hoc agreed rent increases or, less commonly, turnover rents or fixed increases. One solution would have been to make the tax an annual or, say, five-yearly charge on the rent payable for the next year or five years, but this would have been unpopular with, and time-consuming for, both tenants and the Stamp Office. The solution adopted is to make it, in principle, an upfront charge on all the rent payable over the term of the lease, but with its calculation being based on the rent actually payable for the first five years and then on a (generally artificial) assumption that the rent per year for the rest of the term will be the same as the highest rent payable in any 12-month period in those first five years. To reflect the fact that rent is payable over the term of the lease and the SDLT charge is chiefly upfront, the charge is not on gross rent but on its net present value (NPV) as at the term start date, calculated according to a mathematical formula.

9–001

A tenant may pay a capital sum (a premium) for the grant of the lease (instead of or as well as rent). The taxation of the rent is never affected by the amount of the premium. Conversely the fact that there is also rent for the lease, if there is, sometimes affects (adversely) the amount of tax on the premium. The taxation of premiums is dealt with in Chapter 10.

This chapter and Chapter 10 deal with the initial grant of a lease. Where an existing lease is assigned, normally the only chargeable consideration is the sum, if any, which the assignee pays for the assignment; there is no

Stamp Duty Land Tax

question of his having to pay tax on the rent again.[1] There are some exceptions to this, cases where the original grant enjoyed an exemption, explained in para.9–024.

What is a lease?

9–002 It is only rents for leases that are caught for SDLT. There is no special SDLT definition of lease—general land law applies. "Tenancy" is simply another word for a lease, generally used where the lease is short or periodical. But a mere licence does not attract SDLT. A licence is a mere contract which allows the licensee to, say, use the property but does not give him an interest in land as a matter of land law. There is a good deal of land law case law on the distinction between leases and licences which we do not go into here. Essentially land law looks at the substance rather than the label—the fact that a contract is called a licence is far from conclusive. If the contract gives the "licensee" the right of exclusive occupation, prima facie it is a lease. However, so long as the transaction is not expressed as a lease, the courts more readily concede licence status where the transaction is between associates or family members or is at a nil or really low rent. Occupation-*sharing* contracts are not leases, unless the contract is between the owner and the sharers jointly (in which case there is likely to be a lease to them jointly) or there is no actual sharing and the requirement to share is a pretence.[2]

Contrast the position for VAT. There the grant of a licence *to occupy* is equated to the grant of a lease and thus is an exempt supply unless (in the case of commercial property) the licensor has opted. This does not apply to the grant of a mere licence to use, which will generate taxable supplies.

Tenancies at will are not caught.[3] It is true that owing to uncoordinated drafting paras 1(b) and 4(5) of Sch.17A assume that they are caught, but the view of the writers and the tax profession generally and, it is believed, the Stamp Office is that the wording of s.48(2)(b) of the Finance Act 2003, stating firmly that a tenancy at will is not a chargeable interest at all, overrides.

---

[1] The assumption by the assignee of the obligation to pay rent and the other lease obligations does not count as consideration given by him to the assignor: Sch.17A para.17.

[2] *Street v Mountford* [1985] A.C. 809 (HL).

[3] s.48(2)(b).

Leases: the charge on rents

In land law the "grant" of a lease is effected when the lease document is executed (or, where the lease is oral, as a lease of three years or less or a periodical lease can generally be, when a binding lease agreement is entered into). Most leases are granted without there being any prior contract to grant them, but sometimes there is a prior contract, an agreement for lease. The position is then the same as in the case of a contract for sale, see Chapter 2: the agreement itself does not trigger SDLT, and normally no SDLT is triggered until legal completion (the grant of the lease), but substantial performance before completion does trigger SDLT. Agreements for lease are dealt with in Chapter 10.

The term of a lease

The "term" (duration) of a lease is always an important factor in computing the tax on it. It is important to appreciate that, ordinarily, for SDLT, as for some purposes of general land law, the term does not start until:

9–003

- the grant of the lease, that is the execution of the lease document, or
- the date stated in the lease to be the commencement of the term,

whichever is *later*. This is sometimes called the rule in *Bradshaw v Pawley*.[4] We call that start date the "true term start date" and the term starting then "the true term". It is quite common for the lease to state that its term starts on some date earlier than the grant; we call this the "contractual term start date" and the term starting then "the contractual term". Typically the end date of the lease and rent reviews will be linked to it—the end date might be, say, the day before the 25th anniversary of the contractual start date, and rent reviews might be on every fifth anniversary of it. But the contractual term start date is ordinarily ignored for SDLT. There are exceptions as regards SDLT in the case of renewal leases, as we will see.

When ascertaining the term of a lease any right that either party has to terminate it early (a break clause) is ignored. Even if the lease is actually terminated early under a break clause, or is surrendered or forfeited, the tenant is entitled to no refund of any of his SDLT. Conversely no account is taken of any right to renew given to either party.[5] Therefore tax can effectively be deferred by, say, instead of granting a lease for 20

---

[4]   A land law case: [1980] 1 W.L.R. 10.
[5]   Sch.17A para.2.

115

Stamp Duty Land Tax

years granting a lease for 10 years with cross-options to renew for another 10 years, though the two leases will almost certainly be linked: see para.9–018, below.

If the lease provides for rent in respect of the period between the contractual start date and the true start date that "rent" is treated as premium for SDLT.[6] As will be explained there are certain exceptions in the case of renewal leases and where there is an agreement for lease.

The rates: Sch.5 para.2

9–004
Having calculated the net present value of the rent (see below) the rates on it are[7]:

Non-residential or mixed property	
	%
On the first £150,000	nil
On any excess over £150,000	1

Residential property	
	%
On the first £125,000	nil
On any excess over £125,000	1

The rate on rent is never higher than 1 per cent, even if, say, it is a dwelling worth over £500,000 being rented by a company, and even if a premium attracting the penal 15 per cent rate is also being paid. It is a slice system rather than the slab system; all tenants enjoy the nil rate band—unless the lease is linked to another lease, in which case the nil rate band is shared between them in proportion to the NPVs of their rents.[8] A renewal lease does not normally count as linked to the original lease, as is explained below. The linkage rules are as explained in paras 3–013 to 3–018. For what counts as residential property and what as non-residential, see Chapter 3. As in the case of purchases, mixed property, that is a property which is partly residential and partly not, counts as wholly non-residential, which is beneficial.

---

[6] Sch.5 para.1A.
[7] Sch.5 para.2.
[8] Sch.5 para.2(5), (6).

Leases: the charge on rents

Net present value: Sch.5 paras 3, 4

Having arrived at the chargeable rent figure (see below), it is reduced to its net present value (*v*) by applying the following formula: **9–005**

$$v = \sum_{i=1}^{n} \frac{r_i}{(1+T)^i}$$

Where:

n is the rent payable *in respect of* year i,

i is the first, second, third, etc. year of the term,

n is the term of the lease, and

T is the temporal discount rate.[9]

The, not very generous, temporal discount rate is 3.5 per cent. The Treasury have the power to vary it but have never yet done so.[10] The Stamp Office provide an NPV calculator on their website, *www.hmrc.gov. uk/sdlt/calculate/calculators.htm#2*. The solicitor should print the calculation out and keep it on file in case of subsequent enquiry. The calculator is reliable, in the writers' experience, though it does not cope with one or two more esoteric cases.

Chargeable rent: fixed term leases: Sch.5 paras 7–8

It may be simplest to explain the charge on rent by reference, in the first instance, to fixed term leases. Prima facie the total rent chargeable over the term of the lease is chargeable rent. However that total rent is often not known at the outset, and the Stamp Office (and taxpayers) want to keep obligations to file supplementary returns to a minimum. The solution adopted is as follows. **9–006**

---

[9] Sch.5 para.3.
[10] Sch.5 para.8.

Stamp Duty Land Tax

1. When the lease is granted the chargeable rent for the first five years of the true term is arrived at on general principles and totalled. Insofar as the rent for that period is uncertain the rule in s.51(1) and (2) of the Finance Act 2003 (see paras 4–004 to 4–006) applies.[11] For example where there is to be a rent review at the end of year 4, the tenant must estimate what the rent for year 5 will be. It is not possible to apply for a postponement of payment of the estimated element of the tax.[12]

Solicitors should be careful not to advise tenant clients what figure they should insert as estimated rents—they are not valuers and could come in for criticism if things go wrong. Generally the tenant will provide a figure—it is not necessary to instruct a valuer. Often tenants say that they expect no increase. This may often be reasonable on the facts, but tenants should be particularly careful where the rent until the review has been set at a deliberately low level—a reduced rent period.

2. If the lease's true term is longer than five years, the rent per year for year 6 onwards is assumed to be a sum equal to the highest rent payable (or estimated to be payable) for *any* 12-month period falling wholly within the first five years.[13] This will not necessarily (though it will generally) coincide with a particular "lease year", a year commencing with the contractual term start date or an anniversary of it. The actual rents payable for year 6 and thereafter, even if known figures, are ignored.

On the grant of the lease the tenant (if the transaction is notifiable, see Chapter 18) fills in his land transaction return in accordance with 1 and 2 and pays any SDLT accordingly.

Example 1

On December 1, 2014 Louis enters into a 10-year lease of a commercial property for a contractual term starting on that date. The rent for year 1 is £25,000 and it increases each year thereafter by £1,000 per year. The rent is therefore known for the whole term. The first five years' rent therefore amounts to £135,000. For SDLT purposes it is artificially assumed that the rent per year for years 6 to 10 will be the same as the highest year's rent in the first five years: on these facts this is the rent for year 5, £29,000. The rent for years 6 to 10 is therefore in total a deemed £145,000 and the total chargeable rent is £135,000 + 145,000 =

---

[11] Sch.17A para.7.
[12] s.90(7).
[13] Sch.17A para.7(3).

Leases: the charge on rents

£280,000. The NPV is £231,840 and after allowing for the nil rate band his tax is £818. Louis will have no further returns to make.

3.   If at the outset the rent for the first five years is not wholly certain, but becomes certain within that period, the tenant must then recompute his SDLT as from the true term start date (normally the grant of the lease) but on the basis of the facts now known. The rates of tax are the rates ruling at the effective date of the lease.[14] If this gives him an additional tax liability, or gives him a tax liability where he had none before, or makes the lease notifiable when it was not before,[15] he must make a "return" to the Stamp Office and pay any additional tax within 30 days of the rent figure becoming certain (which is unlikely to be precisely the same date as that from which the revised rent becomes payable).[16] This "return" is not a land transaction return (SDLT 1); it should take the form of a letter to the Birmingham Stamp Office.[17] Unpleasantly, interest runs from 31 days after the original effective date.[18] If the recomputation means that he has overpaid tax, he can reclaim it by amending his original land transaction return, if he is in time to do so, otherwise he should send in a return and claim it.[19]

Example II

On March 1, 2011 Michaelsons Ltd were granted a lease of a factory for 12 years as from January 1, 2011 (the contractual term start date) at a rent of £500,000 p.a. (with effect from the date of grant). There are to be rent reviews on the fourth and eighth anniversaries of the contractual term start date, the first review date therefore being January 1, 2015. Michaelsons complete a land transaction return when the lease is granted and take the view that no increase on the first review is likely. The chargeable rent is therefore shown as £5,919,178,[20] giving rise to an NPV of £4,778,180 and SDLT, after allowing for the nil rate band, of £46,281. On May 1, 2015 Michaelsons and the landlord reach agreement (pursuant to the review) that the revised rent payable from January 1, 2015 is £550,000 p.a. Michaelsons must by May 31, 2015 put in a

---

[14] Sch.17A para.8(3)(c).

[15] It follows that there is no obligation to refile if any rent reviews result in no increase or decrease in rent, but he may need to if he is claiming a refund, see below.

[16] Sch.17A para.8.

[17] SDLT Manual para.13185.

[18] s.87(3)(c).

[19] Sch.17A para.8(5).

[20] If there were any rent payable for the period January 1, 2011 to February 28, 2011 it would be excluded, as it would be taxed as a premium, not as rent, see above.

Stamp Duty Land Tax

supplementary return recomputing their SDLT (as from the true term start date) on the basis that the rent from January 1, 2015 to February 29, 2016 will be at £550,000 p.a. and the rent for the remainder of the term (March 1, 2016 to December 31, 2022) will also be at £550,000 p.a. (the highest rent payable for any twelve month period in the first five years). This gives a revised chargeable rent figure of £6,319,177, the NPV of which (calculated from the effective date, the date of grant) is £5,079,387 and the SDLT prima facie £49,293. After deducting the tax already paid that gives Michaelsons additional tax of £3,012, which it must pay by May 31, 2015 with interest from April 1, 2011. Michaelsons will not have to make any further returns, whatever happens on the eighth anniversary review.

9–007 Michaelson's obligation to refile was triggered by *the amount of rent payable in respect of the first five years of the term ceasing to be uncertain.*[21] It ceased to be uncertain on May 1, 2015. They were not entitled to wait until the end of the fifth year to refile. But note that if there had also been a review at the end of year 2 that increased the rent, that would not have triggered a refiling obligation, because the first five years' rent would still have been uncertain—it might have been further increased at year 4. In that case Michaelsons would have had to refile following the year 4 review. Even if that review resulted in no increase a refiling would be necessary to take account of the year 2 increase.

If the first rent review date had been March 2016 or later Michaelsons would have had no obligation to refile, however great the increase in rent. There is a special rule which can help where the rent review date is shortly before the fifth anniversary of the true term start date. This is that if the first (or only) rent review date is expressed to fall five years after some date specified in the lease, and that specified date (generally in practice the contractual term start date) is three months or less before the true term start date, the rent review date is treated for the purpose of these rules as not falling within the first five years of the true term.[22] So if Michaelsons' lease had provided that the first review date was to be the fifth anniversary of the contractual term start date (January 1, 2011), therefore January 1, 2016, they would not have had to refile, because the specified date (January 1, 2011) falls within three months of the true term start date (March 1, 2011). For this rule to apply its conditions must be strictly fulfilled: the period must be exactly five years running from a date stated in the lease.

---

[21] Sch.17A para.8(2)(b).
[22] Sch.17A para.7A.

Leases: the charge on rents

4. There remains the question of what happens if there is a rent review date within the first five years of the true term (and the rule immediately above does not apply) but the increase is not agreed—or it has not been agreed that there shall be no increase—by the fifth anniversary. Here one must look at para.8(1)(a) of Sch.17A. What this provides is not entirely clear, but the Stamp Office's view and the general view of the tax profession is that the tenant must consider the position at the end of the fifth year and, if he estimates that the review will result in an increased rent, must refile using his estimated rent figure. He must do this and pay the resulting extra tax within 30 days of the end of the fifth year of the lease. In the writers' view there is no need for him to do anything later when the rent increase is eventually agreed.[23]

It is possible to argue on the wording of para.8 of Sch.17A that there is no requirement for the tenant to refile at all if the lease is for less than five years, but the Stamp Office, probably correctly, do not agree.[24] In such a case the tenant should refile within 30 days of all the rent for the lease becoming a known figure, which will sometimes be after the end of the lease.

RPI-indexed rents: Sch.17A para.7(5)

If the lease provides for the rent to be indexed in accordance with the retail prices index (RPI) these rent adjustment provisions do not apply and the tax is simply calculated on the basic rent.[25] To qualify for this relief it must be strictly complied with: a provision, say, that the rent is to

9–008

---

[23] This is contrary to the Stamp Office's view, who consider that he must refile yet again when the actual increase is known (unless the increase is exactly as estimated): SDLT Manual para.13185. But para.8(1)(a) does not provide this, and s.80 (the general provision which provides that a purchaser must refile when an uncertain figure becomes certain) is specifically stated not to apply to rent: s.80(5). The Stamp Office seek to justify their view by stating that if the tenant does not refile he will incur a penalty under what is now Finance Act 2007 Sch.24 para.3(2) (where purchaser discovers inaccuracy in a return and does not notify HMRC inaccuracy is deemed careless), but a penalty provision cannot create a substantive tax obligation; the tenant has committed no inaccuracy; and he has not understated his liability to tax, as he has done everything which Sch.17A para.8 requires him to (Sch.24 para.1(2)(a)). Of course, if the eventually agreed review is less than the tenant estimated he should take advantage of the Stamp Office's view and claim a refund.

[24] SDLT Manual para.13185.

[25] Sch.17A para.7(5).

Stamp Duty Land Tax

be increased by RPI plus 1 per cent, or by reference to some other index (such as the consumer price index, CPI), or where the RPI is a mere cap on increases, does not qualify.

Turnover rents

9–009 Sometimes a commercial tenant agrees a rent all or part of which is linked to his turnover or profit at the premises. This is common in the hotel and restaurant and shopping centre sectors. The rent will therefore vary, say from year to year or quarter to quarter, depending on his figures. Often he has to pay a provisional sum per quarter in advance, to be adjusted later in the light of the actual turnover or profit. There are no special rules for turnover rents, the rules for variable rents that we have been discussing apply. Therefore, in the first instance the tenant completes his land transaction return using his estimate of the rents that will be payable. At the end of the fifth year of the lease much of the rent that has become payable over the five years will be known but there will be some rent, typically for the fifth year or the last quarter of it, the figure for which has not yet been finalised. The tenant must therefore refile 30 days after the end of year 5 using the known rent figures and estimated figures insofar as rents are not yet known. As usual, the highest rent figure for any twelve month period in the first five years is the deemed rent figure for year 6 onwards—which gives an unfortunate result if the tenant has had a particularly good year.

Abolition of the abnormal rent increase rules

9–010 In order to block avoidance by provisions which increased rent after year 5, and to tackle the wide fluctuations of turnover rents, there used to be a rule that if there was an abnormal (as defined) rent increase after year 5 it triggered an SDLT charge for the tenant. The rule was little known by tenants and, one may guess, brought in little revenue. As a simplification measure, it was abolished with effect from July 17, 2013, for existing leases as well as new ones. Now no increase after year 5, whether pursuant to provisions of the lease or ad hoc, triggers a charge.

Fixed term leases: tax planning

9–011 Many leases have a rent-free period at the start. No special SDLT rules apply; insofar as there is no rent there is no SDLT (though if the rent-free period is in return for the tenant doing something specific, e.g.

Leases: the charge on rents

works, whether he is taxed on a deemed premium is governed by ordinary rules, see Chapter 6. Generally he will do the works after the effective date and so be exempt). From the SDLT point of view it is better to have a reduced rent period spread evenly over the first five years; that reduced annual rent then governs the rent for the rest of the lease.

In the case of residential property it would be possible to have a five-year rent-free period and for the tenant to pay a premium equal to the rent that he would have otherwise paid. The tax on the rent for the whole term will then be zero, and the premium will be exempt if it is £125,000 or less, or taxed at 1 per cent if it is between that and £250,000: see para.3–001. This is also possible for commercial property except that there is no zero-rate band for the premium unless the lease has little or no "annual rent" as defined—see Chapter 10; to achieve that the lease could not provide for a fixed, or fixed minimum, rent to kick in after year 5, there would have to be on the fifth anniversary of the true start date a pure review to, say, the then current market rent. A five-year rent-free or heavily reduced rent period can mean that any deposit paid by the tenant attracts tax as a premium.[26]

Factors other than SDLT mean that a premium has drawbacks for the tenant. First, there is cashflow. It is better not to make the premium payable by instalments, as that carries a risk that a tribunal would hold it to be really rent. Secondly, a tenant who is trading or running a property business receives income tax/corporation tax relief for only part of the premium and not at once: the relief is spread over the whole term of the lease.[27]

Fixed term leases: holding over, then new lease granted: Sch.17A paras 3, 3A, 9A

Very often the tenant under a fixed term lease stays on, or "holds over", after the fixed term expires. This could be because:

9–012

- the lease is expressly worded as a lease for the fixed term and thereafter until terminated. This is sometimes found in residential leases but is uncommon in commercial leases; or

---

[26] Sch.17A para.18A. See para.10–002.
[27] Income Tax (Trading and Other Income) Act 2005 ss.60–65, 291–295, Corporation Tax Act 2009 ss.63–67, 231–235.

Stamp Duty Land Tax

- the lease continues by statute, generally the Landlord and Tenant Act 1954 (security of tenure legislation for occupying business tenants); or
- simply that the landlord, expressly or tacitly, allows the tenant to stay on. Often the parties are in the course of negotiating a fixed term renewal lease.

There was a welcome easing of the rules in the Finance Act 2013. As we will see, any extra SDLT is now payable at the end, rather than at the beginning of each year of holding over and there is reduced tax if the tenant quits during a year.

The rules are something of a maze: they vary with the factual position. We look first at the position where a new fixed term lease is eventually granted. First one has to look at the old fixed term lease and allot it to one of two categories. In all cases the new lease must be of the same or substantially the same premises—exact identity is not required.[28]

- Category I: leases where the tenant enjoys the protection of the Landlord and Tenant Act 1954, or where the old lease is expressly for the fixed term and thereafter until terminated, AND (in either case) the old lease was granted in the SDLT era (which normally means after 30 November 2003);
- Category II: all other leases, in other words where the tenant does not enjoy 1954 Act protection (either because he is not an occupying business tenant or because he has contracted out of the Act) and the lease does not expressly continue until terminated, or where the lease is not an SDLT-era lease.

9–013 In what follows we assume, except where otherwise stated, that:

- the contractual term start date of the new lease, when granted, is the day after the termination of the old lease, or the fixed term of the old lease. This is common;
- no binding rent increase is agreed until the new lease is executed, though it may then be retrospective; and
- the new lease is to the same tenant. If it is to an associate the position will be different. However, a change of landlord does not affect the position.

---

[28] Sch.17A paras 3(3A), 3A(1)(b), 9A(1)(b).

Let us look first at Category I cases. Here para.3 of Sch.17A of the Finance Act 2003 applies.

Example III

Vivienne's old lease ran from January 1, 2010 to December 31, 2014. She is occupying for business and holds over under the 1954 Act. On May 1, 2015 her landlord grants her a new lease at a higher rent with a contractual term start date of January 1, 2015.

Under para.3(3A) of Sch.17A there is nowadays no tax on the holding over as such where, as here, the new lease is granted within one year of the expiry of the old lease. Vivienne has, of course, to pay tax on the new lease and where, as here, the contractual term start date is immediately after the termination of the old lease, para.9A provides that that is treated, contrary to the usual rule, as the start of the term for SDLT and the chargeable rent and the NPV calculations are made accordingly. And if the contractual term start date of the new lease had been a later date para.3A provides that the term start date for SDLT is still the day after termination of the old lease.

Subject to that, Vivienne pays tax on the new lease in the ordinary way. She only has to send in her SDLT return and pay the tax within 30 days of its grant.[29] If the tax is not paid interest runs from 31 days after the effective date, the date of grant.

Suppose that there is a full year of holding over.   **9–014**

Example IV

On March 25, 2004 Roadhugger Tyres Ltd enters into a 10-year lease of a distribution centre at a rent of £400,000 p.a. The contractual term start date is also March 25, 2004. There was a rent review on the fifth anniversary of its true term start date, therefore on March 25, 2009, when the rent was increased to £440,000 p.a. The NPV on grant was £3,326,642 and so Roadhugger paid tax of £31,766. On March 24, 2014 the fixed term expires and Roadhugger holds over under the 1954 Act. Eventually on September 29, 2015 it enters into a renewal lease for ten years at a rent of £600,000 p.a., the contractual term start date being March 25, 2014, with again a rent review on the fifth anniversary.

Here there is a full year of holding over so that gives rise to SDLT under para.3 of Sch.17A. The old lease is treated as a "growing lease", that is

---

[29] This follows from general principles. Paragraphs 3A and 9A only change the term start date, not the effective date of the new lease.

Stamp Duty Land Tax

to say as continued for one further year, and the SDLT on it is recomputed as from the start of its term, March 25, 2004. The rates are the rates ruling at the original effective date.[30] The NPV is therefore recalculated from that date and the rent increase on March 25, 2009 is ignored because that was more than five years from the start of the term. The calculation gives an NPV of £3,600,620 and SDLT of £34,506. Roadhugger must pay this, less the £31,766 it has already paid, so therefore £2,740, by 30 days from the end of the one year, therefore by April 23, 2015.[31] If it does not pay, interest runs from April 24, 2015.[32]

These growing lease provisions do not apply again for the second period of holding over because the new lease is granted in that period.[33] Roadhugger has, of course, to pay tax on the new lease, and its term is again treated as commencing the day after the end of the old lease, therefore on March 25, 2014.[34] This gives it prima facie chargeable rent of £6m, but the rent of £400,000 on which it has already paid tax for the first year of holding over should be deducted, making £5,600,000. The NPV (calculated as from March 25, 2014) is £4,603,489. Roadhugger must pay the tax of £44,534 by 30 days after the effective date, the date of grant of the new lease, therefore by October 29, 2015.

If Roadhugger had had a second full year of holding over it would have had a second "growing lease" charge at the end of that year, and so on for any number of years, and credit for that year's rent is given in the same way against the rent on the renewal lease.

Category II cases are rather easier. Where the old lease was pre-SDLT-era the growing lease, holding over charge can never itself apply.[35] Where the old lease was SDLT-era but the parties contracted out of the 1954 Act, the old lease is not one that can continue beyond the fixed term by operation of law so for that reason the growing lease charge cannot itself apply.[36]

---

[30] Sch.17A para.3(3).

[31] Sch.17A para.3(4).

[32] s.87(3)(aaa).

[33] Sch.17A para.3(3A).

[34] Sch. 17A para.9A. This would be so even if the contractual term start date was later than March 25, 2014: para.3A.

[35] Because Sch.17A para.3 impliedly requires the old lease to have been within the charge to SDLT from the outset.

[36] Sch.17A para.3(1)(b).

Leases: the charge on rents

What then is the position? We are largely back to general principles. A pre-SDLT-era 1954 Act protected lease continues by operation of law so there can be no question of a new periodical tenancy having arisen. In the case of a lease, whether SDLT-era or not, which was contracted out of the 1954 Act, the court will regard a holding over tenant as a tenant at will, at least so long as negotiations are taking place for a renewal lease.[37] Tenancies at will are not caught for SDLT, see para.9–002, above. That leaves the tenant who was not occupying for business and the residential tenant: if he holds over with the express or tacit consent of the landlord there will come a point where a court will hold that a new periodic tenancy has been created, and the rules below about periodic tenancies will apply. In the case of an assured residential tenant a new[38] assured periodic tenancy arises by statute and the periodic tenancy rules (below) will apply.

Example V

Miles has a fixed-term lease of an office, contracted out of the 1954 Act, which expired on December 31, 2014. He holds over and is eventually granted a new fixed term tenancy of the property on February 1, 2016 at an increased rent, with the contractual term start date of January 1, 2015. While holding over, the law regards Miles as a tenant at will and the holding over does not itself give him an SDLT charge. However when he takes the new lease para.9A of Sch.17A applies: this provides that where, as here, the contractual term start date is immediately after the expiry of the fixed term the term start date for SDLT of the new lease is that same date, and Miles must pay tax accordingly on (inter alia) all the rent from January 1, 2015.

Miles could have saved some tax by making the contractual term start date later—even January 2, 2015 would do. Paragraph 9A would then not apply and general principles would. The true term start date would then be February 1, 2016 and the only tax he would have to pay on the rent for the January 1, 2015—January 31, 2016 period would be on the *additional* rent resulting from the rent increase, which would attract tax as a premium for the new lease.[39] The rest of the rent for that period he had to pay anyway as a result of holding over and so escapes SDLT; the new lease, in spite of its wording, does not cause it to be paid.

---

[37] *Javid v Aqil* [1991] 1 W.L.R. 1007 (CA). The negotiations can be desultory: *Barclays Wealth Trustees (Jersey) Ltd v Erimus Housing Ltd* [2014] 2 P. & C.R. 4 (CA). The reason is that to infer a new periodic tenancy would be to create a 1954 Act protected tenancy, which the courts are loath to impose on a landlord without his consent.

[38] *Superstrike Ltd v Rodrigues* [2013] 1 W.L.R. 3848 (CA).

[39] Sch.5 para.1A.

Stamp Duty Land Tax

The position of an assignee: Sch.17A para.12

9–015
If a fixed term lease is assigned the assignee steps into the assignor's shoes and is responsible for any additional SDLT liability that has not yet been triggered.[40] For example, if the lease is assigned in year 3 and there will be a rent review on the fourth anniversary of the contractual term start date, that review may very well trigger an additional tax charge and, if it does, the assignee will be responsible for it and for making the necessary return. Conversely if it gives rise to a refund entitlement he is entitled to that. This means that it is essential that, where there might be a further charge, his solicitors should:

- evaluate the lease to see what charges there might be and when, and
- discover from preliminary enquiries what return the assignor made on the grant of the lease and what tax he paid. They cannot simply work this out from the lease because they need to know what estimates he made. A copy of the return should be demanded. They also need to know what rent reviews or turnover figures there have already been if those have not yet triggered off a responsibility to make a return.

They should seek a provision in the assignment that, if the information provided is not correct and complete, he will indemnify their client for any tax that turns out to be payable.

If a liability has already been triggered but the assignor has failed to make a return or pay, does this provision make the assignee responsible for it? One can confidently say no. It is not drafted in that way and a tribunal would require very clear words to make the assignee liable. The liability stays with the assignor.

Now that the abnormal rent increase rules have been abolished, an assignee can be confident that, if five years have passed since the true term start date, he will have no liability of that kind.

For the assignee's position where the original grant was exempt from SDLT, see para.9–024, below.

---

[40] Sch.17A para.12.

Leases: the charge on rents

Fixed term leases: holding over but no new lease granted: Sch.17A para.3(6)

Or the tenant may hold over but in the event no new fixed term or other express lease is granted—because the parties do not want one or because they cannot agree on terms—and at some point the tenant quits. The position in a Category I case is that if there is a full year or years of holding over the tenant has to pay tax for those years in the way that has been already described. When the tenant quits, or to be more precise when the holding over comes to an end, whether that is in the first year or a subsequent year, he has a partial charge for that year, that is on the rent payable for that part year. He must file a return and pay the tax within 30 days of the ending of the holding over.[41] In a Category II case he has no holding over charge at all (assuming that no periodical tenancy has arisen, which would be rare in a commercial tenancy case).

9–016

Periodic leases: Sch.17A para.4

A periodic lease (or periodic tenancy as it would more usually be called) is one where there is no fixed term and which can be terminated by either party at any time by giving the appropriate notice, generally one week, one month, three months or half a year (in the case of residential tenancies the general law stipulates certain minimum periods of notice, generally four weeks or two months). Tenancies of this type are more often residential than commercial.

9–017

The way in which SDLT law deals with periodic tenancies is to treat them at the outset as if they were leases of a fixed term of one year from the date of grant.[42] The tenant therefore only has to lodge a return and pay tax if his rent for the year will be more than £129,478 (£155,353 for commercial property).[43] If that is the case he must lodge a land transaction return and pay his tax in the usual way, within 30 days from the date of grant. If in fact the tenancy carries on after the end of the year it is assumed to be a lease for two years: the tenant must recompute his chargeable rent as from the date of grant and if that gives him an actual SDLT liability in excess of what, if anything, he paid for year 1 he must put in a return and pay that tax within 30 days of the beginning of

---

[41] Sch.17A para.3(6).
[42] Sch.17A para.4(1)(a).
[43] s.77A(1), item 5. The figures are the maximum rents on which (after discounting) no SDLT is payable.

Stamp Duty Land Tax

year 2.[44] This should only be a land transaction return (SDLT 1) if he has not yet put in a land transaction return for the tenancy, otherwise it should take the form of a letter. The Stamp Office say that in either case it should be sent to the Birmingham Stamp Office.[45] The rate of tax is the rate ruling at the date of grant and the NPV calculation is done as at the date of grant. Interest runs from 31 days from the beginning of year 2.[46]

And so on for year 3 and indefinitely. There is no refund of tax if the tenancy is terminated during a year. In the case of the vast majority of residential tenancies the tenancy would have to last for a long time before any SDLT has to be paid. In a case where at the date the tenancy is entered into SDLT would have to be paid immediately or quite soon, the tenant will do better to arrange for it to be a tenancy for, say, one month and thereafter until terminated by either party. The rules for fixed term leases which continue, described above, will then apply and they are more beneficial in two ways: apart from the initial charge on the (say) one month, almost certainly zero, the charge is at the end of each year rather than the beginning and there is a reduced charge if the tenancy terminates during a year.

Periodic tenancies granted before SDLT came into force (normally December 1, 2003) cannot attract SDLT however long they last.

Linked leases: Sch.5 paras 2(5), (6), Sch.17A para.5

9–018   Whether leases are linked to other land transactions, including other leases, is governed by the ordinary rules on linking, explained in paras 3–013 to 3–017. But the non-rent consideration for a transaction linked to a lease never affects the tax on the lease rent. Where a lease at a rent is linked to another lease at a rent then, subject to the rule explained below, the nil rate band is shared between them in proportion to their NPVs.[47]

Where *successive* leases of the same or substantially the same premises are linked there is a special rule. When the first lease in the series is granted the position is as if it was a one-off lease; there is nothing yet for it to be

---

[44] Sch.17A para.4(1)(b), (3).
[45] SDLT Manual para.14070.
[46] s.87(3)(ab).
[47] Sch.5 para.2(5), (6).

Leases: the charge on rents

linked to. When the next lease is granted, it and the original lease are treated as one single lease and the tax on it must be recomputed accordingly as from the original true term start date and, if appropriate, a return must be made and tax paid on that basis.[48] This prevents tenants adopting a deliberate policy of entering into a series of short leases and obtaining a nil rate band each time. However, leases are not linked just because they are successive, even if, as under the Landlord and Tenant Act 1954, the tenant normally has a statutory option to take a new one. To be linked there must, in the writers' view and that of the tax profession generally, be a positive understanding between the parties at the time of the original lease, though not necessarily in writing or legally binding, that the parties *would*, or at least would very probably, enter into the successor lease. In practice the only cases of linked leases that one comes across at all commonly is where one or both parties has an express option to take the new lease.

Value added tax

In principle, the orthodox view is that VAT on rent is additional rent. However, there is a rule which says that if VAT is chargeable only by virtue of an opting to tax made by the landlord after the effective date of the transaction the VAT does not count as chargeable consideration, and therefore is not added to the rent for SDLT.[49] This is so however long the lease lasts, and even if there are adjustments to the chargeable rent under the rent-becoming-certain provisions, or even if there is a change of landlord, and it extends to any charges under the "growing lease" provisions after a fixed term comes to an end.[50] (It does not apply to a renewal lease, if the landlord has opted by then, because that is a separate lease, unless it is linked with the original lease. It also does not apply to an ad hoc increase in rent in the first five years if the landlord has opted by then, because that counts as a separate lease, see below, but the mere fact that the landlord opts during a lease does not itself count as an ad hoc variation.[51]) Paragraph 03800 of the SDLT Manual perhaps implies that the Stamp Office disagree with this in the case of the rent-becoming-certain provisions and consider that, if the landlord has opted by the date that the rent has become certain or the fifth year of the lease has ended, the tenant, when recomputing his rent, must add VAT to his past rent insofar as he has had to pay it and to his

9–019

---

[48] Sch.17A para.5.
[49] Sch.4 para.2.
[50] SDLT Manual para.12050.
[51] SDLT Manual para.15010.

Stamp Duty Land Tax

prospective future rent. But this is manifest nonsense, because a lease has only one effective date, normally when it is granted, and the landlord opted after it.

It follows that if the original landlord had opted before the effective date but there is later a change of landlord then, except in the unlikely event that the new landlord had opted before the effective date, thereafter the tenant has in principle VAT-free rent for SDLT. This is only likely to help him, though, if it happens in the first five years and he anyway has to put in a supplementary return under the rent-becoming-certain provisions, in which case he should recompute his rent without VAT from the date of his first rent payment to the new landlord.

If when a lease is about to be entered into the landlord intends to opt but has not yet done so, he can avoid some SDLT for his tenant by not opting until after the effective date. So long as he then opts before he has received, or issued a VAT invoice for, any rent or premium his supplies will all be standard-rated for VAT[52] and so he will have no input VAT drawback nor have to apply for permission to opt (unless he has to do that anyway because he has let it before). Note that it is the date of opting that is relevant; opting before the effective date and merely not notifying HMRC until after it does not achieve the desired result.

Changes in VAT rates

9–020 If the VAT does count as chargeable rent the Stamp Office's practice on increases or decreases in VAT rates during the course of the lease is believed to be as follows.[53]

- The possibility that rate might change, or an actual change, does not of itself attract the "uncertainty" provisions.
- However if those provisions are triggered for other reasons and the rate happens to have changed, the recomputation of the rent should take account of it insofar as rent at the new rate has had to be paid or is prospectively payable.
- In the unusual case where at the effective date a change in the VAT rate is known (i.e. is in enacted statute or a made statutory instrument) but is not yet in effect, the rent calculation should take into account VAT at the old rate for the period for which it will still apply, and thereafter VAT at the new rate.

---

[52] Value Added Tax Regulations 1995 (SI 1995/2518) rr.85, 90.
[53] SDLT Manual para.03800.

Leases: the charge on rents

Service charges

A service charge, that is to say a payment by the tenant in respect of services, repairs, maintenance or insurance or the landlord's costs of management, is not chargeable consideration for the lease, and thus is not treated as rent.[54] This is so even if the service charge is "reserved as rent" in the lease or is a fixed sum. However if the split between rent and service charge is distorted in favour of the service charge there should be a reapportionment for SDLT under the general reapportionment rule (see para.2–018) and the rent increased. If the lease provides for a single sum for rent and services it counts as all rent and cannot be apportioned.[55]

9–021

Ad hoc rent increase in first five years: Sch.17A para.13

If the landlord and the tenant negotiate a rent increase *otherwise than* pursuant to a provision of the lease (for example not pursuant to a rent review clause) and that increase takes effect during the five years beginning with the true term start date, the tenant is treated as if he had at that time entered into a separate lease in return for the rent *increase*, so if the increase is sufficient he will have to pay SDLT on it.[56] Ordinary rules apply to this notional lease: therefore unless it is linked to the real lease (which in the writers' view it will not be unless there was an understanding at the outset that there would be the increase) it will have its own nil rate band. If the landlord pays the tenant to accept the increase that sum will be a form of reverse premium and will not attract tax.

9–022

If the parties negotiate a rent reduction, whether in the first five years or not, that has no consequences for the tenant, except that if he pays the landlord for it the tenant is treated as if he had acquired a chargeable interest in return for the sum[57] and may have an SDLT liability accordingly.

---

[54] Sch.17A para.10(1)(a), (2).
[55] Sch.17A para.6.
[56] Sch.17A para.13.
[57] Sch.17A para.15A(1).

Stamp Duty Land Tax

Surrender and regrant, overlap relief: Sch.17A paras 9, 16

9–023 Where a tenant surrenders his lease and takes a fresh lease of the same or substantially the same property from the same landlord, two reliefs are given.

1. As regards rent. This is called overlap relief. Any rent payable under the old lease for the period between the surrender and when the old lease would have terminated (the "overlap period"), and which has been taken into account in determining the tax (if any) payable by the tenant on the old lease, can be credited off against, and so reduces, the rent payable under the new lease for that same period.[58] It seems that strictly the rent that has been "taken into account in determining" the tenant's tax is not necessarily the actual rent for that period; it is, if different, the deemed rent on which the tenant, or a predecessor tenant, paid tax under the fixed term lease rules.[59] Fortunately, however, the Stamp Office take a different view and say that the actual rent can be offset.[60] See the example below.

The old lease must have been SDLT-era, and the tenant must be the same tenant—if the new lease is taken by an associate there is no relief. The set-off is of rent against rent, not of NPV against NPV or of tax against tax. Once the reduced rent for the new lease is ascertained the calculation of its NPV and the tax on it proceeds in the usual way. In English land law, and thus for SDLT, a surrender and regrant occurs not only where it is express but where the parties purport to vary a lease by increasing its demise (area) or lengthening its term, or make changes that are so fundamental that the old lease cannot be regarded as continuing. There is no surrender and regrant, however, merely because the parties agree to increase or reduce the rent, eliminate a break clause or (in the Stamp Office view) reduce the term.[61]

Overlap relief on rents is also given, calculated in the same way:

---

[58] Sch.17A para.9(1)(a), (2), (3), (5). The relief cannot reduce the rent for that period to below zero.
[59] Sch.17A para.9(4).
[60] Stamp Office Bulletin no.10, June 2010.
[61] Manual para.17080.

134

Leases: the charge on rents

i. (in Stamp Office practice) where the tenant has a periodic tenancy (see above) which terminates during a year and is replaced by another lease[62];

ii. where a sub-tenant is granted a direct lease following forfeiture of the head lease, or pursuant to a contractual right which gives him the right to a direct tenancy in the event of a premature termination of the head lease, thus (in either case) losing his sub-tenancy[63];

iii. where the tenant's guarantor is, pursuant to the terms of the guarantee, granted a lease of the property following forfeiture of the tenant's lease.[64]

2. As regards the capital value of the leases, if either or both of them have a capital value, on general principles there is an exchange and the landlord would have to pay tax on (at least) the market value of the old lease surrendered and the tenant would have to pay tax on (at least) the market value of the new lease. This is overridden in the case of a surrender and regrant: the transactions are treated as not being in consideration of each other and the exchange rules do not apply.[65] Again the parties to the new lease must be the same as the parties to the old lease. On the other hand the old lease need not be SDLT-era, and so long as the surrender and regrant are actually in consideration of each other the leased areas can be at opposite ends of the UK. Of course, if there is a cash consideration for the surrender or a cash premium for the new lease those attract SDLT in the usual way.

Example VI

Gavin took a 25-year lease of a property where both the true term start date and the contractual term start date were June 24, 2008. The lease was at a rent of £80,000 p.a. with reviews on every fifth anniversary of the start date. At the first review on June 24, 2013 the rent was increased to £90,000. On June 24, 2014 he surrendered it in consideration of a new 40-year lease at a rent of £95,000, again with reviews on every fifth anniversary.

The overlap period is from June 24, 2014 to June 23, 2033, when his old lease would have expired. His rent for the old lease for that period, in the Stamp Office view his actual rent of £90,000 p.a., can be deducted for

---

[62] Manual para.16010.
[63] Sch.17A para.9(1)(c).
[64] Sch.17A para.9(1)(d).
[65] Sch.17A para.16.

Stamp Duty Land Tax

SDLT from his rent for his new lease for that period when computing his tax on the new lease. This certainly reduces his rent for the first five years to £5,000 p.a. In the writers' view the fixed term lease rules apply so as to deem the rent for the whole of the rest of the term to be £5,000 p.a.—a nice bonus for Gavin.

The Stamp Office's view, probably correct, is that the connected companies rule (see Chapter 7), while it does not affect the overlap relief for rent, overrides the capital value rule on a surrender and regrant. Thus if the landlord is a company connected with the tenant it will be liable to tax on the market value of the lease surrendered, if it has one, and if the tenant is a company connected with the landlord it will be liable on the market value of the new lease granted, if it has one. In their GAAR Guidance at para.D33 HMRC graciously state that if the parties, to avoid this, decide that instead the landlord should grant the tenant a reversionary lease, the term to start on the expiry of the existing lease, they would not attack that under the GAAR.[66]

Assignments treated as new leases: Sch.17A para.11

9–024   A special rule applies when a lease, on grant, enjoyed an SDLT exemption of one of a number of specified types. On the first occasion that it is assigned (provided that the assignment is not itself exempt) the assignee is treated for SDLT as if the lease were at that point being granted by the landlord to him, for a term equal to the residue of its actual term.[67] He is liable to tax accordingly, as well as being liable on the price, if any, that he is paying for the assignment.[68] The thinking is that otherwise it would be possible to avoid tax on the grant of a lease by granting a lease and claiming an exemption and after a short while assigning it to someone who could not have taken advantage of the exemption. The relevant exemptions are:

i.   the sale and leaseback relief, see paras 10–008 to 10–009;

---

[66] Note that (i) the grant of a reversionary lease attracts an up-front tax charge, see below, and (ii) if the tenant is a company connected with the landlord it will have a tax charge on its market value, if it has one. From the cash flow point of view a mere agreement now to grant a lease on the expiry of the existing lease will be better.

[67] Sch.17A para.11(1), (2). The wording does not make the assignee liable to tax on any part of any premium for the grant of the lease.

[68] Any assignment price will effectively be treated as a premium for the lease. If it would otherwise have fallen into the nil rate band, this may well mean that it does not.

Leases: the charge on rents

ii. group relief, reconstruction relief and the acquisition relief, see Chapter 11;
iii. the public bodies exemption, see Chapter 14;
iv. charities relief, see Chapter 14; and
v. (in certain circumstances) the exemption for alternative finance investment bonds.[69]

The charge does not, of course, apply where the relief claimed was group, reconstruction, acquisition or charities relief and the relief has already been clawed back.

Conveyancers acting for a prospective assignee should endeavour, through preliminary enquiries and otherwise, to ascertain whether their client will have this liability. The assignee cannot look to the assignor for the tax (unless the assignment is worded to give him that right). If the charge does bite, as far as procedure is concerned it is probably simplest if the assignee's solicitors complete the land transaction return as if it were the grant of a lease by the assignor.

Reversionary leases

A reversionary lease is a lease which is granted now but where the term is to start at a future date, for example a 10-year lease granted on January 1, 2015 with the term to start on January 1, 2023. Reversionary leases are not well treated for SDLT. The effective date is January 1, 2015 and the tenant must file his return and pay the tax within 30 days of that. However, the true term start date (see para.9–003, above) is January 1, 2023 and thus the NPV discounting only runs from then. The tenant is effectively taxed as if his lease ran for 10 years from January 1, 2015—the fact that he is paying tax now on a lease he will only start to enjoy in eight years' time receives no recognition.

9–025

The answer, if it is commercially acceptable, is not to have an immediate grant of the new lease but for the parties to enter into an agreement now that it will be granted in eight years' time. On general principles the tenant will have no tax liability until the effective date, normally completion, i.e. the grant of the lease.

---

[69] Sch.17A para.11(3).

137

Chapter 10

Leases: other matters

Tenant's obligations which are not consideration: Sch.17A para.10

Various types of obligation undertaken by a tenant are specifically stated in the legislation not to count as chargeable consideration for the grant of the lease, though in some cases they would not anyway on general principles. They are:

10–001

- any undertaking by him to repair, maintain or insure the demised premises;
- any undertaking by him to pay a service charge, see para.9–021;
- any other obligation undertaken by him which would not affect the rent that a tenant would pay on the open market;
- any guarantee procured by him of the rent or his other obligations;
- any penal rent, i.e. rent payable only if he is in default;
- any liability of his for costs under the Leasehold Reform Act 1967 or the Leasehold Reform, Housing and Urban Development Act 1993, where he is exercising a statutory right to be granted a lease;
- any undertaking by him to bear the landlord's reasonable costs or expenses of or incidental to the grant of the lease. The tenant can therefore make a modest SDLT saving by agreeing to pay those in return for an appropriate reduction in rent or premium. Quite what "of or incidental to the grant of the lease" means is not clear: it certainly includes the landlord's legal fees, and in the writers' view it also includes the vendor's letting agents' fees relating to the letting;
- any obligation to transfer to the landlord, on termination of the lease, payment entitlements under the EU single payment farmers support scheme.[1]

No payment by the tenant in discharge of such an obligation is chargeable consideration, and no any payment made by him for a release of such an obligation is either.[2]

---

[1] Sch.17A para.10(1).
[2] Sch.17A para.10(2), (3).

Stamp Duty Land Tax

Premiums: Sch.5 paras 9, 9A

10–002 If there is a premium for the grant of a lease, instead of or as well as rent, it is not treated as rent: prima facie it is treated like any other consideration for an acquisition and the ordinary scale of rates (Chapter 3) applies. The penal 15 per cent rate for dwellings bought by companies will apply if relevant. Subject to what follows, the rent does not have to be aggregated with the premium (nor does the premium have to be aggregated with the rent) for computation purposes.[3]

There is one special rule, which applies only in the case of non-residential property (and mixed property, for which see below. For the definitions of residential and non-residential property see Chapter 3). The purpose is to stop a doubling of the nil rate band by a landlord charging a premium of up to £150,000 as well as rent and thus the tenant paying no tax on the premium as well as no tax on the first £150,000 of rent. The rule is that there is no nil rate band for a premium if the "annual rent" under the lease is £1,000 or more. In these circumstances the 1 per cent band for premiums goes from £1 to £250,000.[4]

What is the "annual rent"? The variable rent rules (see Chapter 9) are not used, one simply looks at what figure or figures for rent the terms of the lease, at the date of its execution, provide. The annual rent is the highest *ascertainable* rent for any twelve-month period in the whole of the lease term. In the case of a conventional lease with a fixed rent and reviews to market rent later the only ascertainable rent will be the immediate fixed rent and that will be the annual rent. On the other hand if the lease provides for the rent to increase by fixed amounts the figure will be higher, perhaps much higher.[5] If the landlord has opted to tax the property for VAT, or if the rent is mandatorily standard-rated, the annual rent is the rent plus VAT.

Where the property is partly residential and partly non-residential, the ordinary rule that it all counts as non-residential does not apply. Instead the premium is apportioned between the residential and non-residential parts on a just and reasonable basis; the part of the premium attributable to residential enjoys the ordinary nil rate band; the part apportioned to non-residential does not, unless the annual rent

---

[3] Sch.5 para.9.
[4] s.55(2), Sch.5 para.9A(1), (2).
[5] Sch.5 para.9A(6), (7).

Leases: other matters

attributable to the non-residential part is less than £1,000.[6] (On a literal interpretation of these provisions one can argue that the residential and non-residential parts of the premium are treated as being for separate transactions quite generally, each with their own scale of rates up to 7 per cent (or 15 per cent), which would achieve a great saving. However it is considered that a tribunal would probably hold them to be linked.)

Agreements for lease: Sch.17A para.12A

A grant of a lease is sometimes preceded by a contract to grant it, an "agreement for lease". This is particularly common where development is to take place; either the landlord is to build or carry out other major works, or it is a "building lease" where the tenant is to do so. The non-building party wants the other party to have an obligation to do the works but does not want to grant or be granted an actual lease until the works have been satisfactorily carried out.

10–003

The relationship between the agreement and the lease is similar to that between the contract and legal completion in a sale of a freehold, see Chapter 2. The agreement itself does not trigger any tax liability: this is so in spite of the fact that in general law an agreement for lease is sometimes and for some purposes as good as an actual lease and is called an "equitable lease". The effective date, which does trigger a liability, is legal completion (the grant of the lease, i.e. the execution of the lease document),[7] unless substantial performance takes place before then, in which case substantial performance triggers the liability to pay SDLT.[8] What constitutes substantial performance is exactly the same as in the case of a sale, see paras 2–008 to 2–017; in a building lease case it will often take place when the tenant takes possession to carry out his works.

The precise tax consequences of a substantial performance, however, are complicated, the underlying reason being that it is often not possible to know at that point on what precise date the lease will end and that, at least in the Stamp Office view, makes it impossible to compute a full tax charge. The rules were revised in 2013 but it cannot be said to have made them much simpler.

---

[6] Sch.5 para.9A(3)–(5).

[7] s.44(3).

[8] Sch.17A para.12A.

Stamp Duty Land Tax

Example I

On August 1, 2014 John, as prospective tenant, enters into an agreement to take a lease of non-residential property. The lease is to be granted on January 1, 2015 and the contractual term is to be from that date for five years at a rent of £90,000 per annum with no reviews. He substantially performs on September 1, 2014.

10–004 Here the end date of the lease is known, December 31, 2019. Paragraph 12A(2) of Sch.17A says that on substantial performance the agreement is treated as if it were the grant of *a* lease in accordance with the agreement, beginning with the date of substantial performance. John must therefore file an SDLT return and pay the tax by October 1, 2014. Although the true term start date is deemed to be September 1, there is nothing to say that the rent should be deemed to start to be payable on that date. John should complete his return as if he had a five-year four-months lease with a rent-free period for the first four months.[9] If the landlord has not opted for VAT, the tenant's total rent is £450,000, his NPV £401,774 and his tax £2,517.

When the actual lease is granted para.12A(3)–(3B) applies and this is considered below. Suffice it to say here that in John's case he need do nothing at that stage unless the terms of the lease (as regards rent or term, for example) have changed by then.

Example II

On April 1, 2014 Wendy Estates Ltd signs an agreement for lease under which it is to construct a non-residential building and take a fifty-year lease of it at a rent of £200,000 p.a. The lease will be granted 30 days after practical completion of the building, expected to be in about 18 months, though of course the exact date is not known. The contractual term of 50 years will run from the date of grant and the rent will start to be payable from that date. There will be rent reviews on each fifth anniversary of the start of the contractual term. Wendy Estates substantially performs by taking possession on May 1, 2014. Practical completion in the event takes place on November 1, 2015 and the lease is thus granted on December 1, 2015.

---

[9] This is contrary to the Stamp Office's view, at least under the old law, where their view was that para.12A(2) deems the rent to be payable at the full £90,000 p.a. for the whole five years and four months: SDLT Manual para.17020. This results in John paying tax on more rent than he actually pays and in the writers' view no tribunal would uphold that interpretation unless the legislation compels it, which it does not.

Leases: other matters

Here at the date of substantial performance the precise end date of the term is not known. The Stamp Office's interpretation is to treat para.12A(2) as meaning that Wendy, on substantial performance, is regarded as entering into a *periodic* lease at £200,000 per year, and must pay tax accordingly[10] (see para.9–017), even though it is most unlikely that it will have to pay any rent at all in the year ending April 30, 2015. Wendy must make a return and pay the tax by May 31: the chargeable rent is £200,000, the NPV £193,236 and the tax £432. On May 1, 2015 it will start a further year and have to pay further tax.

10–005

On December 1, 2015 the actual lease is granted and para.12A(3) to (3B) applies. These provisions state that the notional lease (notionally granted on substantial performance) is treated as being for a term starting on substantial performance (May 1, 2014) and ending at the end of the actual term (November 30, 2065). Again there is nothing to say that the rent is deemed to be payable from an earlier date than it actually is (December 1, 2015). Wendy must complete a return accordingly and pay the tax by December 31, 2015. This should take the form of a letter and be sent to the Birmingham Stamp Office.[11] As to the tax that Wendy has already paid, it must be implicit in para.12A that it is entitled to credit it against its revised liability, though this may need explaining to the Stamp Office.

If Wendy had agreed to pay a cash premium as well, the Stamp Office make a curious but beneficial distinction between a premium payable as consideration for the lease being granted and a premium payable in consideration for the landlord's entering into the agreement. In the former case the tenant is not liable to pay tax on it until the grant of the lease.[12] This is almost certainly a concession but, as almost all premiums (in the absence of unfortunate drafting) are, regardless of *when* they are payable, in substance payable in consideration for the lease, it is helpful. As a belt-and-braces precaution the tenant should make it clear in the drafting that the premium is consideration for the grant of the lease.

If the agreement is rescinded or for any other reason not carried into effect, and the lease is never granted, the tenant can claim a refund of the tax he has paid by amending his land transaction return.[13] This is a

---

[10] SDLT Manual paras 17010, 17015. Is this on the basis that that rent is contingently payable, as in theory practical completion could occur at any time? See s.51.

[11] SDLT Manual para.50350. References in para.12A(3A) and (3B) to linkage and s.81A are confusing unless one realises that s.81A is merely a procedural provision, it does not impose or modify a tax liability.

[12] SDLT Manual para.17010.

[13] Sch.17A para.12A(4).

Stamp Duty Land Tax

valuable rule, but prima facie a taxpayer can only amend his return within twelve months + 30 days of substantial performance. The question of whether this time limit applies here is currently before the tribunal,[14] see para.2–017.

Assignment of agreement for lease: Sch.17A para.12B

10–006   In what follows we call the landlord A, the original prospective tenant (under the agreement for lease) B and the person who actually takes the lease C.

If B simply contracts with C that he will assign the lease on to C when it is granted, or that he will direct A to grant the lease direct to C, the sub-sale rules explained in Chapter 8 (Sch.2A of the Finance Act 2003) apply.

On the other hand if he actually assigns the benefit of his agreement for lease to C (so that notice of the assignment can be served on A and will bind A) the position is governed not by Sch.2A[15] but by para.12B of Sch.17A.

10–007   If B does not substantially perform before he assigns the position is relatively simple. The assignment itself does not trigger any tax for C. The agreement for lease is thereafter treated as being between A and C.[16] Therefore when the lease is granted, or when he substantially performs if earlier, C will have a tax liability accordingly on the consideration for the lease plus any amount paid by him for the assignment. If, after assignment, he substantially performs at a time when the end date of the lease is not known matters will proceed as set out in the previous section.

Because of the way in which para.12B(2) is worded, if B has agreed to pay a premium tax cannot be avoided by B agreeing to foot the premium vis-à-vis C and thus passing the lease on to C "for free". Because C is treated as having entered into the agreement for lease he is treated for SDLT as giving the consideration that B agreed to give and will be liable to tax on it.

---

[14]   In *Portland Gas Storage Ltd v Revenue & Customs Commissioners*[2014] S.T.I. 2406. No decision on this substantive issue has been made at the time of writing.

[15]   Sch.2A para.1(8).

[16]   Sch.17A para.12B(2).

Leases: other matters

If B substantially performs before he assigns, B will, of course, on substantial performance have a tax liability as explained in the previous section. As to the assignment, para.12B(3) says that it, the assignment, then counts as a land transaction. What this means in practice is presumably:

- Where B had a full SDLT charge on substantial performance, C will have to pay tax on the sum, if any, he pays for the assignment. This will include any premium which B agreed to pay A and on which B has already paid tax and which C has agreed to reimburse to B or foot vis-à-vis B.[17] C does not have to pay a second tax charge on the rent. If the assignment is notifiable, which means (where the lease is to be for seven years or more) if the taxable sum on the assignment exceeds £40,000, C must put in a land transaction return within 30 days of the assignment and pay any tax due. On the subsequent grant of the lease, if tax has already been paid on any premium and the terms of the lease have not changed C need make no return.[18] Otherwise B should make a return, which takes the form of a letter to the Birmingham Stamp Office, and pay any tax due less any tax that has already been paid. If there is a premium on which B did not pay tax (see the previous section) C will have to pay tax on it on the grant;
- Where on substantial performance B paid tax on a periodic lease basis (see the previous section), C's position on the assignment is as above. On the grant of the lease C will have to put in a return and pay tax on the rent as set out in the previous section,[19] and on any premium on which B had not yet paid tax.

Sale and leaseback: s.57A

A sale and leaseback is where a property owner (A) and a purchaser (B) enter into a composite contract for A to sell a property to B for cash and take a lease of the property, or part of it, back from B at a rent. The property interest that A sells need not be the freehold, it can be a

10–008

---

[17] If there is a premium on which B has not paid tax (see the previous section) C should argue that it is consistent with the Stamp Office's views that he should not have to pay tax on it until actual grant.

[18] Sch.17A para.12A(3) overrides s.44(8). C's solicitors should explain the position to the Land Registry by letter. If they create difficulties C may have to explain the position to Birmingham and obtain an SDLT 5.

[19] Though C could try arguing that the periodic lease treatment is wrong in law, B should have paid a full charge on the rent, and he (C) is therefore not responsible for any tax on rent.

Stamp Duty Land Tax

leasehold. Or the transaction may be a lease and leaseback, where A grants B a lease, generally for a cash premium and a ground rent or a peppercorn rent, and takes a sub-lease back at a rent. (The Stamp Office used not to accept this but now do.) Generally the reason is that A wants to go on occupying the property but raise liquid capital by selling. If various conditions are met, s.57A of the Finance Act 2003 provides that, though B's purchase attracts SDLT, A is exempt from SDLT on the grant of the lease back to him. The leaseback need not be of the whole property.

Sales and leasebacks can broadly divided into two categories: those (the majority) where A pays a rack rent for the leaseback and thus the purchase price paid by B does not differ markedly from the unencumbered market value of the property, and those where A pays a soft (i.e. below market) rent and therefore B pays less than the unencumbered market value.

For the relief to apply all the following conditions must be met.

i. A's sale must be wholly or partly in consideration of B agreeing to grant the leaseback to him. This should be reflected in the drafting;
ii. the only other consideration given by B must be cash; or the assumption, release or satisfaction of debt (as where B takes over a mortgage debt of A's). Therefore there is no relief if B agrees to do other things by way of consideration, for example carry out works. If he does them on the purchased property after completion they will not be *chargeable* consideration (see Chapter 6) but they are still consideration, and relief is denied. It is possible to try to structure B's works so that they are not consideration for his purchase but a reverse premium in kind to induce A to take the lease but, even if that fits the facts, it will be difficult to rely on that argument succeeding. Works are not the only example of consideration other than cash; any covenants or undertakings which B gives A may also be a consideration and care must be taken;
iii. B's purchase must not be the second (or subsequent) leg of a sub-sale, etc., see Chapter 8;
iv. A and B must not be companies in the same group (see Chapter 11). If they are, both transactions will of course normally be exempt under the group exemption anyway, but sometimes that relief is not available or is clawed back, see Chapter 11. If it is, B is not entitled to the sale and leaseback relief either[20]; and

---

[20] s.57A(3).

Leases: other matters

v. the leaseback must be to A himself, not to an associate of his.

Even if A is entitled to the relief on the leaseback, these transactions are **10–009** not altogether straightforward, because there is a question as to what figure B pays tax on. The Stamp Office, almost certainly correctly, consider that the transaction is an exchange. Until 2011 that meant that B was liable to pay tax on the market value of the interest he is acquiring. The Stamp Office took, and take, the view, helpfully, that that market value should take account of the fact that his interest is encumbered by the obligation to grant the lease (and has the benefit of that lease).[21] This gave a reasonable result. Whether A was paying a rack rent or a soft rent the market value of what B acquired would be very close to what he was paying (assuming that the overall deal was at arm's length).

In 2011 the rules on exchanges were changed. An acquirer now pays on the market value of what he acquires, or on the consideration he gives, whichever is the greater, see paras 6–003 to 6–006. The consideration that B gives is the cash he pays and the value of the lease he grants. In a rack rent case this is unlikely to give a very different result, because the value of the lease will be little or nothing (except for the rather important point that if A's sale is standard-rated for VAT the VAT is added to the actual consideration for SDLT but is ignored when ascertaining market value: a sale and leaseback is not likely to qualify as a transfer of a business as a going concern for VAT). But it gives B a considerably worse result in a soft lease case because the lease will have a considerable value.

It is believed that the Stamp Office do not apply the 2011 changes in sale and leaseback cases where the relief applies: the example given in para.16042 of the SDLT Manual, which was updated in March 2014, seems to indicate this quite clearly. That being so, B should have to pay only on the market value of what he acquires (with the bonus of not having to pay SDLT on the VAT, if the transaction is VATable).

If the parties do not wish to rely on this, they have an alternative. That is for A to grant the lease to a nominee for himself (he cannot grant it to himself for land law reasons) before completing the sale to B. The transaction is then not an exchange at all; B is simply buying a property subject to an existing lease and simply pays tax on his price. There is a snag, however, which is that there is no leaseback relief (A is not selling the property in consideration of B granting the lease) and the nominee

---

[21] SDLT Manual paras 16040–16043.

Stamp Duty Land Tax

has to pay tax on the rent.[22] (This does not create a letting business for TOGC purposes because for VAT A is simply letting to himself, i.e. not letting at all.) It should not be necessary to resort to this in the light of the Stamp Office's perceived practice.

Sale and leaseback: alternative reliefs

10–010 If B is a financial institution, and A has an option to buy the property back, relief may well be available under s.71A of the Finance Act 2003 (alternative property finance, see Chapter 16). If so, the purchase by B and the leaseback are both exempt.

If A is a public body, and the sale and leaseback is part of a PFI-type deal where B agrees to do works for A or provide services to A and charge A for them, para.17 of Sch.4 gives various reliefs. See Chapter 14.

Deposits and loans as premiums: Sch.17A para.18A

10–011 There is a provision which sometimes catches deposits or loans made in connection with a lease or an assignment of a lease and treats them as a premium, or an additional premium, for the lease or assignment. It is an anti-avoidance provision aimed at deposits and loans used as substitutes for rent or premiums, but it can sometimes catch innocent transactions.

The rule is that if the tenant, or someone connected with him, pays a deposit or makes a loan to anyone in connection with the grant of a lease on terms that the repayment of the whole or any part of it is contingent on the tenant doing or not doing anything, the deposit or loan prima facie counts as a premium.[23] The same is so if an assignee pays a deposit or makes a loan in connection with his assignment, in which case it counts as a price, or extra price, for the assignment to him.[24] There is no refund of the tax if the loan or deposit is in fact repaid or credited off against a bona fide liability of the tenant's.

---

[22] Sch.16 para.3(2). See para.13–002. The nominee should not be a company connected with A, otherwise A would also have to pay tax on the market value of the lease under the connected company rule, see Chapter 7. On the other hand if A is a company one can probably avoid the charge on the nominee altogether by making the nominee a company grouped with A and claiming group relief, see Chapter 11. For this the transaction must be for bona fide commercial reasons and not for tax avoidance, but the writers consider that that is satisfied here.

[23] Sch.17A para.18A(1).

[24] Sch.17A para.18A(2).

Leases: other matters

The rule does not apply in the case of a deposit (though this exception does not apply to a loan) if it does not exceed twice the maximum ascertainable annual rent for the first five years of the lease or following the assignment.[25]

The rule that premiums for non-residential leases do not enjoy a nil rate band (see para.10–002) is not applied, so in a non-residential case if the deposit or loan together with any actual premium does not exceed £150,000 there will be no charge on the deposit or loan element.[26]

10–012

The rule can be a trap in the case of a lease at a ground rent, where the low rent can attract it, or where a lease has a five-year rent-free or heavily reduced rent period.

Variations of leases

Variations of leases have been partly addressed in Chapter 9. However, a hopefully comprehensive summary of the position is as follows:

10–013

- Section 43(3)(d) of the Finance Act 2003 says that the variation of a lease only counts as an acquisition of a chargeable interest (i.e. an SDLTable transaction) where the legislation specifically says so, or where it amounts to a surrender and regrant in general law;
- purported variations which amount to a surrender and regrant of the lease in general law are dealt with at para.9–023;
- a variation of rent pursuant to a provision of the lease (e.g. a rent review clause) is not a variation of the lease at all but an implementation of its terms. The SDLT treatment is explained in Chapter 9;
- an agreed increase in rent outside the existing provisions of the lease, if it comes into effect in the first five years of the term, counts as the acquisition of an additional lease by the tenant in return for the increase, see para.9–022;
- an agreed reduction in rent outside the existing provisions of the lease counts as the acquisition of a chargeable interest by the tenant, so if he pays the landlord a sum for the reduction he is liable to tax on that sum, see para.9–022;
- a variation which reduces the term could benefit either or both parties, but it is stated to count as the acquisition of a chargeable

---

[25] Sch.17A para.18A(3), (4).
[26] Sch.17A para.18A(5).

149

Stamp Duty Land Tax

interest by the landlord.[27] Therefore if he pays a sum in return he is liable to tax on that. If the tenant pays a sum for it he will not be liable. Where the lease provides for a payment on exercise of a break clause in the lease that payment does not attract tax, whoever is paying, because it is an implementation of one of the terms of the lease, not a variation of the lease;

- there is a sweep-up provision under which any other form of variation of a lease, if paid for by the tenant in money or money's worth, counts as the acquisition of a chargeable interest by him and he must pay tax on that money or money's worth (though if the consideration is an increase in rent the rent increase provision overrides and there is no charge unless the increase starts within the first five years of the term).[28] So, for example, if he pays the landlord a lump sum in return for a widening of the use clause he is liable to tax on that sum. Even if he were to not pay cash but, say, increase his repairing obligations in return, that would be money's worth and he would have to pay on a valuation of that new obligation. But a payment by a landlord for a variation not specifically covered above does not attract tax (this is logical, because it is analogous to a reverse premium).

Sometimes variations can be difficult to analyse.

Example III

Arwen Ltd as landlord proposes to its existing tenant, Bearcat Ltd, that it will give Bearcat a rent-free period if Bearcat agrees to the removal of its right to break the lease in two years' time. The removal of the break clause gives rise to a variation of the lease, and the grant of the rent-free period is a reduction in rent. What are the SDLT implications?

The reduction in rent counts as an acquisition of a chargeable interest by the tenant, Bearcat. The consideration given by it for it is the variation of the lease by the elimination of the break clause. This variation is regarded as an exchange of land interests, but since only minor interests in land are involved no SDLT should be payable by Bearcat on its acquisition.[29] Arwen is in any case not treated as acquiring any chargeable interest.

---

[27] Sch.17A para.15A(2).
[28] Sch.17A para.15A(1A).
[29] Sch.4 para.5(4). See para.6–006.

Leases: other matters

Reverse premiums: Sch.17A para.18

The SDLT legislation specifically provides that the following types of reverse premium are exempt from tax: **10–014**

- a payment by a landlord to a tenant in connection with the grant of a lease;
- a payment by an assignor to an assignee in connection with an assignment of a lease; and
- a payment by a tenant to a landlord in connection with the surrender of a lease.[30]

This provision is in fact unnecessary: there is no charge on general principles. The money is not consideration for the acquisition of a chargeable interest by the payer or, to put it another way, the money is moving in the wrong direction. So also in the case of a transfer of a freehold: if the transferor makes an inducement payment to the transferee (as occasionally happens[31]) there is no charge on that payment.

---

[30] Sch.17A para.18.

[31] As in *Commissioners of Customs and Excise v Battersea Leisure Ltd* [1992] S.T.C. 213 (QBD).

Chapter 11

Group and reconstruction reliefs

Introduction

UK tax legislation, recognising that a group of companies is in many ways a single commercial entity, gives various reliefs to groups. For example, on a transfer of an asset between group companies there is no capital gains taxation (the gain is postponed until the transferee sells it or, sometimes, until the transferee itself is sold), and for corporation tax losses in one group company can generally be offset against profits in another. For SDLT a sale or other transfer of property by one group company to another is ordinarily exempt from tax ("group relief"): this is examined in Part A of this chapter. UK tax legislation also recognises that certain company reconstructions involve no change of ultimate ownership, or amount to a partition between ultimate owners, and should not be hindered by levying ordinary tax on them; there are thus reliefs from corporation tax, capital gains taxation and income tax for them. For SDLT there are "reconstruction relief", an exemption from tax for no-change-in-ultimate-ownership cases, and "acquisition relief", a special rate of 0.5 per cent for partitions of trading companies. These are dealt with in Part B. In all cases Parliament is obsessively anxious that the relief is not exploited for avoidance purposes, and there is a series of conditions that must be met if the relief in question is to be obtained. Indeed some restrictions are inevitable and sensible, otherwise it would be easy, subject to s.75A, for a purchaser to avoid SDLT where the prospective seller is a company. He would ask the company to set up a subsidiary, transfer the property to the subsidiary and then sell him the subsidiary.

11-001

Stamp Duty Land Tax

Part A—Group Relief

Group relief: Sch.7 paras 1–6

11–002 It would be better to call it the "group exemption", but group relief is what the legislation calls it and is the term used by practitioners. The basic rule is that an acquisition of property is wholly exempt from SDLT if the vendor and the purchaser are at the effective date (see Chapter 2) companies in the same group.[1] "Company" here means only a body corporate.[2] The acquisition need not be of the vendor company's whole interest in the property, it can be what in capital gains taxation terms is a part disposal, such as where a company grants a lease to a fellow group company. Nor does the property transferred have to be acquired in the same form, so that a surrender of a lease to a fellow group company landlord qualifies even though there is an immediate merger and the landlord never owns the lease as such. There is no rule that the companies must be incorporated or resident in the UK, or in the same country as each other. However where the alleged company is not incorporated in a common law country the questions of whether it is a true body corporate, and, if it is, whether it has a share capital (which as we will see is essential unless it is the top company in the alleged group) can sometimes be difficult.[3]

The chief conditions that must be complied with are four.

- *Either* one of the companies must own beneficially, directly or indirectly, 75 per cent or more of the "ordinary share capital" of the other, *or* another company must own beneficially, directly or indirectly, 75 per cent or more of the ordinary share capital of both;
- in addition, the ownership must be of 75 per cent + of the real equity, explained in more detail below;

(Where, and only where, these tests are passed the companies are "members of the same group".[4] The above rules are essentially the same as the rules on what constitutes a group for corporation tax).

- there must be no arrangements of specified types in place, the most important being that there must be no arrangement for the purchaser to leave the group;

---

[1] Sch.7 para.1(1).
[2] Sch.7 para.1(2)(a).
[3] On this see para.7–002 and on the share capital issue Appendix 11 of HMRC's Capital Gains Manual.
[4] Sch.7 para.1(2)(b).

154

Group and reconstruction reliefs

- the transaction must be effected for bona fide commercial reasons and not for the avoidance of tax;

and if, after all that, exemption is obtained, it is retrospectively withdrawn if certain things happen within three years, the most important being if the purchaser company leaves the group. These are considered below.

The ownership of shares inside the group must be beneficial ownership, but there is nothing that expressly says that the group company vendor or the group company purchaser must own the property in question beneficially. It would seem that if two group companies were each the sole trustee (but not bare trustee, see Chapter 13) of a trust a sale by one trust to the other would be exempt. Parliament could easily have inserted into the SDLT legislation a provision along the lines of the CGT rule that trustees are deemed to be a single person who is distinct from the persons who actually are the trustees,[5] but did not do so. But a scheme to structure matters so as to deliberately take advantage of this would fall foul of the group relief anti-avoidance rule, see below.

In general law a company which goes into liquidation (though not a company which goes into administration) loses beneficial ownership of all its assets.[6] Therefore where a parent company goes into liquidation that severs its group relationship with the companies below it—it no longer beneficially owns its shares in them. A parent going into administration does not lose beneficial ownership of its assets; an inferior company's going into liquidation or administration does not sever its group relationship with the companies above it, but sales by companies in liquidation or administration—even though, as has been said, the fact that the company no longer owns its land or buildings beneficially should not matter—can be denied relief under the severed control arrangements rule, see below. A *distribution* of property in specie by a company attracts no SDLT on general principles, because there is no consideration, unless the recipient takes over debt, see Chapter 7.

11–003

If for any reason group relief is not obtained for the transaction the SDLT liability will be governed by general principles: as the acquisition will inevitably be by a company connected with the vendor the charge will be on the price or the market of the property, whichever is the higher, see paras 7–004 to 7–011.

---

[5] Taxation of Chargeable Gains Act 1992 s.69(1).
[6] *Ayerst v C & K Construction Ltd* [1975] S.T.C. 345 (HL).

Stamp Duty Land Tax

75 per cent + of the ordinary share capital: Sch.7 para.1(2)(b), (3)(a), (4), (5)

11–004   It should be said at the outset that in the great majority of cases it will be perfectly clear at a glance whether companies are in group or not. Most share structures are simple—and most subsidiaries are wholly owned subsidiaries.

Either the vendor company must own beneficially, directly or indirectly, 75 per cent or more of the "ordinary share capital" of the purchaser company, or the purchaser company must own beneficially, directly or indirectly, 75 per cent or more of the ordinary share capital of the vendor company, or a third company must own beneficially, directly or indirectly, 75 per cent or more of the ordinary share capital of both of them.[7] This is the same as the corporation tax rule. The definition of "ordinary share capital" is wide and goes considerably further than ordinary shares: it means all issued share capital (by whatever name called) other than capital the holders of which have a right to a dividend at a fixed rate but have no other right to share in the profits of the company.[8] It therefore includes, for example, participating preference shares and shares on which dividends cannot be declared at all, often called deferred shares. Where a company has more than one class of ordinary share capital, how ownership of the total ordinary share capital is divided between the shareholders is ascertained by reference to the *nominal* value of their holdings; their respective market values are irrelevant.[9]

Ownership can be direct or indirect. Therefore if A Ltd owns 90 per cent of the ordinary share capital of B Ltd and B Ltd owns 90 per cent of the ordinary share capital of C Ltd then, even though in general law A Ltd has no beneficial interest in the shares in C Ltd, A is regarded as owning beneficially 90 per cent x 90 per cent = 81 per cent of C Ltd and (provided all other conditions are satisfied) A, B and C will all be in a group. This tracing can be through any number of companies. However the capital gains taxation rule that 75 per cent x 75 per cent will do does not apply. If A owns 75 per cent of B which owns 75 per cent of C A owns indirectly only 75 per cent x 75 per cent = 56.25 per cent of C; A and C are thus not grouped and a transfer from one to the other will not

---

[7]   Sch.7 para.1(2)(b), (3)(a).

[8]   Sch.7 para.1(5). For what in HMRC's view counts as issued ordinary share capital in the case of foreign companies, see Appendix 11 to their Capital Gains Taxation Manual.

[9]   *Canada Safeway Ltd v I.R.C.* [1972] 1 All E.R. 666 (Ch D).

156

be exempt. A and B are a group and B and C are a group but a simple scheme for A to sell to B and B to sell on to C will not work; where there is an arrangement for C's price to fund the B to A price it would fall foul of the rule denying relief in such a case (see below); in any event it would be caught by the anti-avoidance rule for group relief, see below.

In this situation: 11-005

A, B and C are in a group: A owns 100 per cent of C, 50 per cent directly and 50 per cent indirectly, and B is grouped with C because a third company (A) owns, directly or indirectly, 100 per cent of both of them.

It follows from the ordinary share capital rule that it is essential for the companies in the relevant group chain (other than the top company in the relevant group—if does not matter who owns it or whether it has a share capital) to have a share capital. For example, a subsidiary company limited by guarantee in the chain (other than at the top) cannot obtain group relief itself and will block it for others.[10] As has been said, it is not always clear whether a given non-common-law-company has a share capital: on this see Appendix 11 to HMRC's Capital Gains Manual.

An LLP (limited liability partnership under the Limited Liability Partnerships Act 2000) is a body corporate but has no share capital. In the Stamp Office's view[11] (with which the writers agree):

- an LLP can therefore be a member of a group, but only as the top member of the relevant group;
- a transfer of property by or to the LLP cannot qualify for group relief, because LLPs are regarded for SDLT as holding their property on behalf of their partners[12];
- but group relief is available for transfers of property *between* direct or indirect subsidiaries of the LLP.

A unit trust does not count as a company for the purpose of group, reconstruction or acquisition relief.[13]

---

[10] *South Shore Mutual Insurance Co. Ltd v Blair* [1999] S.T.C. (S.C.D.) 296.
[11] HMRC Statement of October 12, 2010.
[12] Sch.15 para.2. See Chapter 12.
[13] s.101(7).

Stamp Duty Land Tax

75 per cent + of real equity: Sch.7 para.1(3)(b), (c), (6), (6A), Corporation Tax Act 2010 ss.156–172, 175, 179–182

11–006 If the "ordinary share capital" test stood alone it would be easy to create an artificial group: A Ltd would own 75 per cent of the ordinary share capital of B Ltd by nominal value in the form of, say, worthless deferred shares and the real ordinary shares would be owned by others. There is therefore a second test to the effect that ownership must also be of 75 per cent or more of the equity in substance.[14] These rules are of considerable complexity and are taken, with modifications, from the corporation tax legislation.[15] They are only described in outline here, and for further treatment readers should consult standard works on corporation tax. They should be considered carefully whenever:

- the company in question, or an intermediate company above it in the group structure, has shares of different classes, unless all shares are owned by the postulated parent, or all classes of shares are owned by the same holders in the same proportions; or
- the company in question, or an intermediate company above it in the group structure, owes debt on a non-normal-commercial-loan, see below, unless again the debt is owed to its postulated parent.

The legislation operates by looking at what would happen if the company made a distribution in its current accounts year of all its distributable profits (or if it has none, deemed profits of £100) to equity holders, and a distribution of all its net assets (or if it has none, deemed net assets of £100) to its equity holders in a notional winding up. To pass the test the postulated parent's share and other rights must be such that it would receive 75 per cent or more of both.[16] If:

- some shares' rights are such that equity holders' rights would be different in the future, for example if some shares will be redeemed in the future, the calculation must also be done on the basis that that change of rights has happened. (On the other hand changes that merely *might* take place in the future, such as changes to the share capital if options are exercised, are ignored for SDLT, unlike for corporation tax[17]); or

---

[14] Sch.7 para.1(3)(b), (c).
[15] Sch.7 para.1(6), (6A).
[16] Corporation Tax Act 2010 ss.165–168.
[17] Sch.7 para.1(6A).

Group and reconstruction reliefs

- some shares have rights which are limited by reference to a specified amount or amounts, for example 5 per cent participating preference shares, the calculation must also be done on the assumption that the shareholders in question have waived those (limited) rights,

and the 75 per cent test must be passed in all the calculations.[18]

Non-participating preference shares are generally ignored under these rules.[19] On the other hand loan stock or other debt owed by the company in question which does not constitute a "normal commercial loan" counts as equity and so interest and distributions to those creditors are taken into account in the calculations. Debt is a non-normal-commercial-loan if, broadly, it is convertible into shares, if the interest exceeds a reasonable commercial return on the principal or if it has equity type rights, for example if the interest is geared to the company's results.[20]

It must not be forgotten that the simple 75 per cent ordinary share capital test must be passed as well. For example, if B Ltd has issued 100 shares of £1 each, 50 worthless deferred shares held by an outsider and 50 ordinary shares held by A Ltd which are entitled to all dividends declared and all surplus on a winding up, A has all the real equity but not 75 per cent or more of the ordinary share capital and A and B are not grouped. **11–007**

Voting rights play no part in this equity test, or indeed in the 75 per cent + of ordinary share capital test. However a situation where the superior company does not have voting control of its subsidiary is caught by the rule about arrangements for severed control, see below.

---

[18] Corporation Tax Act 2010 ss.169–172, 175.
[19] Corporation Tax Act 2010 ss.160, 161.
[20] Corporation Tax Act 2010 ss.162–164.

Stamp Duty Land Tax

Arrangements which rule group relief out: Sch.7 paras 2–2B

11–008 If any "arrangements" of certain types are in existence at the effective date group relief is denied. This legislation is taken almost verbatim from the stamp duty legislation.[21] "Arrangements" "includes any scheme, agreement or understanding, whether or not legally enforceable".[22]

Arrangements for severance of control: Sch.7 para.2(1)

11–009 Group relief is not given if at the effective date there are arrangements in existence by virtue of which, at that or some later time, a person *has* or *could obtain*, or any persons together have or could obtain, control of the purchaser company but not of the vendor company.[23] "Control" here means the power to secure, by means of the holding of shares or the possession of voting power in relation to the company in question or any other body corporate, or as a result of any powers conferred by the articles of association or other document regulating that or any other body corporate, that the affairs of the company in question are conducted in accordance with the person's wishes.[24]

An example of arrangements whereby persons "have" control of the purchaser but not the vendor is where the purchaser is a subsidiary of the vendor and the vendor's 75 per cent + shares in the purchaser are non-voting. If the voting shares in the purchaser are held by outsiders they will control it but not control the vendor.

As to "could obtain" control, the obvious example is if the transfer is to a company where there is an arrangement for that company to be sold to a buyer outside the group with the vendor remaining inside. (If at the effective date there is a binding contract for the company to be sold group relief is unlikely to be available anyway, because beneficial ownership of the shares in the subsidiary is on general principles likely to have been lost when the contract is entered into.[25]) Or if there is an arrangement for the purchaser to issue sufficient new shares to outsiders, or to buy in sufficient shares from its parent, that its parent would lose control. It is reasonable to assume that the Stamp Office will

---

[21] Finance Act 1930 s.42 amended by Finance Act 1967 s.27.
[22] Sch.7 para.2(5).
[23] Sch.7 para.2(1).
[24] Sch.7 para.2(5), Corporation Tax Act 2010 s.1124.
[25] On this question see *Jerome v Kelly* [2004] S.T.C. 887 (HL).

160

Group and reconstruction reliefs

apply HMRC's interpretation of "arrangements" for corporation tax purposes set out in Statement of Practice 3/93. Under that, arrangements for the sale of a company are not regarded as coming into existence until a subject to contract agreement with the buyer (an identified buyer, obviously) is made. If the company sale requires the consent of the selling company's (or presumably the buying company's) shareholders, arrangements will not be in existence until that consent is given, or the directors become aware that it will be. Of course if arrangements do not exist at the effective date but the purchaser is sold within three years the relief will be given (if claimed) but will be clawed back, see below.

Sometimes a group company is to be sold but owns a property which the group wants to keep. That company therefore sells or distributes that property up to its parent or to another group company before being sold itself. It is not considered that this is caught by this arrangement rule. It is not a case where the group holding company, or its shareholders, "could obtain" control of the purchaser company—it already has control of it, and, as to "has" control, at the effective date it has control of both companies.[26]

11–010

Where the vendor company is in administration and sells a property to its parent, it can be argued that, although the group relationship is not severed, relief can be denied under this rule, on the ground that there is an arrangement whereby the shareholders of the parent control the parent but not the subsidiary. This is based on the idea that no-one, or only the administrator, controls a company in administration. Counter-arguments are that (a) they have not lost control, though their control is qualified and (b) putting a company into administration does not necessarily involve "arrangements" at all, though this probably depends on the facts. If it is correct that the rule bites it would also catch a sale by the company in administration to a sister subsidiary. Similarly if the parent is in administration and sells property to its subsidiary: the argument is that shareholders of the parent control neither company and so there is an arrangement that the parent controls the purchaser (the subsidiary) but not the vendor—no company can control itself. In the writers' view this argument goes too far, because if it were correct it would deny relief even if the parent was not in administration. Even if it were correct it would not deny relief for a sale between sister subsidiaries of a company in administration: the shareholders of the parent control neither but the parent controls both.

---

[26] The Stamp Office do not argue that this is caught, though claim it is a concession: SDLT Manual para.23015.

Stamp Duty Land Tax

Another example of "could obtain" is the case where the group purchaser company is a joint venture company in which outsiders have holdings. Typically there will be provisions in its articles or a shareholders' agreement to deal with what happens if a shareholder wants to sell, or for example commits defaults: the other shareholders have the right or obligation to buy his shares from him. Thus the other shareholders "could obtain" control, in that they would obtain control if in the future the group company wanted to sell, for example. The position is normally saved here by para.2A of Sch.7,[27] which provides that in the case of a joint venture company[28] provisions for the transfer of shares or suspension of voting rights on the occurrence of the following contingencies are not caught, so long as the contingency has not occurred at the effective date. The contingencies are:

a. the voluntary departure of a member,
b. the commencement of the liquidation, administration, administrative receivership or receivership of, or the entering into of a voluntary arrangement by, a member under the Insolvency Act 1986 or the Insolvency (Northern Ireland) Order 1989 or the commencement, or entering into, of equivalent proceedings or arrangements under the law of any country or territory outside the United Kingdom,
c. a serious deterioration in the financial condition of a member,
d. a change of control of a member,
e. a default by a member in performing its obligations under any agreement between the members or with the joint venture company (which, for this purpose, includes any constitutional document of the joint venture company),
f. an external change in the commercial circumstances in which the joint venture company operates such that its viability is threatened,
g. an unresolved disagreement between the members, and
h. any contingency of a similar kind to that mentioned in any of the paras (a) to (g) which is provided for, but not intended to happen, when the options arrangements in question were entered into.[29]

11–011 Another type of "could obtain" arrangement is if a put or call option exists for the owning company to sell to an outsider, or for the purchaser

---

[27] Replacing Extra-Statutory Concession C 10 paras 2–6 and 9.

[28] Note that to be a joint venture company at least two of its "members" must be companies. However "member" includes a holder of securities: Sch.7 para.2A(6).

[29] Sch.7 para.2A(3). The provision does not apply if any member could alone or together with connected persons dictate the terms or timing of the transfer of shares or suspension of voting rights: Sch.7 para.2A(4).

162

Group and reconstruction reliefs

company to issue to an outsider, the necessary number of shares in the purchaser company. One must accept that arrangements of this kind kill group relief.

Another type of arrangement is where the shares in the purchaser company are mortgaged. A mortgage of shares may well provide, for example, that in the event of a default the shares will be transferred into the mortgagee's name and the mortgagee will take over the right to vote. There is thus an arrangement whereby the mortgagee could obtain control, but the position will often be saved by para.2B of Sch.7,[30] which provides that the mere existence of rights of this kind, so long as they are not exercised by the mortgagee, does not deny relief. The mortgagee's rights must not exceed what it requires to protect its interest as mortgagee.

The fact that what is planned is a company reconstruction (in the wide sense of that word) does not necessarily mean that the severing of control arrangements rule does not bite. However, there is an exception from it (and in practice from the para.2(2)(b) rule[31]) where the transfer is preparatory to a mirror image reconstruction falling within s.75 of the Finance Act 1986.[32]

Arrangements for purchaser to leave group: Sch.7 para.2(2)(b)

The second type of arrangement which denies group relief is: 11–012

> "arrangements under which … the vendor and the purchaser *are to* cease to be members of the same group by reason of the purchaser ceasing to be a 75% subsidiary of the vendor or a third company".[33]

The words "are to", rather than, for example, "could", indicate that the plan must be well advanced.

This overlaps the first type of arrangement very considerably and much of what is said above is equally relevant here, though in the first type of arrangement loss of control must be envisaged whereas here the envisaging of a fall in the parent's equity to below 75 per cent is enough. Again the most obvious example is where there is an arrangement for

---

[30] Replacing Extra-Statutory Concession C 10, paras 7–9.
[31] Stamp Office Technical Newsletter, Feb 9th, 2006.
[32] Sch.7 para.2(1)(a)–(c).
[33] Sch.7 para.2(2)(b).

163

Stamp Duty Land Tax

the purchaser company to be sold; again one can assume that the Stamp Office will apply the practice explained at para.11–009, above. Again an arrangement for the *vendor* company to be sold is not caught. The joint venture company and mortgage exceptions[34] apply here too.

Does this rule bite if the parent is about to go into liquidation and sells a property to its subsidiary? It seems so. There is an arrangement for the subsidiary to cease to be the beneficial 75 per cent subsidiary of its parent—it will cease to be one as soon as the parent goes into liquidation. It is not known whether the Stamp Office take the point: it sits unhappily with the position on withdrawal of relief considered at para.11–022, below. The rule clearly does not bite if the vendor about to go into liquidation is a sister subsidiary of the purchaser.

Arrangement for outside financing: Sch.7 para.2(2)(a)

11–013 The third type of arrangement is if:

> "the consideration, or any part of the consideration, for the [intra-group purchase] is to be provided or received (directly or indirectly) by a person other than a group company. ... [This includes arrangements] if under them the vendor or the purchaser, or another group company, is to be enabled to provide any of the consideration, or is to part with any of it, by or in consequence of the carrying out of a transaction or transactions involving, or any of them involving, a payment or other disposition by a person other than a group company.[35]"

Taken literally this denies relief in any case where the group purchaser borrows all or part of the purchase price from an outside lender, even if from, say, a bank on perfectly ordinary terms. In practice the Stamp Office interpret the provision (as they do the equivalent stamp duty provision) as not applying unless the loan finance is provided as part of a scheme to avoid SDLT when the property or an interest in it later leaves the group.[36] This amounts to a concession and it is always unsatisfactory to have over-wide legislation mitigated by concession. In practice this limb of the rules is only likely to bite where an outsider has provided finance as part of a scheme to buy the purchaser company; or to buy the property, or an interest in it, on soft terms.

---

[34] Sch.7 paras 2A, 2B.

[35] Sch.7 para.2(2)(a), (3).

[36] SDLT Manual para.23015, largely repeating the stamp duty Statement of Practice SP 3/98.

Group and reconstruction reliefs

There appears to be no record of the Stamp Office seeking to invoke the "received" ("provided or received") part of this rule.

Must be bona fide commercial and not for tax avoidance: Sch.7 para.2(4A)

Group relief is denied: 11–014

> "if the transaction—
>
> a)   is not effected for bona fide commercial reasons, or
> b)   forms part of arrangements of which the main purpose, or one of the main purposes, is the avoidance of liability to tax."

"Tax" here is not limited to SDLT but includes income tax, corporation tax, capital gains tax or stamp duty though not VAT.[37]

There are two limbs to this provision. The "bona fide commercial reasons" limb is not likely to catch any transaction which is carried out for business reasons and is reasonably straightforward—the fact that the business is seeking to carry out the transaction in a way which keeps tax to a minimum does not, of itself, mean that it is not a bona fide commercial transaction.[38] But caught is a case where the intra-group transaction has *itself* no bona fide commercial reason, even if it is part of a wider arrangement for which there are commercial reasons. As to the second limb, it is important to note that it uses the phrase "avoidance" of tax. It is established case law that this must be contrasted with tax mitigation, tax mitigation being where the person uses a tax relief in a way intended (inferring intention from the text of the legislation) by Parliament, tax avoidance being where he uses it in a way not intended by Parliament.[39]

There is no statutory procedure whereby the group purchaser can obtain clearance that what is being planned does not fall foul of this rule—indeed there are no statutory clearance procedures anywhere in the SDLT legislation. However it is possible for the purchaser, in

---

[37] Sch.7 para.2(4A).
[38] *I.R.C. v Brebner* [1967] 2 A.C. 18 (HL).
[39] Lord Nolan in *I.R.C. v Willoughby* [1997] S.T.C. 995 (HL) and Lord Hoffmann in *MacNiven v Westmoreland Investments Ltd* [2001] S.T.C. 237 (HL).

165

Stamp Duty Land Tax

practice the group's advisers, to apply for an advance ruling as to what the Stamp Office's opinion is on the point; see para.18–004.

11–015 The Stamp Office have published a "white list" of transactions which they consider are not caught by this bona-fide-commercial-no-tax-avoidance rule,[40] though they make the caveat that it cannot be relied on where "the transactions described … form part of any larger scheme or arrangement which might have tax consequences". The transactions are:

"1. The transfer of a property to a group company having in mind the possibility that shares in that company might be sold more than three years after the date of transfer

2. The transfer of a property to a group company having in mind the possibility that shares in that company might be sold within three years of the date of transfer, with a consequent claw-back of group relief, in order that any increase in value of the property after the intra-group transfer might be sheltered from stamp duty land tax

3. The transfer of property to a group company having in mind the possibility that either 1 or 2 might occur

4. The transfer of property to a group company prior to the sale of shares in the transferor company, in order that the property should not pass to the purchaser of the shares

5. The transfer of property to a group company in order that commercially generated* rental income may be matched with commercially generated losses from a [property] business

6. The transfer of property to a group company in order that commercially generated* chargeable gains may be matched with commercially generated allowable losses

7. The transfer of property to a non-resident group company in the knowledge that future appreciation or depreciation in value will be outside the scope of corporation tax on chargeable gains

8. Transactions undertaken as part of a normal commercial securitisation

9. The transfer of the freehold reversion in a property to a group lessee in order to merge the freehold and the lease, and thus prevent the lease being subject to the wasting assets rules as respects corporation tax on chargeable gains

10. The transfer of property to a group company in order that interest payable on borrowings from a commercial lender on ordinary commercial terms may be set against commercially generated* rental income

---

[40] SDLT Manual para.23040.

Group and reconstruction reliefs

11. Borrowings on ordinary commercial terms
    - from a commercial lender, or
    - intra-group in circumstances which would have been commercial had they arisen between unconnected third parties

    * Including income, gains and losses which are generated intra-group on transactions which would have been commercial had they been entered into by unconnected third parties
    'Transfer' means the transfer of a freehold ... or the assignment ... of a lease.

    Cases involving the grant of a lease will need to be considered on their facts."

To this list should be added another item as a result of a Stamp Office statement of August 7, 2013, *www.hmrc.gov.uk/so/sdlt-finance-act.htm*. After some vacillation, they agreed that where a company buys another company which owns property, for the buying company to subsequently hive the property up or for the property to be transferred elsewhere in the buying group is not, of itself, tax avoidance. The statement only applies to the no-tax-avoidance limb of the rule, but the bona fide commercial limb will not ordinarily be a problem. The relevant part of the statement runs:

> "A business may choose to acquire a property-owning company as opposed to acquiring the property from that company. The purchaser may, after acquiring the company, transfer the property out of the company acquired and into a different company in the purchasing group. HMRC do not regard that of itself ... as resulting in the avoidance of tax such that paragraph 2(4A)(b) would be in point, even if the acquisition of the property-owning company and the subsequent intra-group transfer of the property formed part of the same arrangements.

> The purchaser may, after acquiring the company and transferring the property intra-group, liquidate wind-up or strike-off the company acquired. HMRC do not regard that of itself as resulting in, or being evidence of, the avoidance of tax such that paragraph 2(4A)(b) would be in point, even if the liquidation, winding-up or striking-off formed part of the same arrangements that also included the acquisition and the intra-group transfer.

Stamp Duty Land Tax

In the scenarios described above, the paragraph 2(4A)(b) analysis would be the same even if the purchaser only became a member of a group for SDLT purposes as a result of the acquisition of the property-owning company [i.e. was beforehand a single company not part of a group]."

None of these transactions really smack of tax avoidance, as distinct from tax mitigation, anyway. One interesting omission is the sale of a property by one non-resident group company (which has not borrowed) to another in order to enable the buyer to borrow money for the purchase and offset the interest against the profits of its UK property business. Though this is a case of doubt, it would be consistent with 10 above to wave it through.

Group relief: procedure

11-016   A purchaser claiming group relief puts in its land transaction return in the ordinary way (see Chapter 18) and inserts the code for the relief, 12, at Q9. Unlike in a stamp duty case it is not necessary to send in a covering letter proving the group structure and explaining the background. If the Stamp Office want to ask questions they will do so, probably opening an Enquiry. As always, there will be cases where the purchaser company positively wants to explain the transaction fully to the Stamp Office, if only to try to ensure that, if they do not open an Enquiry, it will be protected from a discovery assessment, see Chapter 19. If so its advisers should write to the Birmingham Stamp Office quoting the UTRN of the return that they have sent to Netherton.

Group relief clawback: Sch.7 paras 3–5

11-017   Even if group relief is successfully obtained, if the purchaser leaves the group, or certain other things happen, within three years, the relief is "withdrawn"—clawed back. This is so even if there was no tax avoidance purpose for the original sale and there is no tax avoidance purpose for the leaving of the group. If the clawback charge is triggered the consequences are not quite the same as if the relief had not been obtained in the first place:

- the tax is only payable when the purchaser does leave the group or other event occurs;

Group and reconstruction reliefs

- the charge is on the market value of the property at the date of the original intra-group transfer.[41] This can be more beneficial than if the original transaction had not attracted relief, where the charge would be on that or the price paid whichever is the higher, see para.11–003;
- the charge is on the purchaser (that is, the original purchaser, not the purchaser of the purchaser),[42] but if it fails to pay within six months of when it should the Stamp Office can claim the tax (i) from the original vendor, (ii) from any company that has been above the purchaser in the group structure at any time between the two transactions and (iii) from anyone who has been a controlling director[43] of the purchaser or any company having control of the purchaser at any time between the two transactions.[44] If there had been no relief for the original transaction only the purchaser would have been liable for the tax on it, in accordance with the ordinary rule. (There is no general rule that group companies are liable for one another's SDLT—contrast the capital gains taxation position in Taxation of Chargeable Gains Act 1992 s.190.)

The purchaser company must file a return and pay the tax within 30 days of its leaving the group or the other disqualifying event.[45] Interest runs only from the end of that 30 day period.[46] The purchaser should not fill in an SDLT 1; the "return" should take the form of a letter to the Birmingham Stamp Office.[47]

Triggering the clawback: the main rule: Sch.7 para.3

The basic rule is that the relief is clawed back if the purchaser "ceases to be a member of the same group[48] as" the vendor within three years of the effective date of the intra-group transaction, if the purchaser still owns the property (or a "relevant associated company" does, see below).[49] It should be borne in mind that a purchaser company will

11–018

---

[41] Sch.7 para.3(2), (3).

[42] s.81(1).

[43] Defined in Sch.7 para.5(4).

[44] Sch.7 para.5.

[45] s.81.

[46] s.87(3)(a)(i).

[47] SDLT Manual para.50400.

[48] i.e. there is 75 per cent + ownership of both ordinary share capital and real equity. See paras 11–004—11–007, above.

[49] Sch.7 para.3(1).

Stamp Duty Land Tax

cease to be a member of the same group as the vendor company not only if the purchaser is sold but also if, for example:

- the purchaser issues sufficient shares to outsiders with the result that the 75 per cent + relationship no longer exists;
- the purchaser buys in sufficient shares from the vendor or other group company with the result that the 75 per cent + relationship no longer exists; or
- the purchaser changes its share rights so that the vendor or other group company no longer owns 75 per cent + of the equity.

A protraction of the rule which is a trap and easy to forget is that there is also clawback if the leaving of the group takes place after the three years but pursuant to, or in connection with, arrangements made before the end of the three years.[50] For example, if an option is granted during that period and exercised many years later—there is no time limit—there is clawback.

The charge applies if the purchaser still owns the property or a "relevant associated company" does. "Relevant associated company" means a company which ceases to be a member of the same group as the vendor in consequence of the purchaser's ceasing to be a member of that group.[51] Accordingly for the purchaser to have pushed the property on to a subsidiary of its own does not avoid clawback. (The subsidiary itself has no clawback arising from the purchaser-subsidiary transaction because it never leaves the purchaser/subsidiary group. Sub-groups are groups in their own right.) It is still the purchaser, not the subsidiary, who is liable for the tax.

11–019 If the purchaser company has sold part of the property, or granted an interest in the property, say a lease at a premium, before it leaves the group, its clawback charge is on an appropriate proportion of the original market value.[52]

---

[50] Sch.7 para.3(1)(a)(ii).
[51] Sch.7 para.3(4).
[52] Sch.7 para.3(2), (3).

Example 1

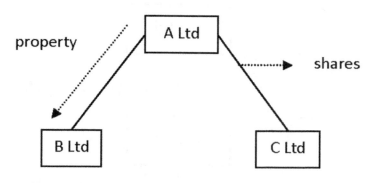

A transfers a property to B. Later, but within three years, A sells C.

Has B ceased to be a member of the same group as A on the ground that the group was ABC but is now AB, so that it has a clawback charge? No: the definition of "member of the same group" in para.1(2)(b) of Sch.7 is such that so long as there is the 75 per cent + relationship between A and B they are members of the same group. If the transfer had been from C to B B would prima facie have a clawback, but has an exemption, see below.

Where a subsidiary is being bought from a group and there have been intra-group property transfers, the buyer's advisers need to be alert to the possibility of the purchase triggering this SDLT clawback and provide for it, by reducing the price or obtaining a covenant from the seller to foot it. If the buyer agrees that the subsidiary will foot it, the seller should obtain a counter-covenant from the buyer to that effect, for if the subsidiary fails to pay the seller can be liable, see above.

Successive intra-group transfers: Sch.7 para.4A

There is an anti-avoidance rule designed to prevent escapes from the clawback rule by manoeuvring property round a group.   11–020

Stamp Duty Land Tax

Example II

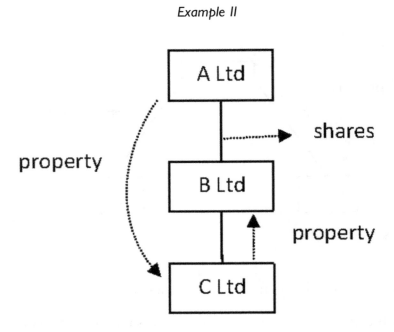

A transfers a property to C and C transfers it to B. Group relief is claimed both times. Later A sells B to an outside purchaser. B has no clawback by reference to the C to B transfer because B does not leave the BC group, and on the rules so far considered C has no clawback by reference to the A to C transfer because it (C) no longer owns the property and B is not its relevant associated company because it (B) is not leaving the group in consequence of C doing so (the opposite is the case).

This is countered by providing that where there is more than one intra-group transfer and

- there is a change in the control of the last transferee (B here), and
- there has been a prior intra-group transfer within three years of that, and
- there would be no clawback under the ordinary rule,

Group and reconstruction reliefs

there is a clawback charge on the last transferee (B here) by reference to the prior intra-group transfer (A to C here. If there is more than one prior intra-group transfer the earliest one within the three-year period is taken).[53]

Exceptions from clawback: Sch.7 paras 4, 4ZA

Exception 1: vendor leaves the group: Sch.7 para.4ZA

Example III

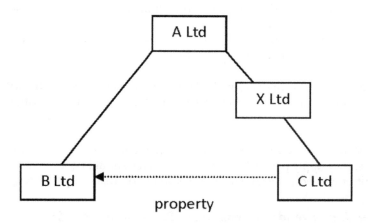

C transfers a property to B. Later, but within three years, A sells X, or X sells C.

B has ceased to be a "member of the same group" as C as they are no longer both 75 per cent subsidiaries of A.[54] However the clawback rule is not intended to catch this sort of thing, and there is an exemption. To be precise, there is no clawback if the parties do cease to be members of the same group but by virtue of the vendor leaving the group as a result of a sale of, or other transaction in, its own shares or the shares of a company above it in the group structure,[55] which is what has happened.

11–021

---

[53] Sch.7 para.4A.
[54] Sch.7 para.1(2)(b).
[55] Sch.7 para.4ZA(1)–(3).

Stamp Duty Land Tax

The provision originally stopped there, which meant that A could, once C or X had been sold, then sell B and B would have no clawback. Schemes were marketed to take advantage of this. This is now countered by an over-wide provision which says that if, after C is sold, there is a change in the *ultimate* control of B, B has a clawback charge after all.[56] The three-year rule still applies, so that the change of control must take place within three years of the effective date of the C to B transfer (or pursuant to arrangements made before the end of that period). The provision is over-wide in that for some reason a "change of control":

- as has been said, is defined as meaning a change in ultimate control, so that B has a clawback not only if it itself is sold but also if A is sold, carrying B with it—this is not so under the ordinary clawback rule;
- also includes the obtaining of the ultimate control of B by another person or persons;
- also includes the winding-up of B—this is not so under the ordinary clawback rule, see below.[57]

"Control" is given the very wide definition contained in ss.450 and 451 of the Corporation Tax Act 2010, but loan creditors can often be ignored.[58]

The Stamp Office have published a statement as to how, on various points, they apply para.4ZA in practice.[59] This should be studied by any practitioner who is faced with the possibility of this charge.

Exception 2: vendor is wound up: Sch.7 para.4(4), (5)

11–022   If the purchaser leaves the group by reason of anything done for the purposes of, or in the course of, winding up the vendor or any other company above the vendor in the group structure, B has no clawback. In Example III, if X or A were put into liquidation that would cause C and B to cease to be in the same group because on being put into liquidation X or A as the case may be would cease to own its assets (including shares) beneficially and the necessary common beneficial ownership of shares (see paras 11–002, 11–003) is ended. It is slightly odd as a matter of language to regard this as something "done for the purposes of, or in

---

[56] Sch.7 para.4ZA(4)–(6).

[57] Sch.7 para.4ZA(5), (6).

[58] Sch.7 para.4ZA(7), (8).

[59] Stamp Duty Land Tax: Group Relief—para.4ZA of Sch.7 of the Finance Act 2003, *www.hmrc.gov.uk/so/group-relief.htm*. This material is not, at the time of writing, in the Manual.

Group and reconstruction reliefs

the course of, winding up" X or A, but doubtless the Stamp Office accept that there is no clawback on B. (A could then, it is conceived, sell B free of clawback.)

If C is put into liquidation that does not break the group at all. Likewise if B is put into liquidation.

Suppose the transfer was from B to A and A is put into liquidation? The group is severed, but the Stamp Office accept that A, although the purchaser, is also a company above the vendor in the group structure and the exemption applies.[60]

Exception 3: group ceases by virtue of mirror-image reconstruction: Sch.7 para.4(6), (7)

There is also exemption where the property transfer was preparatory to a mirror-image reconstruction. Suppose that a company transfers its properties into a new subsidiary and claims group relief. The subsidiary, running a property business, constitutes part of the parent's "undertaking". The parent then transfers the shares in the subsidiary, as part of the parent's undertaking, to a Newco in consideration of Newco issuing shares to the shareholders of the parent. Those shareholders must own Newco in exactly the same proportions as they own the parent. The parent and the subsidiary have ceased to be grouped but, if exemption from stamp duty under s.75 of the Finance Act 1986 is available for the transfer of the shares, the subsidiary has no clawback.[61] It does still suffer clawback, however, if, within three years of the original property transfer, it ceases to be a member of Newco's group while it, or a relevant associated company[62] of its, still owns the property.[63]

11–023

There is no exemption if the purchaser ceases to be a member of the same group as the vendor because of a reconstruction of another type, for example a partition reconstruction. However "acquisition relief" should then be available for an intra-group transfer which is a planned preliminary move. See para.11–030.

---

[60] para.46 of the above statement.
[61] Sch.7 para.4(6).
[62] Defined as in para.11–018, above.
[63] Sch.7 para.4(7).

175

Stamp Duty Land Tax

Part B—Reconstruction and Acquisition Reliefs

Introductory

11–024 Relief from SDLT is given for transfers forming part of certain company reconstructions (using that word for the moment in a wide, non-technical, sense). Important points are as follows.

First, the reliefs are tightly drawn, and the fact that a reconstruction qualifies for CGT roll-over reliefs does not necessarily mean that it qualifies for SDLT relief.

Secondly, so long as the conditions of the relief in question are met the reconstruction does not have to take any particular *legal form*. For example, it may be effected by:

- without putting the old company into liquidation, distributing assets or shares in subsidiaries to a new company or companies in return for an issue of shares to shareholders of the old company;
- without putting the old company into liquidation, distributing shares in subsidiaries direct to shareholders of the old company.

11–025 The income tax demerger legislation is concerned with the above types of reconstruction.

- putting the old company into liquidation and distributing assets or shares in subsidiaries to new companies in return for an issue of shares to shareholders of the old company. This can be done as a reconstruction under s.110 of the Insolvency Act 1986;
- probably, the old company buying in the shares of one or more of its shareholders for a consideration in specie of a transfer of assets or shares in a subsidiary to them, or to new companies in return for an issue of shares to the shareholders in question; or
- the old company dividing its share capital into classes and carrying out a reduction of the capital of one or more class by making a distribution in specie of assets or shares in a subsidiary to those shareholders, or to new companies in return for an issue of shares to the shareholders in question.

Any type of reconstruction can also be carried out by a court-approved scheme of arrangement under Pt 26 of the Companies Act 2006.

Group and reconstruction reliefs

Commercial, company law and tax considerations of all kinds will be relevant when deciding what form a reconstruction should take.

The types of SDLT relief are two. One is "reconstruction relief". This is complete exemption. For this there must be a reconstruction in a very strict sense: each resulting company or companies must be owned by the same shareholders as the old company in exactly the same proportions. The second is "acquisition relief". For this there need not be a reconstruction in the strict sense, so it can be used for a partition between different sets of shareholders; but the old company must be a trading company (and furthermore not a land dealing company) and the relief is not complete exemption, it is tax at a special rate of 0.5 per cent.

11–026

Of course, unless the reconstruction involves actual property transfers, SDLT is at first sight irrelevant, but if there needs to be an intra-group property transfer as a preliminary move, or there simply has been an intra-group transfer in the past three years, it needs to be considered:

- whether group relief will be available for it, if the reconstruction is planned;
- if group relief has been given, whether it will be clawed back when the reconstruction takes place. These matters have been considered in Part A;
- in the case of a preliminary move, if group relief is not available or would be clawed back, whether acquisition relief is available for it. This is considered below.

Reconstruction relief: Sch.7 para.7

Here there must be a "scheme of reconstruction". This is not defined in the statute, but has a technical meaning in general law, the most important part of which is that each resulting company must be broadly owned by the old shareholders in the same proportions as they held, or hold, the original company.[64] The statutory requirements for the relief are in fact stricter than that.

11–027

There must be an "acquiring company" (or companies), almost certainly a new company in practice, which acquires all or part of the "undertaking" of the old company, the "target company".[65] We call

---

[64] See *Fallon v Fellows* [2001] S.T.C. 1409 (Ch D), and the cases cited in it.
[65] Sch.7 para.7(1)(a).

177

Stamp Duty Land Tax

them the new company and the old company respectively. "Undertaking" essentially means business: and a subsidiary or subsidiaries of the old company, if they themselves carry on businesses, can constitute all or part of the undertaking of the old company. However, it is unlikely that a single property investment will qualify as an 'undertaking', notwithstanding that it constitutes a business for the purpose of the VAT TOGC rules. A portfolio of property investments may well qualify. The old company must transfer its undertaking, or the part of it, to the new company in consideration for the new company's issuing of irredeemable shares to the shareholders of the old company.[66] The old company does not necessarily have to be wound up or dissolved. The new company must end up owned by the shareholders of the old company in exactly the same proportions, "or as nearly as may be the same" proportions, as they owned, or own, the old company[67]; the nominal value and number of the shares need not be the same so long as the proportions are.

The only other permitted consideration for the transfer is the assumption by the new company of liabilities of the old company.[68]

11–028 It is a requirement, as for group relief, that the reconstruction is effected for bona fide commercial reasons and is not part of a scheme or arrangement of which the main purpose, or one of the main purposes, is the avoidance of liability to tax, "tax" again meaning not only SDLT but also income tax, corporation tax, capital gains tax and stamp duty.[69] There is no statutory procedure for obtaining clearance that the relief will be available, but if the company, after proper disclosure, has obtained a clearance for another tax it is most unlikely that the Stamp Office will query the relief on this bona-fide-commercial-no-tax-avoidance ground.

If the above conditions are satisfied, the relief is that transfers of property made "for the purposes of or in connection with the transfer of the undertaking or part" are exempt.[70] This of course covers direct transfers of property to the new company, but in the writers' view also covers preliminary intra-group transfers (though this point will normally

---

[66] Sch.7 para.7(2).
[67] Sch.7 para.7(4).
[68] Sch.7 para.7(3).
[69] Sch.7 para.7(5).
[70] Sch.7 para.7(1).

Group and reconstruction reliefs

be academic, because they will normally be covered by group relief with the "arrangements" rule and clawback not catching them, see paras 11–011 and 11–023, above).

As to VAT, where the transfer of the undertaking includes a transfer of property it will in the great majority of cases be a TOGC and there will be no VAT. If however it is or might be standard-rated a straight cash payment of the VAT by the new company to the old might fall foul of the consideration rule. The answer is either to make the old company bear the VAT or to rely on the fact that the new company is bearing a liability of the old company, though if relying on the latter it may be safer for the new company to pay the VAT to HMRC direct.

Acquisition relief: Sch.7 para.8

The second relief is "acquisition relief". This is more generous in that it can cover partitions but less generous in that the old company must be trading and the relief is a 0.5 per cent rate rather than complete exemption.

11–029

Again the old company must transfer all or part of its "undertaking" to an acquiring company or companies, generally in practice a new company or companies—we call it a new company.[71] The main activity of the undertaking or part *being acquired* must be a trading activity (and not a land dealing trade, though a property development trade is all right)[72]; if the company has an investment activity which can be and is left behind in the old company there is no problem with that. Indeed, this can be the answer where it is desired to partition a company with a trading arm and an investment arm. For example a new holding company is superimposed; the trade is shifted to the new holding company; the holding company is liquidated, the trade is moved to Newco I and the old company, still holding the investment properties, to Newco II. Capital gains tax clearance should be sought.

The consideration must include irredeemable shares issued by the new company to shareholders of the old company (or to the old company itself). The only other permitted consideration is the assumption of

---

[71] Sch.7 para.8(1)(a).
[72] Sch.7 para.8(5A).

Stamp Duty Land Tax

liabilities of the old company and/or cash not exceeding 10 per cent of the *nominal* value of the shares so issued.[73] What is said above about VAT applies equally here.

11–030   The new company must not be associated with any third company which has arrangements with the old company concerning the new shares.[74] This is an anti-avoidance provision aimed at schemes for selling those shares on.

Again the acquisition must be for bona fide commercial reasons and must not be part of arrangements of which the main purpose, or one of the main purposes, is the avoidance of liability to tax.[75] What is said above about the corresponding reconstruction relief provision applies equally here.

It will be seen that there is no requirement for the shareholdings in the new company, or in each new company, to be a mirror image of the shareholdings of the old company. So, the advantage of this relief is that it is available for partitions, such as where the old company is owned by A, B, C and D and there are two Newcos owned by A and B, and C and D, respectively.

If the various conditions are satisfied the relief is that the SDLT on any land transaction entered into for the purposes of *or in connection with* the transfer of the undertaking is limited to 0.5 per cent of the chargeable consideration.[76] (This is the only SDLT relief which consists of a specified reduced rate, though the multiple dwellings and six-or-more-dwellings reliefs have the effect of reducing the rate.) The chargeable consideration is calculated on general principles: it is the value of the consideration (the new shares and any other consideration), but it might be the market value of the property, if higher.[77] In the writers' opinion the "in connection with" wording means that the relief is given not only to a direct transfer of property by the old company to the new company but also to a preparatory transfer inside the old company's group (typically with the recipient company being distributed to a new company): group relief would not be given for that because of the "arrangements" rules.

---

[73]   Sch.7 para.8(2), (3).

[74]   Sch.7 para.8(4).

[75]   Sch.7 para.8(5B).

[76]   Sch.7 para.8(1).

[77]   This will be so if the two companies are connected and the transfer does not count as a distribution: ss.53, 54.

Group and reconstruction reliefs

Reconstruction and acquisition reliefs: procedure

A transferee company claiming one of these reliefs should put in an SDLT 1 in the ordinary way (see Chapter 18), inserting the appropriate code (13 for reconstruction relief, 14 for acquisition relief) at Q9. There is no need to do anything more unless the Stamp Office ask questions, unless the company positively wants to explain things to them in which case it should write to the Birmingham Stamp Office with a copy of the return.

11–031

Clawback of reconstruction and acquisition reliefs: Sch.7 para.9

These reliefs, like group relief, can be withdrawn (clawed back). The relief is clawed back if there is a "change of control" of the new company within three years of the effective date of the original transaction, or in connection with arrangements made before the end of that three-year period; and the company (or a relevant associated company, essentially a subsidiary of its) still owns the property.[78] The charge is on the market value of the property at the original effective date; if part of it has been sold or, say, a long lease at a premium has been granted out of it the charge is on an appropriate proportion of that value.[79] If it was acquisition relief that was obtained presumably credit is given for tax paid, though on a literal interpretation the legislation does not say so. As in the case of withdrawal of group relief the new company should make a "return" by sending a letter to the Birmingham Stamp Office and paying the tax within 30 days of the change of control.[80] If the company fails to pay, the Stamp Office can claim the tax from certain other people, namely, if the new company is part of a group, any company that has been a superior company in that group since the original transaction, and anyone who was in that period a controlling director of the new company or any company controlling the new company.[81]

11–032

---

[78] Sch.7 para.9(1), (4).
[79] Sch.7 para.9(2), (3).
[80] SDLT Manual para.50400.
[81] Sch.7 paras 12, 13.

Stamp Duty Land Tax

Where the new company is sold to an outsider there is obviously a change of control, but there are other circumstances where the phrase causes great uncertainty. It is defined as meaning the company's becoming controlled

i.   by a different person,
ii. by a different number of persons, or
iii. by two or more persons at least one of whom is not the person, or one of the persons, by whom the company was previously controlled.[82]

(The very wide definition of control in ss.450 and 451 of the Corporation Tax Act 2010 is used, under which different persons or sets of persons can control simultaneously.) For example, if seven people, A–G, own the company, each having an equal number of shares, and G sells his shares to H, is the company now controlled by different persons? We do not think that a tribunal would say so. Or if A sells his shares to B, is it now controlled by a different *number* of persons? Again we do not think so. All that can be said, however, is that *any* change in shareholdings in the three-year period, unless it falls within one of the exceptions set out below, carries some risk.

Exceptions to clawback: Sch.7 paras 10, 11

11–033   There are some narrow exceptions to the clawback rule. Changes in control of the new company resulting from any of the following do not trigger it:

1.   a share transaction which (if it were a land transaction) would fall within the exemption for transfers in connection with divorce, separation etc.[83] See para.13–010;
2.   a share transaction which (if it were a land transaction) would fall within the exemption for variations of wills, etc.[84] See para.13–009;
3.   a share transaction which is exempt from stamp duty by virtue of the intra-group stamp duty exemption.[85] There is still clawback if the company buying those shares is in the same group as the old company and later, within the original three-year period, leaves it[86];

---

[82] Sch.7 para.9(5).
[83] Sch.7 para.10(2).
[84] Sch.7 para.10(3).
[85] Sch.7 para.10(4).
[86] Sch.7 para.11(1), (3)–(6).

Group and reconstruction reliefs

4.   a share transaction qualifying for the stamp duty exemption for a mirror-image reconstruction in s.77 of the Finance Act 1986.[87] There is still clawback if there is a change of control of the resulting new holding company within the original three-year period[88];

5.   a loan creditor or creditors acquiring or losing control, so long as the other persons who control continue to do so.[89]

There is no exception for the death of a shareholder, or the vesting of his shares in his personal representatives or a legatee, but apparently the Stamp Office do not argue that it causes clawback.

---

[87] Sch.7 para.10(5).

[88] Sch.7 para.11(2)–(6).

[89] Sch.7 para.10(6).

Chapter 12

Partnerships

Introduction

The SDLT rules on property transactions which involve partnerships are in Sch.15 of the Finance Act 2003. The rules can be divided into two parts, corresponding to Pts 2 and 3 of that Schedule. The first part deals with purchases by a partnership of property from, or sales by a partnership to, an outsider. That is simple enough—SDLT is levied on the price in the ordinary way. The second part deals with property transactions between a partner and his partnership, or inside partnerships, and is one of the most complex parts of the SDLT code.

12–001

Some general principles: Sch.15 paras 1–4

The rules apply not only to traditional partnerships under the Partnership Act 1890 ("general partnerships") but also to limited partnerships under the Limited Partnerships Act 1907, limited liability partnerships ("LLPs") under the Limited Liability Partnerships Act 2000[1] and to "a firm or entity of a similar character to any of [the above bodies] formed under the law of a country or territory outside the United Kingdom".[2] Obviously in the case of foreign bodies nice questions can arise as to whether they are "of a similar character". The fact that the body is a legal person (as a Scottish partnership is) or a body corporate (as an LLP is) does not prevent its being a partnership for SDLT.[3] HMRC's view is that to be a partnership the body must be carrying on a business (or presumably winding itself up after ceasing a business) and if it is not doing so, even if it calls itself a partnership, the Sch.15 rules do not apply[4] and it will be treated as a co-ownership case. The Manual goes on to say that it is *possible* (emphasis added) that simply holding investment property jointly *might* (emphasis added) not constitute a business, but the writers have never heard in practice of the

12–002

---

[1] Or the Limited Liability Partnerships Act (Northern Ireland) 2002.
[2] Sch.15 para.1.
[3] Sch.15 para.2(2).
[4] SDLT Manual para.33110.

Stamp Duty Land Tax

Stamp Office arguing that a concern which is expressly set up as a partnership and which holds let property is not a partnership.

Partnerships are treated as transparent: even in the case of an LLP, any chargeable interest held by or on behalf of the partnership is treated as held by or on behalf of the partners, and any land transaction entered into for the purposes of the partnership is treated as entered into by or on behalf of the partners.[5] A change in the composition of a partnership does not count as the partnership coming to an end and a new one starting: so long as there is at least one continuing partner the old partnership is treated as continuing.[6] A partnership, even if it is a collective investment scheme, does not count as a unit trust or an open ended investment company, in other words where a fund is a partnership, partnership treatment trumps unit trust or OEIC treatment.[7]

A. Purchases From and Sales To Outsiders

An ordinary SDLT charge: Sch.15 paras 5–8

12–003 If a partnership buys property from an unconnected seller then as, one would expect, there is an ordinary tax charge. The "responsible partners" are those who are partners on the effective date of the purchase and those who have become partners since,[8] and the tax and any interest are the joint and several liability of those "responsible partners" who are partners at the effective date.[9] Thus the limited liability of limited partnerships and LLPs does not protect them from personal liability for SDLT (as indeed it does not protect them from personal liability for income tax or capital gains tax, though it does protect them from VAT). If there is a penalty, liability extends also to

---

[5] Sch.15 para.2(1). In general land law, a general partnership or a 1907 Act limited partnership cannot as such own land, it has to be vested in up to four partners (or other persons) on behalf of the partnership. In the case of a 1907 Act limited partnership it will generally be vested in the general partner or nominees on behalf of the partnership. In the case of an LLP, being a body corporate, the land can and almost always will be vested in the LLP itself. In all cases the land is for SDLT regarded as owned by all the partners.

[6] Sch.15 para.3.

[7] Sch.15 para.4.

[8] Sch.15 para.6.

[9] Sch.15 para.7(1), (1A).

Partnerships

anyone who was a partner when the penalty was incurred, for example when a carelessly inaccurate return was filed.[10]

As regards procedure, all the responsible partners are responsible for filing the return and doing anything else which has to be done or may be done.[11] A majority of the partners may, however, appoint a "representative partner" or partners to act as representative of the partnership and sign and submit the return and do anything else which has to be done or may be done.[12] Such an appointment (and any revocation of it or new appointment) should be by letter to the Birmingham Stamp Office (Technical & Guidance Team).[13] If this is not done all the partners should sign the return, at least in theory. But appointing a representative partner does not absolve the other partners from their joint and several liability for the tax. The ordinary SDLT 1 should be completed: in one or two places crosses have to be made in boxes to indicate that it is a partnership case.

A sale by a partnership to an unconnected buyer attracts SDLT in the usual way. Naturally it is the purchaser who is liable for the tax.

B. Transactions Between Partners

Introduction

The rules about transactions between partners have to cater for a variety of commercial situations, ranging from property investment partnerships (which amount to formalised and managed co-ownership), to farming partnerships, which are property-heavy, often family-centred, trading partnerships, to professional partnerships, where often a new partner is admitted without payment or where any payment he does make may bear no relation to the value of the partnership property. Perhaps as result the rules are schizophrenic, sometimes being surprisingly generous and sometimes tough. They have undergone some major recastings since they were originally introduced in 2004. Two features should be mentioned at this stage:

12–004

- where tax is levied it is generally, subject to what is said below, by reference to the property's market value rather than the price, if

---

[10] Sch.15 para.7(2), (3).
[11] Sch.15 para.6(1).
[12] Sch.15 para.8.
[13] SDLT Manual para.33240.

Stamp Duty Land Tax

any, in marked contrast to the ordinary SDLT rule. Since 2006 the price, if any, which changes hands is largely irrelevant;

- the rules about partners connected to one another are generous and sometimes enable property to be effectively sold to a connected person free of tax, at least where individuals are involved.

A complicating factor is that since 2010 s.75A of the Finance Act 2003, the general anti-avoidance section for SDLT, has potentially applied to many of these partnership transactions,[14] and operates by reference to consideration rather than market value. This is considered in paras 12–029 to 12–030 below.

Transactions between partners can broadly be broken down into three types:

- Where a partner transfers property into a partnership, either when he first joins or later, for cash or in return for an interest, or an enhanced interest, in the partnership
- Transfers of interests in partnerships, including changes in profit sharing ratios. Sometimes these will coincide with a new partner joining or an existing partner leaving without bringing property with him or taking property out
- Where a partner takes property from a partnership, whether or not he is leaving the partnership, or on dissolution of the partnership, and he either pays cash or his partnership interest is reduced or eliminated in return.

12–005   A key concept in Sch.15 is that of "partnership property". This is defined as "an interest or right held by or on behalf of a partnership, *or the members of a partnership*, for the purposes of the partnership business".[15] The italicised words raise the possibility that property owned by all the partners but commercially held outside the partnership nevertheless counts as partnership property for SDLT. The Stamp Office, having been difficult on this in the early days of the tax, now take a more helpful line. Essentially they now follow general partnership law[16] on the question of whether an asset is partnership property or not,[17] so the partnership agreement will govern the matter, or if it is

---

[14] s.75C(8A).
[15] Sch.15 para.34(1).
[16] See in particular Partnership Act 1890 ss.20, 21.
[17] SDLT Manual para.33390.

silent it is a matter of whether the asset is shown in the partnership balance sheet and of the partners' intentions.

If a partner or partners have a choice as to whether to leave property out or put it in they need to consider the matter both from the commercial perspective and from the perspective of all taxes. From the SDLT point of view putting it in will be a good thing if they want to effectively pass interests in it to individuals connected with them. Putting it in is a bad thing if there are other, unconnected or company, partners and the owners essentially want to keep the property themselves. While putting it in and at the same time achieving that commercial result can be done by having appropriate provisions in the partnership agreement, and this may be desired for IHT reasons, it would give rise to wholly artificial SDLT charges, as we will see.

SDLT makes no distinction between property bought as trading stock and property bought as a capital asset.

Transfer of property by partner or connected person to the partnership: Sch.15 paras 10–12

The first set of rules governs the position where there is a transfer of a chargeable interest (i.e. an interest in land or buildings) to the partnership (otherwise than by purchase from an unconnected seller). "Transfer of a chargeable interest to a partnership" is defined as including any case where a chargeable interest becomes partnership property (see above).[18] These rules apply where:

12–006

1. a person about to become a partner transfers property into the partnership in return for a partnership interest,[19] whether or not he also receives cash or other consideration; or
2. a partner transfers property into the partnership, regardless of what consideration, if any, he receives; or
3. a person connected with any partner transfers property into the partnership, regardless of what consideration, if any, he receives. This extends to a person connected with a person about to

---

[18] Sch.15 para.35.
[19] On a literal interpretation of the legislation he must become a partner immediately after the transfer, otherwise the SDLT charge is on the full value of the property.

Stamp Duty Land Tax

become a partner, if the latter becomes a partner[20] as a result of or in connection with the transfer.[21]

The rules about who is connected with whom are set out in the Appendix to this book; but with the exception that for the purpose of the rules in this chapter partners are not connected with one another merely because they are partners.[22]

In all these cases there is an SDLT charge on the market value of the property transferred in, *less* the percentage of that market value which the legislation obscurely calls "the sum of the lower proportions"—"the exempt percentage" would be a better term. This proportion of the market value is the deemed chargeable consideration.[23] It is possible to argue that market value means the value reduced by any debt charged on the property which the firm takes on (see para.7–007) but the Stamp Office do not agree[24] and the writers do not consider the argument likely to succeed. Because the charge is based on market value VAT is ignored, even if the transferor charges VAT to the partnership, see para.7–008.

12–007 "The sum of the lower proportions" is cumbersomely defined in para.12 of Sch.15. Essentially it means the aggregate of the partnership share percentages (i.e. percentages of partnership income profit entitlement[25]) immediately after the transaction held by:

i. the partner transferring the property in, if that is what is happening, and
ii. the person transferring the property in if he becomes a partner immediately after the transfer, if that is what is happening, and
iii. any other partner who is an *individual* connected with the person at i or ii.[26]

The sum of the lower proportions—the exempt percentage—is the total of those percentages of income profit entitlement, and the SDLT charge is on (100 per cent less that totalled percentage) of the market value of the property.[27]

---

[20] Ditto.
[21] Sch.15 para.10(1).
[22] Sch.15 para.39(1), (2).
[23] Sch.15 para.10(2).
[24] SDLT Manual para.33320.
[25] Sch.15 para.34(2).
[26] Sch.15 para.12(1).
[27] Sch.15 para.10(2).

Partnerships

Example 1

Alice and Piers are in partnership sharing income profits 50:50. Mark is Alice's husband and is not connected to Piers. Mark transfers a property worth £1,400,000 to the partnership in return for £500,000 cash and a 30 per cent share in the partnership. Alice and Piers reduce to 35 per cent each. The SDLT charge is on £1.4m-(65 per cent x £1.4m) = £490,000, on which tax at 3 per cent is £14,700. There is effectively no charge on the proportion of the property retained by Mark and no charge on the proportion taken by Alice as an individual connected with him: the charge is effectively on the 35 per cent proportion taken by Piers. Note that the £500,000 cash price does not come into the calculation at all, though it does have an indirect effect in that had Mark taken a greater interest in the partnership instead of the cash a larger proportion of the property's value would have been exempt.

The partnership shares are the shares in the income profits of the partnership.[28] Capital profits would have been more appropriate where, as is the case more often than not, the property is acquired as a capital asset, but the legislation says income profits. Of course, the partnership agreement may not lay down a simple profit sharing formula; for example, tranches of profit may be shared differently or some partners may have guaranteed profit amounts. There is no indication in the legislation or the SDLT Manual of how shares are to be ascertained in these situations; the best that the writers can suggest is that the partners make an estimate of the partnership share percentages for the year, and then amend the figure later, by amending the return or notifying the Stamp Office when the outcome for the year is known. That is consistent with the rules dealing with uncertain consideration.[29]

12–008 The persons responsible for the tax vis-à-vis the Stamp Office are the continuing partners and the new partner, if there is one, jointly and severally.[30] An ordinary SDLT 1 should be completed with appropriate entries, for example 34 (for market value) should be inserted at Q12. As to how the partners bear the tax as between themselves, that is a matter for the partnership agreement or an ad hoc deal, but in most cases it will probably be borne by them in proportion to their capital profit shares.

These rules apply to a grant of a lease by a partner, partner-elect or connected person to the partnership as well as to outright transfers and assignments. If the lease has a market value—if it is a lease which would

---

[28] Sch.15 para.34(2).
[29] ss.51, 80.
[30] Sch.15 para.10(7).

Stamp Duty Land Tax

command a premium on the open market—the rules already explained apply to that market value. If there is a rent, the ordinary net present value calculation is done first (see Chapter 9) and then reduced by the sum of the lower proportions percentage. The resulting figure is the amount liable to tax in respect of rent.[31] This enjoys the £125,000 or £150,000 nil rate band in the usual way. In arriving at the market value, if any, of the lease any obligations of the partnership-tenant, other than:

- obligations to pay rent or make other payments, or
- standard obligations falling within para.10(1) of Sch.17A of the Finance Act 2003 (see para.10–001),

are ignored[32]; this is an anti-avoidance provision aimed at deliberate depreciation of leases by putting onerous obligations on the partnership-tenant.

In the case of *DV3 RS Ltd Partnership v Revenue and Customs Commissioners*[33] a scheme was used to attempt to avoid tax by combining the sub-sale provisions in their then form and para.10 of Sch.15. An outside seller, A, contracted to sell a property to a company, B. B contracted to sell on to C, a partnership all the partners in which were connected with it, B. There were two completions on the same day, A transferred to B and B to C. C argued that the A to B sale was exempt under the old sub-sale rule (old s.45) and the B to C sale was exempt because B had transferred a chargeable interest to C and was connected with all the partners in C. The scheme failed. The Court of Appeal held that the old s.45(3) stipulated that the completion of the A to B sale had to be disregarded; that being so B could not be regarded as having acquired a chargeable interest for SDLT and if it had no chargeable interest it could not be regarded as transferring a chargeable interest to C for the purposes of Sch.15, para.10. Therefore C had simply made an ordinary purchase, as if from an outsider, and had a full tax liability accordingly.

In the writers' view this *ratio decidendi* would not hold good under the new sub-sale rules (Chapter 8), at least where the A to B sale is actually completed, because these no longer say that the A to B completion should be disregarded, merely that exemption can (generally) be claimed for it. However the scheme would not now work because of (1) s.75A

---

[31] Sch.15 para.11.
[32] Sch.15 para.38.
[33] [2013] S.T.C. 2150 (CA).

Partnerships

and (2) the sub-sale TAAR[34]; it also would not work insofar as the partners were companies, because exemption from the para.10 charge is now only available insofar as the partners are individuals connected with the transferor, see above.

Withdrawal of value from partnership following transfer of property in: Sch.15 para.17A

This provision is a real trap for the unwary. Where property has been transferred into the partnership by a partner, partner-elect or connected person as described above, and within three years of that there is a withdrawal of cash or other value from the partnership by the partner in question (or sometimes a connected person) there can be a special SDLT charge. This seems to be an anti-avoidance provision aimed at cases where the person transferring in could be regarded as receiving payment for the property by the back door. However it applies regardless of whether there is any intent to avoid tax and regardless of whether the payment out has any connection to the transfer in, so it is a major trap. There have been calls for the provision to be abolished, especially in the light of the introduction of the general SDLT anti-avoidance provision, s.75A (see Chapter 17), but HMRC seem reluctant to do so.

12–009

In more detail, the charge arises if there has been a transfer to the partnership falling within the rules already described and within three years (presumably three years from its effective date) there is a "qualifying event".[35] A qualifying event is where a "relevant person"— the partner in question, or where the transfer in was by a connected person the partner concerned or anyone connected with him[36]— withdraws money or money's worth from the partnership by:

- withdrawing capital from his capital account,
- reducing his interest, or
- ceasing to be a partner.

A distribution of income profit is not caught, nor is an actual price paid to him for the property in the first instance. There is also a qualifying event if the relevant person has made a loan to the partnership and:

- the loan is to any extent repaid, or

---

[34] Sch.2A para.18.
[35] Sch.15 para.17A(1).
[36] Sch.15 para.17A(3).

193

Stamp Duty Land Tax

- he withdraws any money or money's worth from the partnership (insofar as that does not exceed the outstanding loan) otherwise than by distribution of income profit.[37]

12–010 (Not all debts are loans—an outstanding purchase price is a debt but not a loan.) Although the withdrawal or repayment will not normally itself involve land, the amount withdrawn or repaid is deemed to be chargeable consideration for a chargeable transaction,[38] except that there is deducted from that sum:

- the excess of that sum over the market value of the property when it was transferred in,
- the amount actually charged to tax under para.10 of Sch.15 when it was transferred in, and
- the chargeable amount, if any, generated by the same event under the provisions about transfers of interests in property-investment partnerships, see below.[39]

The persons accountable to the Stamp Office are all the partners, jointly and severally.[40]

Transfer of property to property-investment partnership: right to elect for full charge: Sch.15 para.12A

12–011 In the case of a property-investment partnership as defined, where a partner, partner-elect or connected person transfers a property to it, it is possible, instead of having the exemption or partial charge under para.10 of Sch.15 described above, for the partners to elect to have a charge on the full market value instead.[41] "Property-investment partnership" means a partnership whose sole or main activity is investing or dealing in chargeable interests (i.e. in interests in land or buildings), whether or not that activity involves development or other construction operations on the land in question,[42] but a partnership which is primarily a developer and derives most of its profits from its development work is not a property-investment partnership, even if it owns the land it develops.[43] It does not include, for example, an in-hand farming partnership, the main activity of which is not investment (i.e.

---

[37] Sch.15 para.17A(2).
[38] Sch.15 para.17A(4).
[39] Sch.15 para.17A(7), (8).
[40] Sch.15 para.17A(5), (6).
[41] Sch.15 para.12A(1), (2).
[42] Sch.15 paras 12A(7), 14(8).
[43] SDLT Manual para.34010.

Partnerships

letting out at a rent). It should be noted that a land dealing partnership counts, even though in the ordinary sense of the word land dealing is not investment at all.

When might partners want to do this? Making the election confers certain advantages:

- there can be no charge under the withdrawal of funds rule already described[44];
- in certain circumstances there will be no subsequent charge under the rules about transfers of interests in property-investment partnerships, see below.

Also, where the transfer in is from another partnership, there will be no charge under the rules about property leaving a partnership, i.e. the previous partnership.[45] The rule was brought in to suit property funds in partnership form, where a founder-partner injects the property in at the outset. The election means a full charge then but avoids a series of chargeable events as new partners join at different times.

The legislation says that the election must be made in the SDLT return or an amendment to it. It is irrevocable.[46] There is no place in the SDLT 1 or SDLT 4 forms for the election to be made; the election should take the form of a letter sent to the Technical & Guidance Team at the Birmingham Stamp Office[47]: the rules mean that it must be sent in at the same time as the return or within 12 months of the filing date. **12–012**

Subject as always to s.75A, an election can be validly made even though no actual SDLT arises as a result on the transfer in, for example owing to group relief or some other relief. In this sort of case making an election can be an efficient form of tax mitigation.

Transfer of interest in property-investment partnership: Sch.15 para.14

The SDLT rules on transfers of interests in partnerships owning property once they have been set up differ depending on whether the partnership is a property-investment partnership or not. In the case of a **12–013**

---

[44] Sch.15 para.17A(1)(d).
[45] Sch.15 para.12A(2)(a).
[46] Sch.15 para.12A para.(3), (4).
[47] SDLT Manual para.34060.

Stamp Duty Land Tax

property-investment partnership there is a tax charge, except in certain limited circumstances; with other partnerships prima facie there is no charge, but there is a rather wide anti-avoidance rule that can catch such transfers. We take property-investment partnerships first.

The rule is in para.14 of Sch.15, which is far from easy to follow. In very broad terms its effect is that if the acquirer pays the outgoing or reducing partner for the share, the acquirer has a liability on the appropriate proportion of the value of all the partnership's property; if instead he subscribes funds into the partnership he is only liable insofar as the partnership property has been injected into the firm by partners in the past. The fact that the acquirer is connected with one or more of the partners, if he is, is irrelevant.

In more detail, the rule applies when there a transfer of an interest in a property-investment partnership,[48] which includes any case where a person acquires or increases a partnership share.[49] "Property-investment partnership" is defined as in the previous section. "Partnership share", as always, means a share in the income profits of the partnership.[50] Transfers of interests are divided into two types, Type A and Type B. Type A is generally treated worse. A transfer is Type A if it takes the form of arrangements[51] under which:

- the whole or part of a partner's interest as partner is acquired by another person (whether or not an existing partner), and
- consideration in money or money's worth is given by or on behalf of the person acquiring the interest.[52]

12–014 It seems that this broadly means a purchase, in the ordinary sense of the word, of an existing partnership interest or part of one; it would not apply, for example, where A, B and C are partners in an equal property partnership and C quits taking his share of the partnership assets with him, even though A and B now own the remaining partnership 50:50 rather than having 33⅓ per cent interests. On the other hand if they paid him cash for his share out of their own pockets it would. In the context of para.14, it seems clear that the above formula does not

---

[48] Sch.15 para.14(1)(a).
[49] Sch.15 para.36.
[50] Sch.15 para.34(2).
[51] Defined as usual as including any scheme, agreement or understanding, whether or not legally enforceable: Sch.15 para.40.
[52] Sch.15 para.14(3A).

Partnerships

include a case where a person acquires a share (or an increased share) by subscribing funds into the partnership.

The following is also a Type A transfer: where there are arrangements under which:

- a person becomes a partner, and
- the interest of an existing partner is reduced, including reduced to zero, and
- there is a withdrawal (however small) of money or money's worth from the partnership by the latter partner, other than money or money's worth paid from the resources available to the partnership prior to the transfer.[53]

This seems to be aimed at arrangements where an incoming partner subscribes for a share and his funds are used, indirectly, to pay off the partner whose interest is reducing or who is quitting. Arrangements whereby a bank loan is made to the partnership before the incoming partner subscribes and the loan money is used to pay off the reducing or quitting partner may be vulnerable to the general SDLT anti-avoidance rule, s.75A, see below.

Any other transfer is a Type B transfer.[54]

12–015

The SDLT charge is on a proportion of the market value of, not necessarily all the partnership land and buildings, but of those which constitute "relevant partnership property". "Relevant partnership property" encompasses more in the case of Type A transfers than Type B. For a Type A transfer it is all the land and buildings held by the partnership immediately after the transfer of the partnership interest, other than:

1. any chargeable interest transferred to the partnership in connection with the transfer in question (though there may be a charge on it under paragraph 10, see below),
2. certain market rent leases, see below, and
3. "any chargeable interest that is not attributable economically to the interest in the partnership being transferred".[55] In a normal case all partnership land or buildings will be reflected in the value of all partnership interests; this seems to cater for partnerships divided

---

[53] Sch.15 para.14(3B).
[54] Sch.15 para.14(3C).
[55] Sch.15 para.14(5).

Stamp Duty Land Tax

into sub-funds or cells—if the transfer is of an interest in one sub-fund or cell only you only look at the property in that sub-fund or cell.

The rule about market rent leases is presumably to avoid having to bother with leases of little or no value. A market rent lease is one where:

- no premium was charged on its grant,
- there are no arrangements for any consideration to be charged for it other than rent,
- the rent was a market rent at the time of grant, and
- either the term is five years or less or there is a review to market rent at least every five years.[56]

12–016 For a Type B transfer "relevant partnership property" is again all the land and buildings, other than:

1. as 1 above,
2. as 2 above,
3. as 3 above,
4. any land or buildings transferred to the partnership on or before July 22, 2004,
5. any land or buildings on the transfer of which into the firm the partners made an election under para.12A, see above, and
6. any land or buildings the transfer of which into the firm did not fall within para.10 (transfer in by partner or connected person, see above); essentially therefore land or buildings bought from outside sellers.[57]

Having ascertained whether there is any relevant chargeable property, and if so what, the SDLT charge is on a proportion of its market value. The proportion corresponds to the partnership share, or additional share, which the person acquiring the interest is acquiring.[58] It is the acquirer, not the partners as a whole, who is accountable for the tax and must complete the land transaction return and pay it.[59] The transaction is not notifiable unless actual tax is payable.[60]

---

[56] Sch.15 para.15.
[57] Sch.15 para.14(5A).
[58] Sch.15 para.14(6), (7).
[59] Sch.15 para.14(3).
[60] Sch.15 para.30.

Partnerships

Where a new partner brings property in there can be charges under both paras 10 and 14.

Example II

Alison and Samantha are 50:50 partners in a property-investment partnership. The partnership land and buildings are worth £2m. Grace, connected with neither of them, joins the firm contributing a property worth £1m and takes a 33⅓ per cent share, Alison and Samantha each reducing to 33⅓ per cent. The partnership has a charge under para.10 on the transfer in of £666,667, effectively the share in Grace's property taken by the other two. In addition Grace might have a charge under para.14 on the £666,667 of existing property that she is effectively acquiring an interest in. It should be a Type B transfer, so there should only be a charge if, for example, Alison and Samantha (or their predecessors) introduced the property to the partnership themselves after 2004 and did not make a para.12A election at that time.

Now assume that Alison wanted to retire, so as part of the same arrangement she was paid off with £1m cash from the partnership, and Samantha and Grace became 50:50 partners. The para.10 charge is now only on £500,000, but the para.14 charge, if there is one, will be on £1m. The partners need to be careful not to create a Type A transfer: if they borrowed on the security of the new property to raise the funds to pay Alison off, Alison might be withdrawing money paid from resources not available to the partnership prior to the transfer. Any borrowing should, if at all possible, be on the security of the old property alone.

Transfer of interest in non-property-investment partnership pursuant to prior arrangements: Sch.15 para.17

There is also a provision whereby, if a partner has transferred property into the partnership, there can be a charge on that property if, pursuant to arrangements in place at the time of the transfer in, he passes his partnership share on or reduces it. This provision is a source of uncertainty and worry; its purpose is presumably an anti-avoidance one, to catch deliberate schemes for a partner to have a high profit share at the time he transfers property in (resulting in a low or nil charge under para.10, see above) and then for him to reduce his profit share or quit the partnership. But no tax avoidance purpose is necessary and the uncertainty comes from the fact that standard provisions in partnership

12–017

Stamp Duty Land Tax

agreements about, say, retirement or profit share adjustments might constitute arrangements, so any transfer pursuant to them might be caught.

In more detail, the charge applies if:

- there has been a transfer falling within para.10(1)(a), (b) or (c). In other words a partner, or a non-partner connected with a partner, must have made a transfer of land or buildings to the partnership in the past[61];
- that partner (the partner who made the transfer in or the partner connected with the non-partner transferor) now makes a total or partial transfer of his interest in the partnership (the "partnership transfer"), which includes any case where his partnership share is reduced[62];
- that transfer is made pursuant to arrangements[63] that were in place at the time of the original transfer;
- the partnership transfer is not otherwise a chargeable transaction.[64] This means that this charge cannot apply in the case of a property-investment partnership, because there the transfer will be a chargeable transfer under para.14 (above) even if there is no actual charge.[65]

One ascertains the land or buildings which the partner or the connected person transferred in. The charge is on a percentage of the market value of that property at the date of the partnership transfer—therefore including increases resulting from inflation and improvements. The percentage is essentially the percentage that the partner is losing; therefore:

- if the partner is quitting the partnership, his percentage share in the income profits of the partnership;
- if he is reducing his share of the income profits, the percentage of the income profits of the partnership that he is losing.[66]

---

[61] On a literal interpretation it does not matter if the transfer in was before July 2004, when the SDLT code on transactions between partners was introduced; or if the transfer in was exempt under s.65 (exemption for conversion of partnership into LLP, see below).

[62] Sch.15 para.36.

[63] Defined as usual to include any scheme, agreement or understanding, whether or not legally enforceable: Sch.15 para.40.

[64] Sch.15 para.17(1).

[65] Sch.15 para.14(2)(c).

[66] Sch.15 para.17(4), (5).

Partnerships

The original transfer in and the partnership transfer are linked transactions.[67]

12–018

Where a partner (X) made the original transfer in, a share in it taken by a partner connected with him (Y) escaped the para.10 charge, but curiously a partnership transfer by Y escapes the present charge by reference to X's transfer in. Conversely there is no reduction in the present charge where X has partners connected with him who benefit from it.

Example I (Continued)

Continuing Example I, if there were arrangements for Mark to transfer his partnership share on to Alice, and after a while he did so, at a time when the property transferred in by him was worth £2m, the remaining partners, Alice and Piers, would have an SDLT charge on 30 per cent x £2m = £600,000.

The provision obviously bites in the case of a deliberate scheme for a partner to pass his share on, but (1) does it catch transfers pursuant to standard provisions in partnership agreements concerning partnership share adjustments, retirement, admission of new partners, expulsion and so on? And (2), if so, is it the Stamp Office's practice to apply it in such cases? It is possible to argue that in the context of the partnership code, and interpreting para.17 purposively, that it should be confined to contrived schemes, or at least to unusual built-in arrangements for loss of profit share. As to Stamp Office practice, it seems that they may not regard conventional provisions in a partnership agreement as arrangements, but there is no certainty. One answer is to have no arrangements about such matters until after the transfer in, but this is commercially difficult except for a small partnership where there is a high level of trust.

If there is a charge it is the continuing partners immediately after the transfer (including the transferring partner if he remains a partner) who are jointly and severally liable, and who must complete the land transaction return and pay the tax.[68] It is not notifiable unless actual tax is payable.[69]

---

[67] Sch.15 para.17(6).

[68] Sch.15 para.17(3), (7).

[69] Sch.15 para.30.

Stamp Duty Land Tax

Stamp duty on transfers of partnership interests: Sch.15 paras 31–33

12–019 We ought to add a word on stamp duty (as distinct from SDLT). The basic rule now is that stamp duty is only chargeable on purchases of stock (meaning essentially shares) and "marketable securities".[70] However there is a long-standing Stamp Office view that, for stamp duty, a partnership interest is an asset in its own right and one does not look through it to the underlying assets. Therefore, in the absence of a specific provision, it would be possible to avoid duty on stock and marketable securities by wrapping them in a partnership and selling an interest in the partnership. To deal with this there is a cumbersome provision which starts by saying that stamp duty at up to 4 per cent (on the price paid) is levied on an instrument in writing transferring an interest in *any* partnership[71]; but this is qualified as follows.

- The stampable price is reduced by the portion of it attributable to the net market value of the chargeable interests (land and buildings) held by the partnership.[72]
- The stamp duty cannot exceed duty at 0.5 per cent on the appropriate proportion (appropriate to the interest being transferred) of the net[73] market value of any stock and marketable securities held by the partnership.[74] The stock, etc. can be in a non-UK-incorporated companies and, at least in the Stamp Office's view, it makes no difference whether or not the assignment is executed outside the UK.

Therefore if the partnership holds no stock or marketable securities at all there will be no stamp duty; if it owns some, the duty is limited to 0.5 per cent of the appropriate proportion of their net value.[75] An important point, however, is that even if it is clear that no duty is payable, an instrument transferring any interest in any partnership must be sent to the Birmingham Stamp Office for adjudication.[76]

---

[70] s.125(1).

[71] Sch.15 para.31.

[72] Sch.15 para.32.

[73] Meaning the gross market value less any debt secured only on the stock, etc.: Sch.15 para.33(6).

[74] Sch.15 para.33.

[75] It will be nil if the price for the transfer, after deducting the part attributable to chargeable interests, is £1,000 or less.

[76] Sch.15 paras 32(9), 33(8).

Partnerships

Transfer of property by partnership to partner or connected person: Sch.15 paras 18–24

We now consider the position where there is a transfer of a partnership **12–020** property out of the firm to a partner or someone connected with a partner. The rules are to a considerable extent a mirror image of those in paras 10 to 12 above on transfers in. The general idea is that to the extent that the transferee is a partner, or is connected with a partner or other partners, he is treated as if he already owned his share in the asset and those connected partners' shares in the asset; what he is "buying" is the shares of the asset owned by other, unconnected, partners, and his tax charge is calculated on that basis. As always, partners' shares in the asset are ascertained from their income profits sharing ratios,[77] and the charge is based on the market value of the property being transferred out at the effective date of its transfer out. It does not matter whether or not the partnership is a property-investment partnership, whether or not the partnership is being dissolved,[78] whether or not the partner in question is leaving the partnership or whether or not or to what extent the transferee is paying cash for the property.

In more detail, the rule applies where a chargeable interest (i.e. an interest in land or buildings) is transferred from a partnership:

- to a person who is or has been a partner, or
- to a person who is connected with a partner or someone who has been a partner.[79]

Transfer of a chargeable interest includes any case where a chargeable interest which was partnership property ceases to be partnership property[80]; see the discussion of "partnership property" above. The transferee is liable on a percentage of the market value of the property at the effective date of the transfer, the percentage being 100 per cent minus "the sum of the lower proportions".[81]

It is first necessary to look both at the history of the property in the **12–021** hands of the partnership and at the history of the partnership interest

---

[77] Sch.15 para.34(2).

[78] If it is being dissolved partnership property is treated for the purpose of these rules as remaining partnership property until it is distributed: Sch.15 para.18(7).

[79] Sch.15 para.18(1).

[80] Sch.15 para.37.

[81] Sch.15 para.18(2).

Stamp Duty Land Tax

of the partner in question. As far as the property is concerned, if it was acquired on or after October 20, 2003 (whether by purchase from an outside seller or by transfer from a partner, etc.) and neither:

- was *ad valorem* stamp duty paid on the instrument transferring the property, nor
- was SDLT duly paid on the acquisition,

the answer is simple and unpleasant: "the partnership share attributable to the partner" in question is deemed to be zero and the transferee has a full SDLT charge on the market value of the property being transferred to him.[82]

If that rule does not apply, one has to look at the history of the partner in question's partnership share. One starts by ascertaining his percentage share on the latest of:

- October 19, 2003,
- his admission to the partnership, and
- the date when the partnership acquired the property now being transferred out.

One then has to see whether his partnership share increased at any point or points since that date ("the relevant date"). One then has to see whether the correct *ad valorem* stamp duty or SDLT, if any, was paid on any such increase (if payable—as we have seen, in the case of a non-property-investment partnership prima facie there is, or at least has been since 2006, no SDLT on an increase in partnership share). If it was paid, or if no tax was payable, that increase is regarded as added to his old partnership share. If tax was payable but not paid the increase is not added. Any decrease in his partnership share since the relevant date (other than any decrease which coincides with the transfer of the property out) is deducted from his partnership share. The resulting percentage is "the partnership share attributable to the partner".[83]

12–022 This exercise must also be done, separately, for any partner connected with the partner in question.

One then calculates "the sum of the lower proportions". Essentially this means the "the partnership share attributable to":

---

[82] Sch.15 para.21.
[83] Sch.15 para.22.

Partnerships

- the partner to whom the property is being transferred, if that is what is happening, plus
- any partner who is an *individual* connected with him, plus
- any partner who is an *individual* connected with the transferee, if the property is being transferred to a non-partner.[84]

"The sum of the lower proportions" ("SLP")—the exempt percentage—is the total of those partnership shares, and the transferee's SDLT charge is on (100 per cent minus the SLP) of the market value of the property at the effective date of the transfer out.[85]

Example III

Gudrun and Stephanie, unconnected, have been in partnership since 1995. The partnership bought Blackacre in 2000. Gudrun and Stephanie shared profits equally until 2005, when Julia, connected with Stephanie, joined and took a 20 per cent share in profits, Gudrun and Stephanie reducing to 40 per cent each. In 2008 Julia increased her share to 35 per cent—let us suppose that either no SDLT was payable on that acquisition of additional profit share or that SDLT was paid. In 2014 Julia resigns from the partnership and it is agreed that in satisfaction of her share she will take Blackacre, now worth £3m, for which she will pay £1m equality money.

Whether stamp duty was paid on the purchase of Blackacre is irrelevant—it was bought before 2003. Whether proper SDLT was paid on Julia's acquisition of her partnership interest is irrelevant. Proper SDLT, if any, was paid on Julia's increase in her share. So the SLP is Julia's and Stephanie's shares immediately before Julia's resignation, which are 35 + 32½ = 67½ per cent. Julia must pay tax on 100—67½ = 32½ per cent of £3m, making £975,000, on which tax at 4 per cent is £39,000. Note that the equality money of £1m does not come into the equation.

As in the case of transfers in, the rules apply to cases where the partnership grants a lease to a partner or connected person as well as to outright transfers and assignments. The rules set out in para.12–008 apply.

---

[84] Sch.15 para.20.
[85] Sch.15 para.18(2).

Stamp Duty Land Tax

Where the partners are all bodies corporate: Sch.15 para.24

12–023 The SDLT legislation for some reason does not like partnerships where *all* the partners are bodies corporate, and there is a special rule that where there is a transfer of property from such a partnership to a partner or someone (who might be an individual) connected with a partner, and the SLP is 75 per cent or more—in other words the transferee is a partner who owns, or a person connected with partners who own, a large proportion of the firm—the transferee quite simply has to pay on the full market value of the property transferred.[86] The rule is simply avoided by introducing an individual partner first, but as always with any scheme to manipulate the partnership rules one has to look carefully at whether the transaction would attract a charge under s.75A. See below. If the partners are all members of the same group and the transfer is to one of them group relief will normally be available, see below.

Transfer from a partnership to a partnership: Sch.15 para.23

12–024 Where there is a transfer of land or buildings from a partnership to a partnership, and there is one or more common partner or connected partner, there are prima facie charges both under Sch.15, para.18 on the transfer from the first partnership and under para.10 on the transfer to the second partnership. Only the higher of the two charges is levied.[87] For the exemption where a partnership converts to an LLP, see below.

Interaction with group relief

12–025 The general rule is that if a chargeable transaction under the partnership code would qualify for a relief or exemption, the fact that the transaction is under the partnership code does not prevent the relief applying.[88]

In the case of group relief, on general principles that relief is given if the vendor and the purchaser are members of the same group, see

---

[86] Sch.15 para.24.
[87] Sch.15 para.23.
[88] Sch.15 para.25(2). An exception is the exemption under Sch.3 para.1, for transactions with no chargeable consideration: para.25(1). In other words if the partnership legislation imputes a chargeable consideration the transferee cannot escape liability by showing that would be none on general principles.

Partnerships

Chapter 11. It is therefore necessary to work out who the vendor and purchaser are in the case of these partnership transactions. In the writers' opinion the position is as follows:

Transaction	_Vendor_	_Purchaser_
Transfer in of property by partner, etc. (Sch.15 para.10)	Partner, etc. transferring in	All the partners immediately after transfer
Withdrawal of funds following transfer in of property by partner, etc. (Sch.15 para.17A)	Partner, etc. transferring in	All the partners at the time of the withdrawal
Transfer of interest in property-investment partnership (Sch.15 para.14)	Partner transferring interest	Partner acquiring interest
Transfer of partnership interest pursuant to arrangements (Sch.15 para.17)	Partner transferring interest	All the partners immediately after transfer
Transfer of property from partnership to partner, etc. (Sch.15 para.18)	All the partners immediately before transaction	Partner, etc. to whom property transferred

Where the vendor, or, if more than one, all the vendors, _and_ the purchaser or, if more than one, all the purchasers, are all in the same group, group relief clearly applies, subject to that relief's usual conditions. What about the position where, say, some but not all the partners are in the same group? That leads us to the issue of whether partial group relief can be claimed where there are joint purchasers and one is a member of the vendor's group and the other not. In the authors' view it can.[89]

Where a partnership transaction does qualify for group relief the clawback rules are modified slightly. If, say, the partners are the purchasers and are all in the same group, and one of those

12–026

---

[89] Though note that if this is correct Sch.15 para.27A might be otiose.

Stamp Duty Land Tax

purchaser-partners leaves the group within three years, there is a partial clawback charge calculated by reference to that partner's share in the partnership income profits.[90]

A partner which is a member of the same group as a transferor or transferee obtains the benefit of the connected persons rule even though it is not an individual.[91]

Conversion of partnership into new LLP: s.65

12–027 One might think that when a general partnership (or a limited partnership under the 1907 Act) converts to a limited liability partnership under the Limited Liability Partnerships Act 2000 it should all be treated as one continuing partnership and therefore (at least where there is no change in profit sharing ratios) a non-event for SDLT. The Stamp Office do not agree, though, and consider that in principle there is a transfer from one partnership to another. There is an exemption, however, where:

- the partners of the old partnership transfer land or buildings to an LLP in connection with its (the LLP's) incorporation, and within one year of its incorporation; and
- all the partners of the old partnership immediately before the LLP's incorporation[92] are to be partners in the LLP, and no-one else is to be a partner in the LLP; and
- *either* their proportionate shares in the property[93] immediately before the LLP's incorporation[94] are exactly the same as the proportions in which they share it as members of the LLP *or*, if they differ, the differences must not arise as part of any scheme or arrangement of which the main purpose, or one of the main purposes, is the avoidance of liability to *any* duty or tax.[95]

There are certain traps in this rule which must be sidestepped. Bear in mind the importance of the date of incorporation of the LLP. If it is desired for a partner to depart it is safest if he does so before that incorporation. Also, if it is desired for a new partner to join it is safest if

---

[90] Sch.15 para.27.
[91] Sch.15 para.27A.
[92] Or at the date of the acquisition of the property by the old partnership, if later.
[93] This is not necessarily the same as their share in income profits. Contrast Sch.15, which always bases charges on shares in income profits.
[94] Or at the date of the acquisition of the property by the old partnership, if later.
[95] s.65.

208

Partnerships

he does not join the LLP until after the property has been transferred. If the merger of two partnerships into one LLP is wanted, it is possible to partly use the relief by one of the firms converting itself into an LLP and transferring its property first, with the LLP bringing in the partners of the other firm later, but the latter exercise might attract a charge under Sch.15 para.17, see para.12–017, above.

There is no rule that the partnership must transfer all its land or buildings to the LLP. There may be property which the partners want to keep out. If they do they may have some charge on it under Sch.15 para.18 as property transferred out of a partnership to the partners, see paras 12–020 to 12–023, above.

Incorporation of a partnership

What is the position where a partnership (of any kind) which owns land or buildings desires to convert to a company owned by the (former) partners? There is no special relief, but the answer is that insofar as the partners are individuals there should normally be no SDLT charge. The partners would be transferring the partnership properties to a person connected with them. Persons who are acting together to secure or exercise control of a company are connected with one another; as connected persons they control the company; therefore they are connected with the company.[96] Therefore the transfer of the properties is by the partners to a person connected with all of them and there should be no charge under Sch.15 para.18.[97] The particularly cautious will draw up and execute a comprehensive shareholders' agreement—it will probably be wanted anyway—so that it is evident that the partners are acting together to exercise control.

12–028

Partnerships and s.75A: s.75C(8A)

Sections 75A to 75C of the Finance Act 2003 are SDLT's general anti-avoidance provision and are discussed in Chapter 17. As explained there, the essence of the rule is that if:

12–029

- V disposes of an interest in land and P acquires it or an interest derived from it, and

---

[96] Sch.15 para.39(1), Corporation Tax Act 2010 s.1122(3), (4). See the Appendix.
[97] See Sch.15 para.20(1). The partners are individuals connected with the "relevant owner", the company.

Stamp Duty Land Tax

- "a number of transactions ... are involved in connection with the disposal and acquisition", and
- the tax payable under the ordinary rules would be less than the tax on the largest amount given by any person by way of actual consideration or the amount received by V (whichever is higher),

P is instead liable to tax on this last figure and the other occasions of charge are disregarded.[98] Until March 2010 the partnership code (the rules explained in Part B of this Chapter) overrode s.75A but now the reverse is true: s.75A, where it applies, overrides the partnership code.[99] The First-tier Tribunal case of *Project Blue Ltd v Revenue and Customs Commissioners*[100] has held that s.75A applies whether or not there is any tax avoidance motive (the case is going to the Upper Tribunal, but the writers would be surprised if it were reversed on this point).

We therefore have a situation where, if there is actual consideration for a partnership transaction, as there almost always will be, and a charge on the actual consideration would produce higher tax than the partnership code does, the Stamp Office can levy that higher tax. In particular this overrides the generous treatment of connected persons on the transfer of property to or from the partnership (paras 10 and 18 of Sch.15).

12–030 Having said that, it is possible that in the case of a simple transaction, not associated with other transactions, s.75A does not apply. This is because s.75A(1)(b) seems to require that there must be "transactions" involved other than the disposal and acquisition. But it is very difficult to confidently rely on this argument, particularly in a partnership case. A prior contract, for example, may be another transaction. A consequential alteration to the partnership agreement will be another transaction. One can argue that they are "incidental" and can therefore be ignored under s.75B, but that argument may not succeed.

It does seem that a simple transfer of an interest in a partnership which is not a property-investment partnership, not part of a larger transaction, cannot be caught by s.75A. This is because of the hallowed Stamp Office view (see above) that a partnership interest is an asset *sui generis*: therefore the transfer of one is not a transfer of a chargeable

---

[98] s.75A(1), (4), (5).
[99] s.75C(8A).
[100] (2013) TC 2777.

Partnerships

interest. This rule is specifically overridden in the case of interests in property-investment partnerships,[101] but not in the case of other partnerships.

Stamp Office practice

The practice of the Stamp Office at the time of writing is that:　　　　**12–031**

> "Section 75A is an anti-avoidance provision. H.M. Revenue and Customs therefore takes the view that it only applies where there is avoidance of tax. On that basis, HMRC will not seek to apply s.75A where it considers transactions have already been taxed appropriately."[102]

We will have to see whether they change this when the final decision in *Project Blue* is known, but in the writers' view it is quite likely that they will not change it. They also give in their Manual a "white list" of transactions in the case of which they would not "in general" seek tax under s.75A if they are stand-alone transactions. This is reproduced in Chapter 17 and a good number of the transactions are to do with partnerships. One should not assume that because a transaction is not in the list it will be challenged: one can be reasonably confident that a straightforward transaction, not motivated by avoidance, will not be.

It is, of course, highly unsatisfactory to have to rely on HMRC's indulgence in this way. For more discussion of the whole matter, see Chapter 17.

---

[101] s.75C(8).
[102] SDLT Manual para.09175.

Chapter 13

Trusts and other matters

Introduction. Bare trusts: Sch.16 paras 1, 3

SDLT law divides trusts into two types: bare trusts and other trusts. A bare trust: 13-001

> "means a trust under which property is held by a person as trustee:
>
> (a)   for a person who is absolutely entitled as against the trustee, or who would be so entitled but for being a minor or other person under a disability, or
> (b)   for two or more persons who are or would be jointly so entitled,
>
> and includes a case in which a person holds a property as nominee for another.[1]
>
> 'References to a person being absolutely entitled to property as against the trustee are references to a case where the person has the exclusive right, subject only to satisfying any outstanding charge, lien or other right of the trustee, to resort to the property for payment of any duty, taxes, costs or other outgoings or to direct how the property is to be dealt with.'"[2]

This language is largely borrowed from the capital gains tax legislation which likewise distinguishes between bare trusts (though it does not use that term) and ordinary trusts.[3] There is a difference in the wording in that the CGT legislation says "the trustees to resort" rather than "the trustee, to resort" and "outgoings, to" rather than "outgoings or to": these differences change the meaning but not significantly. A trust for A

---

[1]   Sch.16 para.1(2).
[2]   Sch.16 para.1(3).
[3]   Taxation of Chargeable Gains Tax Act 1992 ss.60, 68(1).

213

Stamp Duty Land Tax

for life and then to B is not a bare trust: although A and B (if adult) could together put an end to the trust they are not "jointly entitled" in the required sense.[4]

In the case of a bare trust SDLT (except in the case of the grant of a lease, see below), like CGT, looks through the trust and treats the beneficial owner or owners as the vendor or purchaser as the case may be.[5] The beneficial owner is treated as acquiring the chargeable interest that the bare trustee in fact acquires.[6] It is therefore the beneficial owner who is responsible for completing and signing the land transaction return and paying the tax and the bare trustee or nominee is not liable even if the beneficial owner fails to pay. Disposals from the bare trustee to the beneficial owner or vice versa are non-events for SDLT and no land transaction return is required.

In a co-ownership case what technically happens as a matter of land law is that a person or persons acquire the legal estate as bare trustees for the real co-owners who will own either as beneficial joint tenants or as beneficial tenants in common. Normally the trustees and the beneficial owners are the same people, so A and B acquire as trustees for A and B, but they can be different, so A and B acquire as trustees for C and D, or A alone acquires for C and D. In the last two cases C and D are, of course, the purchasers for SDLT. For the procedure for joint purchases see para.2–030.

Bare trusts: leases: Sch.16 para.3(2)–(4)

13–002   There is an exception to the bare trustee rule in that it does not apply to the grant of a lease. This is so whether it is a case of X granting a lease to Y as bare trustee for Z or X granting a lease to Y as bare trustee for X (which can sometimes be useful, see para.10–009). In such a case Y is the purchaser and is responsible for making the return and paying the tax, though normally only on the actual consideration, if any, which it is paying on behalf of Z or X. In an "X grants lease to Y for X" case one must assume that the purpose of the legislation is that there should be an ordinary tax liability on any rent, even though, so long as the lease and the reversion remain beneficially owned by X, either the rent will not be paid at all or Y will only pay it as agent for X. There is a trap in

---

[4]   *Kidson v MacDonald* [1974] S.T.C. 54 (Ch D).

[5]   Sch.16 para.3(1).

[6]   *Pollen Estate Trustee Company Ltd v Revenue and Customs Commissioners* [2013] S.T.C. 1479 (CA). In registered conveyancing the relevant interest will generally be the equitable estate, as the legal estate does not pass until registration: *ibid.*

Trusts and other matters

that if Y is a company connected with X then under the connected companies rule (s.53 of the Finance Act 2003, see Chapter 7) Y prima facie has to pay tax, as well as on the rent, on the market value of the lease (if higher than any actual premium). Therefore X should choose as the bare trustee either an individual or a company unconnected with him or a fellow group company. The connected company rule does not apply if the *only* reason that (here) X and Y are connected is that X has granted the lease to Y or otherwise funded Y.[7] Note that this special rule only applies on the *grant* of a lease; in the case of, say, an assignment of a lease the beneficial assignee counts as the purchaser in the ordinary way.

Settlements

The legislation calls trusts other than bare trusts "settlements".[8] Here general principles largely apply. On an ordinary purchase by the trustees they are liable to tax in the ordinary way. A transfer of property in specie by the settlor to the trustees is a land transaction, but ordinarily there will be no chargeable consideration for it. Even if the trustee is a company connected with the settlor it is not considered that there is a deemed market value consideration, because the Stamp Office "treat trustees of a settlement as a single and continuing body of persons, as we do for capital gains tax".[9] This does not expressly say, as the CGT legislation does, that this single body is "distinct from the persons who are trustees of the settlement from time to time",[10] but the writers consider this implied. Therefore the identity of the actual trustees is irrelevant, so the connected company rule does not apply. In the unusual case where the transfer to the trustees is subject to a mortgage or other debt, the amount of the debt will be consideration (see Chapter 5).

13–003

A distribution by the trustees of property in specie to a beneficiary is again a land transaction but ordinarily there will be no chargeable consideration for it. The exception again is if the property is subject to a mortgage or other debt. Where, in the case of a discretionary trust, the most unusual event occurs of a person paying to be included as a discretionary beneficiary, and subsequently the trustees distribute property to him, his payment is treated as consideration for the property transfer.[11]

---

[7] s.54(3). See para.7–009.

[8] Sch.16 para.1(1).

[9] SDLT Manual para.31745.

[10] Taxation of Chargeable Gains Act 1992 s.69(1).

[11] Sch.16 para.7.

Stamp Duty Land Tax

Where the trust is A for life and then to B absolutely, immediately on A's death the trust ceases, in SDLT terms, to be a "settlement" and the trustees own as bare trustees for B. There is therefore an immediate acquisition of the property in the fund by B. There is however no chargeable consideration, even if the property is mortgaged; Sch.4 para.8 does not impute any consideration here.

Variations of trusts

13–004   In the uncommon situation where a person purchases a trust interest and the trust fund contains land or buildings, the orthodox view is that he is acquiring a chargeable interest and he will be liable to SDLT on such part of his price as is attributable to the land or buildings.[12]

Variations of trusts which own land or buildings give rise to nice SDLT issues. The following thoughts have occurred to the writers, though they are all subject to the argument in fn.12. In the case of an actual variation by the court under the Variation of Trusts Act 1958 there should be no consideration, unless perhaps the documentation is phrased as an exchange or consideration language is used. Leaving that aside, if a single trust has, say, Fund I owning Blackacre held for E for life and Fund II owning shares held for F for life, and it is desired to swap Blackacre for the shares, and the trustees have the power to do that, it is not considered that there is any chargeable transaction, or at least no chargeable consideration.[13] If the trustees have the power to do it with E's and F's consent, again there is not.[14] On the other hand if the trustees do not have power to do it and only do it because E and F (and if necessary other beneficiaries) consent to what would otherwise be a breach of trust, there is a chargeable transaction, an exchange, and F gives consideration equal to the value of his interest in the shares. If instead both funds had property, so that Fund I had Blackacre and Fund II Greenacre, there is an exchange of minor interests and the only chargeable consideration would be F's interest in any equality money.[15]

---

[12]   It can be argued, however, that the effect of Sch.16 para.4 is that the trustees are deemed to hold the beneficial as well as the legal interest in the property and therefore the buyer acquires no chargeable interest at all.

[13]   By implication from Sch.16 para.8.

[14]   Sch.16 para.8.

[15]   Sch.4 para.5(4). See para.6–006.

Trusts and other matters

Change of trustees

In view of the Stamp Office's practice of treating trustees of a settlement as a single and continuing body of persons,[16] a change of trustees is not a land transaction. Ordinarily there is no chargeable consideration anyway, but there is no land transaction even if the trust property is subject to a mortgage or other debt.

13–005

Pension funds

There are no special rules in the SDLT legislation about pension funds. However, where one fund transfers assets to another in return for the latter taking over pension obligations the Stamp Office do not regard the taking over of the obligations as chargeable consideration unless the documentation attributes a fixed stated sum to the taking over of those obligations.[17] The writers think the rationale for this is that the obligations are future and contingent. If property transferred between separate funds is subject to a mortgage and the transferee fund takes over that or other debt the Manual seems at first sight contradictory: paras 31750 and 31810 say that that is not regarded as chargeable consideration, para.31812 says that is. But the latter seems to be talking about a straightforward sale by one pension fund of its assets to another.

13–006

Settlements: accountability of trustees: Sch.16 paras 5, 6

As regards procedure and accountability, the "responsible trustees" are those who were trustees at the effective date of the transaction and those who have become trustees since.[18] The land transaction return may be signed, or the necessary declaration made, by any one or more of them.[19] The responsible trustees are all in effect jointly and severally liable for the tax.[20] As to penalties, the position is the same except that normally a person who has only become a trustee after the date of the act or omission giving rise to the penalty is not liable.[21] There are

13–007

---

[16] SDLT Manual para.31745.
[17] SDLT Manual paras 31750, 31800.
[18] Sch.16 para.5(3).
[19] Sch.16 para.6(1), (2).
[20] Sch.16 para.5(1).
[21] Sch.16 para.5(2).

Stamp Duty Land Tax

procedural provisions about Enquiries, determinations, discovery assessments and appeals in settlement cases.[22]

Personal representatives and estates

13–008 There are not many references to personal representatives in the SDLT legislation. The first question is, what is their position on the actual death (or on the grant of letters of administration in the case of administrators)? Certainly they make an acquisition of the deceased's land and buildings. But there is no chargeable consideration, even if the property is mortgaged or the estate has debts: there is no-one to whom the PRs are giving consideration. Moreover, even though their acquisition is a "land transaction" as defined,[23] it is not a "transaction" in the ordinary sense of the word and therefore the debt provisions could not apply.[24]

On a distribution to a legatee or beneficiary, that is certainly a land transaction but normally there is no chargeable consideration for it. Even if under the will the legatee has to bear the IHT on the property, that is a condition of the gift rather than consideration. Indeed, subject to what follows, statute specifically provides that an appropriation or distribution of property in satisfaction of an entitlement is an exempt transaction.[25] This is so even if the legatee or beneficiary had to consent to the appropriation, so that there is a contractual element to it; and even if the beneficiary takes the property subject to debt secured on it in the deceased's lifetime.[26] On the other hand if the legatee or beneficiary gives other consideration (for example if the property is worth more than his entitlement and so he pays a sum to the PRs) the land transaction is not exempt and that consideration is the chargeable consideration.[27]

PRs are, of course, responsible for any unpaid SDLT incurred by the deceased in his lifetime.[28]

---

[22] Sch.16 para.6(3)–(5).
[23] s.43(1).
[24] Sch.4 para.8(1A).
[25] Sch.3 first para.3A(1).
[26] Sch.3 first para.3A(2), (4), Sch.4 para.8A(1).
[27] Sch.3 first para.3A(2), (3).
[28] s.106(3).

Trusts and other matters

Deeds of variation of estates: Sch.3 para.4

Where a person dies owning land or buildings and within two years of his death a beneficiary or beneficiaries or some of them vary a disposition made by his will or as a result of his intestacy or otherwise concerning property "of which [he] was competent to dispose", anyone acquiring an interest in land or buildings as a result has no SDLT liability provided that there is no consideration or that the only consideration is another such variation (normally contained in the same instrument).[29] If there is outside consideration—for example if X pays £100,000 out of his own pocket in return for a legacy of Blackacre being redirected to him—that consideration is chargeable consideration.[30] Unlike in the case of the equivalent reliefs for IHT[31] and CGT[32] there is no need for the instrument to state that the parties wish the exemption to apply. It does not matter whether the estate has been administered or the property distributed.[33] Where the deceased owned property as a beneficial joint tenant his share will have automatically passed on death to the surviving co-owner or co-owners and it is not property of which he was competent to dispose, so the relief cannot apply to any varied disposition of it.[34]

13–009

It seems likely that this provision is otiose where at the date of the variation the estate is still unadministered, because it is a principle of the English law of succession that a legatee or beneficiary of an unadministered estate has no interest in any specific asset of it, only a right to have the estate administered.[35] As the person benefiting from the variation therefore acquires at that point no interest in any land or building he can have no liability to SDLT on general principles. If this is correct SDLT-free variations can be made even after the two years, so long as the estate is still unadministered, but the IHT and CGT reliefs will not then be available.

---

[29] Sch.3 para.4(1), (2).

[30] Sch.3 para.4(2A), Sch.4 para.8A(2).

[31] Inheritance Tax Act 1984 s.142(2).

[32] Taxation of Chargeable Gains Act 1992 s.62(7).

[33] Sch.3 para.4(3).

[34] Unlike in the case of IHT and CGT where the relief is specifically extended to this property.

[35] *Commissioner of Stamp Duties (Queensland) v Livingstone* [1965] A.C. 694 (P.C.).

Stamp Duty Land Tax

Divorce, etc.: Sch.3 paras 3 and second 3A

13–010 There is no general exemption from SDLT for transactions between husband and wife or civil partners, but there is exemption for various transactions between them carried out in connection with divorce or separation. A transaction is exempt if it is effected between husband and wife:

(a) pursuant to an order of court made on the grant of a decree of divorce, nullity or judicial separation; or

(b) pursuant to a court order made after such a decree and in connection with it; or

(c) pursuant to a court order made under ss.22A, 23A or 24A of the Matrimonial Causes Act 1973; or

(d) by an agreement between them made in contemplation of or in connection with divorce, annulment or judicial separation or the making of a separation *order*.[36]

Two points should be noted: first, this exemption only applies if the parties are still married at the time of the transaction, transactions after divorce are not exempt; secondly, transactions in connection with separation are not covered unless a separation order has been made or is contemplated. There are equivalent reliefs for civil partners,[37] but no reliefs for mere cohabitees.

---

[36] Sch.3 para.3.
[37] Sch.3 second para.3A.

Chapter 14

Charities and the public sector

A. Charities

The relief: what is a charity? Sch.8 para.1

Charities are normally exempt from SDLT on an acquisition (including the grant of a lease) of land or buildings by virtue of the "charities relief" in Sch.8 of the Finance Act 2003. The definition of charity is in Sch.6 of the Finance Act 2010 and applies for income tax, corporation tax, capital gains tax and various other taxes as well as SDLT. Essentially it means a trust, company or other body of persons established for charitable purposes only.[1] "Charitable purpose" is defined in s.2 of the Charities Act 2011.[2] It is no longer essential that the body must be under the jurisdiction of a UK court; it is now enough that it is under the jurisdiction of the courts of another EU country, Norway, Iceland or Liechtenstein (but not Switzerland), but its purposes must still be confined to charitable purposes in the UK sense.[3] It must comply with any registration requirements imposed by its own country.[4] Its "managers" must be "fit and proper persons to be managers of the body or trust"[5]; HMRC have stated that they will assume this unless they have reason to doubt it.[6]

14-001

The charity must intend to hold the property for "qualifying charitable purposes", that is to say:

- for use in furtherance of its own charitable purposes or those of another charity, or

---

[1] Finance Act 2010 Sch.6 para.1(1)(a).
[2] Finance Act 2010 Sch.6 para.1(4).
[3] Finance Act 2010 Sch.6 paras 1(1)(b), 2.
[4] Finance Act 2010 Sch.6 paras 1(1)(c), 3.
[5] Finance Act 2010 Sch.6 paras 1(1)(d), 4, 5.
[6] See on this and generally, Chapter 2 of HMRC's publication *Charities: detailed guidance notes* available on their website.

Stamp Duty Land Tax

- as an investment from which the profits are applied to its own charitable purposes.[7]

The charity therefore need not occupy the property; it is enough that it holds it as an investment or makes it available to another charity for that charity's purposes.

There is an anti-avoidance test: the acquisition must not have been entered into for the purpose of the charity's or anyone else's avoiding SDLT.[8] The drafting here is interesting in that it is narrower than the usual formula of " ... the main purpose, or one of the main purposes, of the transaction is the avoidance of tax".

14–002 The relief is extended to what the Schedule rather confusingly calls "charitable trusts". An ordinary charitable trust is a charity as defined anyway. What this provision does is extend the relief to trusts all the beneficiaries of which are charities and to unit trusts in which all the unit holders are charities.[9]

The relief must be claimed in the SDLT 1 or an amendment to it.[10] In the case of a paper land transaction return this is done by entering 20 at Q9.

Exemption is also given for acquisitions by national heritage bodies like the British Museum.[11] This is needed as they are not technically charities.

Clawback: Sch.8 para.2

14–003 All or part of the relief is clawed back if, within three years of the effective date of the acquisition (or in connection with arrangements made before the end of those three years), a "disqualifying event" occurs. This will not be common. Clawback can only occur if the charity still owns the property (or an interest derived from it).[12] Disqualifying event means:

---

[7] Sch.8 para.1(2), (3A).
[8] Sch.8 para.1(3).
[9] Sch.8 para.4.
[10] s.68.
[11] s.69.
[12] Sch.8 para.2(1).

Charities and the public sector

- the "charity" ceasing to be established for charitable purposes only, or
- the property being used or held by the charity otherwise than for qualifying charitable purposes, see above.[13]

Selling the property is not a disqualifying event and does not trigger clawback, nor does letting it out so long as it is, or becomes, an investment of the charity's producing profits for its charitable purposes, or is let to another charity for its work. If the charity is being wound up and the property and its other assets will be passed to other charities (or sold and the proceeds passed to other charities), without doubt it remains established for charitable purposes only. Not all the relief is necessarily clawed back: for example, if the charity had already sold part of the property the clawback is only of the tax attributable to the part that it still owns.[14]

On clawback the tax which normally would have been paid on the original purchase becomes payable. The charity should send in a "return" within 30 days of the disqualifying event in the form of a letter to the Birmingham Stamp Office calculating the tax and paying it.[15] Interest runs from the end of that 30 days.[16]

Where the charity was granted a lease, claims the relief on it and later assigns it, the assignee has a special tax charge in addition to any tax on the assignment price. This is explained in para.9–024. There is no time limit after which this charge cannot apply. It is, of course, a charge on the assignee, not on the charity.

Mostly charitable use: Sch.8 para.3

If the charity intends to hold the greater part,[17] but not the whole, of the property it acquires for qualifying charitable purposes, rather surprisingly full relief is given.[18] An example given by the Stamp Office is of a charity which in one transaction buys ten dwellings intending to

14–004

---

[13] Sch.8 para.2(3).

[14] Sch.8 para.1(1), (2), (4).

[15] s.81, SDLT Manual para.50400.

[16] s.87(3)(a)(iii).

[17] The Stamp Office interpret this as meaning the greater part in value rather than area: SDLT Manual para.26030a. But in *Pollen Estate* at para.48 the court pointed out that there is no indication in the legislation which criterion should be used

[18] Sch.8 para.3(1).

Stamp Duty Land Tax

sell three on.[19] The clawback rules are more onerous in cases of this kind and at first sight a sale (or certain types of lease) by the charity of any part of the property, however small, triggers a full clawback (unless the sale or lease is in furtherance of the charity's charitable purposes).[20] However a part sale only triggers a clawback proportionate to the part being sold,[21] so in the example it is only the tax attributable to the three dwellings that would be triggered.

Joint purchase by charity and non-charity: Sch.8 paras 3A–3C

14–005 What is the position where a charity and a non-charity buy a property jointly? In the past the Stamp Office took the view that no relief at all was due. The question has reached the Court of Appeal in the first SDLT case to reach it, *Pollen Estate Trustee Company Ltd and King's College London v Revenue and Customs Commissioners.*[22] These were joined cases on the same issue and is explained below by reference to the facts of the King's College case.

- King's College London operated a shared equity scheme whereby it and an employee would buy a dwelling jointly and take interests in it proportionate to their contributions. In the case the employee was a Professor Trembath, who provided £203,000 and took a 53.7 per cent share and the College provided £175,000 and took a 46.3 per cent share. The property was bought from an unconnected vendor and transferred into Professor Trembath's sole name, he executing a declaration of trust declaring that he held it on trust for himself and the College in the agreed proportions as beneficial tenants in common. (The fact that the legal title was in his sole name is irrelevant: by Sch.16 in a bare trust case it is the acquirer(s) of the beneficial interest who acquire, see Chapter 13.) The Stamp Office invoked s.103 on joint purchasers (see para.2–030) and argued that there was only one land transaction and one acquisition and therefore charities relief could only apply if both the purchasers were charities. King's College argued that there were two acquisitions of chargeable interests, namely each purchaser's acquisition of his/its own beneficial interest, and they could and should be looked at separately; the College was

---

[19] SDLT Manual para.26030a.
[20] Sch.8 para.3(2)(b).
[21] By reading para.3(2) together with para.2(1), (3), (4).
[22] [2013] S.T.C. 1479 (CA).

Charities and the public sector

therefore entitled to relief on its purchase of its part-share; s.103 was an administration section which did not affect that.
- The court agreed with the Stamp Office that s.103 was not a mere administration section and that there was only one land transaction and one (joint) acquisition of a chargeable interest. However it went on to consider what conceivable policy ground there might be for denying relief to the College on its share. After all, if the College had bought a part share as a stand-alone transaction, the Stamp Office conceded that relief would be due. It thought that there was no policy ground, and there was sufficient policy imperative to give relief, which could be done by reading these italicised words into para.1(1) of Sch.8: "A land transaction is exempt from charge *to the extent that* the purchaser is a charity ... ". The case is of general importance as an example of purposive interpretation helping the taxpayer.
- The result as regards the amount of tax is not clear from the report. The Stamp Office take the view that the *rate* of tax is still governed by the total price (£378,000), so the tax would have been on Professor Trembath's share of £203,000 at 3 per cent, making £6,090.[23] But it can be argued that KCL's share should be ignored altogether, in which case it would have been £203,000 at 1 per cent, making £2,030.

Similar cases were sadly often out of time to claim a refund on the strength of the *Pollen*. This is because charities relief has to be claimed in a land transaction return or an amendment to it,[24] and that means that the purchaser has only twelve months + 30 days from the effective date to do it.

Following this case HMRC decided to introduce new provisions on this matter, contained in paras 3A to 3C of Sch.8 to the Finance Act 2003, inserted by Sch.23 of the Finance Act 2014, which apply to transactions the effective date of which are after July 16, 2014. These provisions apply where there is a joint purchase by a charity (or more than one charity) and a non-charity (or more than one non-charity) as beneficial tenants in common. No purchaser must have entered into the transaction for the purpose of avoiding SDLT.[25] It is clear that the *rate* of tax on the non-charity part of the price is governed by the total

---

[23] HMRC statement "SDLT: claims for refunds Court Of Appeal decision" dated August 19, 2013, [2013] S.T.I. 2884.
[24] s.68(2). See also the above statement.
[25] Sch.8 para.3A(1).

225

Stamp Duty Land Tax

price.[26] There are rules about withdrawal of relief and "mostly charitable use" which correspond to the rules where the charity is the sole purchaser.[27]

14–006 What if the charity's share is frozen in money terms, for example if King's College had agreed that on a sale its share of the proceeds would not exceed £175,000? It seems clear that this does not affect the amount of the relief.

The legislation does not state that the remaining tax must be wholly borne by the non-charity joint purchaser, though it is possible that a court would imply this. Certainly vis-à-vis the Stamp Office all the purchasers are jointly and severally liable for it.[28] If they wish the benefit of the relief to go wholly to the charity it is sensible for them to enter into a binding agreement *inter se* to that effect.

B. The Public Sector

Complete exemption for certain bodies: ss.107, 67A

14–007 There is no exemption from SDLT for public bodies generally. There is an exemption for any acquisition of land or buildings by a rather narrow set of bodies, namely:

- Ministers of the Crown, i.e. departments actually headed by a minister
- The Scottish Ministers
- Northern Irish departments
- The Welsh Ministers, the First Minister for Wales and the Counsel General to the Welsh Assembly Government
- Various parliamentary bodies, for example the Corporate Officer of the House of Commons[29];

and various NHS bodies, namely:

- The National Health Service Commissioning Board

---

[26] Sch.8 para.3A(3)–(5).
[27] Sch.8 paras 3B, 3C.
[28] s.103.
[29] s.107.

Charities and the public sector

- a clinical commissioning group established under National Health Service Act 2006 s.14D
- an NHS foundation trust
- a Local Health Board established under National Health Service (Wales) Act 2006
- an NHS trust established under s.18 of that Act
- a Health and Social Services trust established under the Health and Personal Social Services (Northern Ireland) Order 1991.[30]

Other bodies, in particular quangos and local authorities, have no general exemption, though they may be exempt on particular transactions as is now explained.

Exemption for public bodies in connection with reorganisations: s.66

There is an exemption for various public bodies for any acquisition made by them on, in consequence of, or in connection with a "reorganisation". A considerably wider set of bodies qualifies here, in addition to those qualifying under the previous head: included are local authorities, any body (other than a company) established by or under a statute for the purpose of carrying out functions conferred on it by statute, and any company wholly owned by a qualifying public body. "Reorganisation" is widely defined as meaning changes involving the establishment, reform or abolition of one or more body, or the creation, alteration or abolition of a body's functions or the transfer of functions from one body to another. [31]

14–008

Compulsory purchase

There is no general exemption for local authorities or other bodies (unless, of course, they are within the list at the start of this section) on acquisitions by compulsory purchase. However the Stamp Office do not consider that SDLT applies to the amount paid insofar as it is compensation for disturbance or other matters not directly based on the value of the land under s.5(6) of the Land Compensation Act 1961, or vendor's costs borne by the authority under s.23 of the Compulsory Purchase Act 1965.[32] It is believed, though the writers are not aware of

14–009

---

[30] s.67A.
[31] s.66.
[32] SDLT Manual para.03710.

Stamp Duty Land Tax

any public pronouncement by the Stamp Office on the point, that they extend this treatment to purchases by private treaty under threat of a CPO.

However, where there is a CPO for an authority to acquire land for the purpose of facilitating development[33] by a third party, the authority's acquisition is exempt.[34] The situation envisaged is that the authority wishes to encourage a development by a developer and has to buy needed land compulsorily to sell it on to the developer. The object is to avoid a double charge; the developer is not exempt on his purchase. So long as a CPO has been made the authority's acquisition can be by private treaty, except in Northern Ireland where the acquisition must be by vesting order. It is said that the Stamp Office like to see a conditional sale contract for the onward sale in place before the authority acquires, though the section does not say that; it does not say that the authority must sell it on at all, only that its purchase must be to facilitate development by another person.

Acquisitions by authorities under s.106 agreements: s.61

14–010   It may be that, as a condition of obtaining planning permission, a developer or his predecessor has to enter into an agreement with the local or other authority under s.106 or 299A of the Town and Country Planning Act 1990 or art.40 of the Planning (Northern Ireland) Order 1991. Sometimes this will involve a transfer of land to an authority, for example it might require the developer to erect a school or lay out a park and transfer the land or building with the finished works to the local authority. The authority is exempt from SDLT on this acquisition of its, provide it takes place within five years of when the s.106, etc. agreement was entered into or last modified.[35] For issues for developers in connection with s.106 agreements, see para.6–011.

---

[33]   As defined in the Town and Country Planning Act 1990 (see s.55 of that Act) or the Planning (Northern Ireland) Order 1991 (see art.11).
[34]   s.60.
[35]   s.61.

Charities and the public sector

Relief for PFI-type deals: Sch.4 para.17

Reliefs are given to lighten the cost, both to the public and private sectors, of deals of the private finance initiative type. These are less fashionable now. The general idea is that an authority which owns land sells or leases it to a private service company, which leases or sub-leases it back to the authority on a long-term or medium-term lease and undertakes to build a building or do works or provide services in return for which the authority pays charges, often called a unitary charge. The reliefs explained below apply if the conditions are satisfied: it is not necessary for the arrangements to be, or be called, a PFI deal. **14–011**

In more detail, reliefs are given if:

- there is a transfer of land, or a lease, or an assignment of a lease, ("the main transfer") by a "qualifying body" ("A") to a body which is not a qualifying body ("B"). "Qualifying body" is widely defined as meaning any "public body" as defined in s.66 (the reorganisation rules, see above) and various educational bodies.[36] B is generally called the PFI company or service company;
- wholly or partly in consideration of that there is a grant by B of a lease or sub-lease of the whole or substantially the whole of that land back to A ("the leaseback"); and
- B undertakes to build a building or do other works for A (not necessarily on that site, though it almost always will be) or to provide services to A (not necessarily at that site, though it almost always will be), and as the whole or part of the consideration for that A agrees to pay B money.[37]

A may also as part of the arrangement transfer (or lease or assign a lease of) other land to B (a "transfer of surplus land").

If so, then: **14–012**

- the exchange rules do not apply, so A and B do not have to pay on the market value, as such, of what they acquire[38];
- on B's acquisition of the main land or any surplus land, the leaseback and the carrying out of the works and provision of

---

[36] Sch.4 para.17(2).
[37] Sch.4 para.17(1).
[38] Sch.4 para.5(7).

Stamp Duty Land Tax

services do not count as chargeable consideration given by it (B).[39] B will be liable on the cash price, if any, which it pays for the land; and

- on A's acquisition of the leaseback, the main transfer, any transfer of surplus land and the cash payments for works or services do not count as chargeable consideration given by it (A).[40] A will be liable on any rent or premium it pays for the leaseback, but this is usually little or nothing.

As to procedure, presumably 18 ("transfers involving public bodies") should be entered at Q9 if making a paper return. The legislation specifically states that the rules do not prevent the transactions being notifiable.[41]

Transfers as a result of changes in parliamentary constituencies: s.67

14-013 This is a convenient place to mention that there is an exemption for party constituency organisations on a reorganisation of parliamentary constituencies. If there is such a reorganisation and an old constituency organisation transfers property (generally in practice the constituency office) to an association for the new constituency or more than one constituency, the recipient association is exempt from tax on that transfer.[42]

---

[39] Sch.4 para.17(3).
[40] Sch.4 para.17(4).
[41] Sch.4 para.17(4A).
[42] s.67.

Chapter 15

Special reliefs for Residential Property

A. Reliefs to Assist the Housing Market

Introduction

Various reliefs exist to oil the wheels of the housing market by exempting intermediary purchasers of various kinds (using intermediary in a non-technical sense) from SDLT. None of them directly benefit the private dwelling purchaser. **15–001**

There are some definitions and rules common to a number of the reliefs which it is convenient to explain here.

- "Property trader" means a person carrying on a business (almost inevitably a trade) of buying and selling dwellings, if and only if the person is a company, a limited liability partnership or an ordinary partnership, and in the case of an ordinary partnership only if all the partners are companies or LLPs.[1]

There are various conditions which a property trader must comply with if it is to obtain exemption. Exemption is not given to traders who intend to develop the old dwelling or its site. Therefore the trader must not intend to spend more than the permitted amount on refurbishment (see below) of the dwelling.[2] The permitted amount is £10,000 or 5 per cent of the price of the dwelling, whichever is higher, but with a cap of £20,000.[3] Nor must the property trader intend to grant a lease (however long) or licence of the dwelling, though a lease or licence back to the vendor of no more than six months is permissible.[4] It must not intend to permit any of its principals (see below) or employees, or anyone

---

[1] Sch.6A para.8(1).
[2] Sch.6A paras 2(2)(d)(i), 3(2)(c)(i), 4(2)(c)(i), 6(2)(e)(i).
[3] Sch.6A para.8(2). The figures include VAT.
[4] Sch.6A paras 2(2)(d)(ii), 3(2)(c)(ii), 4(2)(c)(ii), 6(2)(e)(ii).

231

Stamp Duty Land Tax

connected with any of them, to occupy the old dwelling.[5] If the exemption is obtained but any of these things actually happen it is clawed back: see below. But there is no rule that the property trader must sell on within any set period of time.

- "Principal", in relation to a property trader, means a director of the company or a member of the LLP as the case may be, or in the case of an ordinary partnership a director of any of the company partners or a member of any of the LLP partners[6];
- "Permitted area", in relation to a dwelling, means land occupied and enjoyed with it as its garden or grounds if it either does not exceed 0.5 of a hectare, or, if it does, is such larger area as is required for the reasonable enjoyment of the dwelling having regard to its size and character.[7] If the land acquired is greater than that, the permitted area is such area as is most suitable for occupation and enjoyment with the dwelling.[8] This is copied from the CGT principal private residence legislation.[9]
- "Refurbishment" means the carrying out of works which enhance or are intended to enhance the value of the dwelling (other than merely cleaning it or works required solely for the purpose of meeting minimum safety standards).

These are not reliefs which have technically to be *claimed* but the purchaser should de facto claim the exemption by (in the case of a paper return) inserting at Q9 either 08 (for an exchange with a housebuilder), 09 (for a relocation of employment case) or 28 (other relief) in other cases.

Purchase of buyer's old dwelling by housebuilder: Sch.6A para.1

15–002   Where a house-building company sells a new dwelling to a buyer ("the buyer") and in exchange acquires the buyer's old dwelling, the housebuilder is, if a number of conditions are satisfied, exempt from tax on its acquisition of the old dwelling. The house-building company must be a company carrying on a business of constructing or adapting

---

[5]   Sch.6A paras 2(2)(d)(iii), 3(2)(c)(iii), 4(2)(c)(iii), 6(2)(e)(iii). This includes principals or employees of any connected company: para.8(3).
[6]   Sch.6A para.8(2).
[7]   Sch.6A para.7(3).
[8]   Sch.6A para.7(4).
[9]   Taxation of Chargeable Gains Act 1992 s.222(1)–(4).

Special reliefs for Residential Property

buildings or parts of buildings for use as dwellings; it must be an actual company, a sole trader or partnership of any kind will not do.[10] It need not literally be a builder of houses: flats will do. The buyer must be an individual (or individuals). If, say, A sells the old dwelling and A and B buy the new dwelling (or vice versa), in practice the Stamp Office allow the exemption.[11] It does not matter if equality money is paid, in either direction. The buyer must have occupied his old dwelling as his only or main residence at some time in the last two years and must intend to occupy the new dwelling as his only or main residence (though there is no clawback if this intention is not fulfilled).[12] If the land acquired by the housebuilder on its old dwelling acquisition exceeds the "permitted area" (see above) the housebuilder has to pay some tax by reference to the excess.[13] The "new dwelling" must either be literally new, and not previously occupied, or adapted for use as a single dwelling and not occupied since adaptation.[14] So conversions qualify but the property must have been something other than a single dwelling before: a merely renovated dwelling does not qualify as a new dwelling.

Unlike in the case of the property trader reliefs there is no restriction on the housebuilder's developing or demolishing the old dwelling. The buyer is not exempt from tax on his purchase of the new dwelling and, as it is an exchange, he will be liable on the market value of the new dwelling or the consideration he gives for it, whichever is higher: see paras 6–003 to 6–006.

Purchase of new-building-buyer's old dwelling by property trader: Sch.6A para.2

Exemption from SDLT can also be given to a property trader where it is a property trader rather than the housebuilder itself who buys the old dwelling. In practice the property trader will generally be introduced by the housebuilder, but there is no rule that the trader must be, or must not be, connected with the housebuilder. Again there must be an individual (or individuals) who is buying a new dwelling (as defined, see above) from a house-building company (as defined, see above); he must actually buy it, intending to buy it is not enough.[15] Again, the buyer must have occupied the old dwelling as his sole or main residence at some

15–003

---

[10] Sch.6A para.1(4).
[11] SDLT Manual para.21010.
[12] Sch.6A para.1(2)(b).
[13] Sch.6A para.1(3).
[14] Sch.6A para.7(2).
[15] Sch.6A para.2(2)(b).

Stamp Duty Land Tax

time in the last two years and intend to occupy the new dwelling as his sole or main residence.[16] For the definition of property trader and the general rules about their acquisitions, see above; in addition its purchase must be in the course of a business which consists of or includes acquiring dwellings from individuals who acquire new dwellings from house-building companies.[17] This implies that the property trader must do that, or at least start doing it, fairly often: a one-off deal will not qualify. The rules about the "permitted area" are the same as above.[18] If the individual's sale of his old dwelling (albeit to a third party, the trader) is consideration for his purchase of the new dwelling the exchange rule will apply and he will be liable to tax on the market value of the new dwelling, if it is higher than the price he pays for it.[19]

Purchase of old dwelling by chain-breaking trader: Sch.6A para.4

15–004 This relief is designed to encourage the rescue of a purchase fouled by a chain. Where an individual (or individuals) has arranged (not necessarily, indeed not normally, in legally binding fashion) to sell his old dwelling and buy another, and the arrangements to sell the old dwelling fail, a purchase of the old dwelling by a property trader for the purpose of enabling the individual's purchase of the second dwelling to proceed is exempt.[20] The second dwelling need not be new. It should be noted that the individual's sale of his old dwelling must have failed; a sale to a property trader merely to avoid having a chain at all does not qualify. And the purpose must be for the purchase of *the* second dwelling to go ahead; a purchase merely to free the individual to buy elsewhere is not enough. However, it is not essential that the second dwelling is actually bought.

Again, the individual must have occupied the old dwelling as his sole or main residence at some time in the last two years and intend to occupy the second one as his sole or main residence.[21] For the definition of property trader and the rules about their acquisitions, see above. Its purchase must be in the course of a business that consists of or includes

---

[16] Sch.6A para.2(2)(c).
[17] Sch.6A para.2(2)(a).
[18] Sch.6A para.2(3).
[19] Sch.4 para.5(1).
[20] Sch.6A para.4(1).
[21] Sch.6A para.4(2)(b).

Special reliefs for Residential Property

acquiring dwellings from individuals in these circumstances.[22] The rules about "permitted area" are the same as above.

Purchase of dwelling by trader from personal representatives: Sch.6A para.3

Where a property trader buys a dwelling from the personal representatives of a deceased individual, its purchase can be exempt. The purchase must be from the PRs as PRs, not from a beneficiary or legatee or trustees. The deceased must have occupied the dwelling as his only or main residence at some time within the two years before his death.[23] For the definition of property trader and the rules about their acquisitions, see above. Its purchase must be in the course of a business that consists of or includes acquiring dwellings from PRs.[24] The rules about "permitted area" are the same as above.

15–005

Relocation of employment: purchase of old dwelling by employer: Sch.6A para.5

Where an employee has to move because of his work, if he sells his old dwelling to his employer his employer can be exempt from tax on that purchase. The purchase must be from the employee himself (or the employee and another individual or individuals jointly); a purchase simply from, say, the employee's spouse alone will not qualify. However, subject to s.75A, the employee's interest can be minimal. The purchase must be by the employer himself; purchase by an associate will not do (unless it qualifies as a property trader purchase, see below). The employee must have occupied the dwelling as his sole or main residence at some time during the previous two years.[25]

15–006

There must be a "relocation of employment", in other words a change in the place of his employment. This may be because it is a new employment or because of a change of place of work in an existing employment. His old dwelling must not be within reasonable daily travelling distance of his new place of work, and the purchase must be in connection with a change of residence by him to a location within

---

[22] Sch.6A para.4(2)(a).
[23] Sch.6A para.3(2)(b).
[24] Sch.6A para.3(2)(a).
[25] Sch.6A para.5(2)(a).

Stamp Duty Land Tax

reasonable daily travelling distance.[26] These rules are taken from the employment income tax rules about relocations.[27]

The price the employer pays must not exceed the market value of the dwelling.[28] The standard rules about "permitted area" apply.[29] Unlike in property trader cases there is no prohibition on the employer redeveloping the old dwelling.

Relocation of employment: purchase of old dwelling by property trader: Sch.6A para.6

15–007 Alternatively a purchase of the employee's old dwelling by a property trader can be exempt. All the rules in the previous section apply, except that the purchase is by a property trader rather than the employer. For the definition of property trader and the rules about their acquisitions, see above. The trader's purchase must be made in the course of a business which consists of or includes acquiring dwellings from individuals in connection with a change of residence resulting from relocation of employment.[30] The standard rules about "permitted area" apply.[31]

Clawback of exemption in property trader cases: Sch.6A para.11

15–008 In all the property trader cases, if exemption is obtained but the trader's intentions about excessive refurbishment, leasing and licensing or allowing employees, etc. to occupy are not fulfilled, in other words if any of those things happen while the trader still owns the property, the exemption is clawed back and the SDLT that would have been payable becomes payable by the trader.[32] There is no time limit after which this clawback cannot apply. The purchaser should make a "return" in the

---

[26] Sch.6A para.5(2)(b), (4), (5).
[27] Income Tax (Employment and Pensions) Act 2003 ss.271–289.
[28] Sch.6A para.5(2)(c).
[29] Sch.6A para.5(2)(d).
[30] Sch.6A para.6(2)(a).
[31] Sch.6A para.6(2)(f).
[32] Sch.6A para.11.

Special reliefs for Residential Property

form of a letter to the Birmingham Stamp Office and pay the tax within 30 days of the disqualifying event.[33] Interest on unpaid tax runs from the end of that 30-day period.[34]

B. Social Housing

We now look at various reliefs for transactions where generally social landlords or public authorities are involved.

15–009

Purchases by social landlords: s.71

Purchases of dwellings by "registered social landlords" or "non-profit registered providers of social housing" are generally exempt from SDLT. These phrases are defined in s.121 of the Finance Act 2003 and Sch.1 of the Interpretation Act 1978 respectively. The condition that must be satisfied is that *either* the purchase is from a qualifying body as defined (essentially a public authority or another RSL, etc.), *or* the purchase is funded with the help of public subsidy as defined, *or* the purchaser is a body controlled by its tenants, as defined.[35] Exemption is also given to a purchase by a profit-making registered provider of social housing[36] if the purchase is funded with the help of public subsidy.[37]

15–010

Many housing associations are charities and, if a buying HA is a charity, charities relief will prima facie be available for a purchase by it if this relief is not.

Limited exemption for tenancies granted by social landlords: Sch.3 para.2

There is a very limited exemption for tenancies granted by registered social landlords or non-profit registered providers of social housing. The RSL etc. itself must have only a short-term (five years or less) lease of the dwelling and the tenancy it grants must be pursuant to an arrangement between it and a housing authority that it will provide temporary accommodation to persons nominated by the authority. The

15–011

---

[33] s.81(1)(za).
[34] s.87(3)(a)(ia).
[35] s.71(1)–(4).
[36] As defined in Interpretation Act 1978 Sch.1.
[37] s.71(A1).

Stamp Duty Land Tax

tenancy must be periodic or terminable on one month's notice or less.[38] This relief is almost entirely academic, because it is very rare for the rent for such a tenancy to exceed the nil rate band.

Right to buy transactions: Sch.9 para.1

15–012   A right to buy transaction is where a relevant public sector body[39] sells or grants a lease of a dwelling at a discount; or where, housing stock having been sold to the private sector, any owner does so in pursuance of the "preserved right to buy".[40] The purchase will be on terms that if the buyer sells on within a certain period he must repay all or part of the discount—effectively pay an additional price. Right to buy purchases are not exempt from SDLT, but this repayment obligation or any other contingent sum which the purchaser has to pay is ignored. Even if the purchaser does in fact have to pay an additional sum it is ignored for SDLT.[41]

Shared ownership leases: Sch.9 paras 2–5

15–013   A shared ownership lease is a lease of a dwelling, usually granted by a housing association, for which the tenant pays a premium and a reduced rent, and has the right to, when he can afford it, pay an additional sum or sums to acquire the reversion (say the freehold) or to reduce his rent and so increase the value of the lease. The landlord must be a "qualifying body", which includes a local housing authority, a housing association and (sometimes) a private registered provider of social housing[42]; or the lease must be granted in pursuance of a preserved right to buy.[43] Where the tenant has the right to acquire the reversion, he has a choice. Either he makes no election, in which case he will be liable to tax on the grant of the lease on general principles and will be taxed on his acquisition of the reversion, if he does acquire it; or he elects, in which case on the grant of the lease he will be liable to tax on the stated market value of the whole dwelling, but have no charge on the rent or on his future acquisition of the reversion.[44]

---

[38] Sch.3 para.2.

[39] As defined in Sch.9 para.1(3). It includes, as well as local housing authorities, RSLs and non-profit registered providers of social housing.

[40] Sch.9 para.1(2)–(4).

[41] Sch.9 para.1(1).

[42] Sch.9 paras 4(1)(a), 5(2), (2A).

[43] Sch.9 paras 4(1)(a), 5(3).

[44] Sch. paras 2, 3.

Special reliefs for Residential Property

Where there is "staircasing", in other words where the tenant has the right to pay additional sums to reduce the rent and so increase the value of his lease, again he can either make no election, in which case he will be liable to tax in the ordinary way on the grant of the lease on his premium and his rent; and also on any sum paid by him for an additional percentage interest in the dwelling calculated by reference to its market value, but if and only if that acquisition takes his "total share of the dwelling" to more than 80 per cent[45]; or he can elect, in which case he is liable to tax on the grant of the lease on the basis of the minimum rent that the rent could fall to plus the stated open market premium for a lease at such a rent, but has no charge when he acquires any additional interest.[46]

Shared ownership trusts: Sch.9 paras 7–12

Shared ownership trusts are intended to achieve much the same result as shared ownership leases but the mechanics are different. Instead of there being a lease and the tenant having the right to buy the reversion, the individual buys a part share in, say, the freehold and has the right to buy increases in his beneficial interest, usually up to 100 per cent. In the meantime he pays an occupation rent ("rent-equivalent payments") to his co-owner.[47] His co-owner must again be a qualifying body. Again the individual can elect. If he does not, he must pay tax on his purchase of his part share, and on his rent-equivalent payments as if they were rent; and also on payments to enhance his beneficial interest, but only if they take him to a more than 80 per cent beneficial interest.[48] Or he can elect, in which case he must pay when he enters into the trust on the stated market value of the whole dwelling at that time, but he will have no charge on the rent-equivalent payments and no charge on any later payments to enhance his interest.[49]

15–014

Elections

All elections under these provisions must be made in the land transaction return, or in an amendment of it, and are irrevocable.[50]

15–015

---

[45] Sch.9 para.4A.

[46] Sch.9 paras 4, 4A.

[47] Sch.9 para.7.

[48] Sch.9 paras 10(2), 11.

[49] Sch.9 paras 9, 10(1).

[50] Sch.9 paras 2(3), 4(3), 9(2).

Stamp Duty Land Tax

Rent to mortgage acquisitions: Sch.9 para.6

15–016 Where an individual exercises his right to acquire public sector housing on rent to mortgage terms, and a dwelling is transferred or a lease granted to him pursuant to that, his chargeable consideration for that acquisition is the discounted price for which he could buy it under the right to buy legislation.[51]

C. Enfranchisement of Blocks of Flats: s.74

15–017 Under Pt 1 of the Landlord and Tenant Act 1987 and Chapter 1 of Pt 1 of the Leasehold Reform, Housing and Urban Development Act 1993 certain tenants of flats, broadly those with long leases, have the right in certain circumstances to collectively buy the reversion, generally the freehold, of their building from their landlord. Those qualifying tenants who are choosing to participate nominate a buyer, generally in practice a company owned by all of them, to buy.

There is an SDLT relief for this purchase in that for *rate* purposes the price paid for the reversion is divided by the number of the participating tenants' flats and the rate band is the band for the quotient.[52] Thus if there are five flats in the block, three of the tenants are participating in the purchase, and the price of the reversion is £400,000, that is divided by three, making £133,333, and the rate is the rate for that figure, therefore 1 per cent, so the tax is £400,000 @ 1 per cent = £4,000. There is a special rule if the quotient is more than £500,000 and the nominated purchaser is a company, partnership with a company member or a collective investment scheme. The rate is then a penal 15 per cent,[53] though it will not be common for the price of the reversion divided by the number of participating flats to come to more than £500,000. This rule is part of the tax regime for company purchases of dwellings (see Chapter 3). The answer from the SDLT point of view, if the participating tenants are individuals, is for them to nominate themselves as the purchaser, or to nominate a company which is a true nominee (bare trustee) for them: they then count as the purchaser, see Chapter 13, so the 15 per cent rate would not apply.

There are no special reliefs for other exercises of leasehold enfranchisement rights, for example the right of a long lessee of a house to acquire

---

[51] Sch.9 para.6.

[52] s.74(1A), (2), (3).

[53] s.74(1A). £500,000 was substituted for £2m by Finance Act 2014 s.112.

Special reliefs for Residential Property

the freehold under the Leasehold Reform Act 1967 or the right of the long lessee of a flat to a longer lease. He simply pays tax on the price he pays.

Chapter 16

Alternative Property Finance

A. Preliminary Matters

Introduction

SDLT relief for so-called "alternative property finance arrangements" **16–001** can be found in ss.71A–73BA of the Finance Act 2003. Although not explicitly stated in the legislation, the aim was to allow certain Shari'a-law compliant mortgage structures to receive comparable treatment to "conventional" structures, so that there should be no discrimination against taxpayers who needed to enter into what would otherwise be inefficient SDLT structuring of transactions to comply with their religious obligations.

The relief however is not restricted to those who need to use the provisions for religious reasons. Anyone structuring their transactions in the ways stipulated in the legislation can benefit from the reliefs, and this has in the past given rise to opportunities for SDLT avoidance, as discussed below.

Certain requirements must be met to ensure that a structure is compliant with Shari'a law. For example, Shari'a law prohibits the receipt and payment of interest for the use of money, speculation and uncertainty. Shari'a law therefore prevents the use of "conventional" loans as they would not be compliant with the requirements. Islamic mortgage structures therefore often rely on a financial institution to purchase a freehold or leasehold interest in the property and then sell or lease it on to the "real" buyer. Instead of making a loan and charging interest the financial institution either re-sells the property to the buyer for a higher price (the difference being equivalent to interest) on delayed payment terms or leases it at a rent for a period (a commercial substitute for interest) with an option for the "real" buyer to purchase the property for the original price at the end of the period. The reader will immediately see that on general principles SDLT would be charged on each land

243

Stamp Duty Land Tax

transaction, at least doubling the SDLT cost, which would make Shari'a-compliant mortgage structures tax inefficient.

Provided the conditions in the legislation are met, the relief in Pt 4 of the Finance Act 2003 means that no additional SDLT charge should arise as a result of the financing of the acquisition of UK land by a Shari'a-compliant structure or a refinancing that complies with Shari'a law. The legislation provides for relief from SDLT in two instances: (i) where land is sold to a financial institution and leased to a person (Finance Act 2003 s.17A) and (ii) where land is sold to a financial institution and re-sold to a person (Finance Act 2003 s.73). This does not cover all Shari'a-compliant structures.

What is a financial institution?

16–002   For the purposes of the reliefs in ss.71A and 73 of the Finance Act 2003, the transaction must involve a "financial institution". "Financial institution" is defined in s.564B of the Income Tax Act 2007[1] and therefore has the same meaning as for direct tax purposes. However, following a widespread avoidance scheme, since 2011 it no longer includes a person authorised by a licence under Pt 3 of the Consumer Credit Act 1974 to carry on a consumer credit business or consumer hire business.[2]

The term "financial institution" for the purposes of Pt 4 of the Finance Act 2003 therefore means:

a.   a bank (as defined by s.991 of the Income Tax Act 2007);
b.   a building society;
c.   wholly-owned subsidiaries of either of them;
d.   a bond-issuer, but only in relation to any bond assets which are rights under purchase and resale arrangements, diminishing shared ownership arrangements or profit share agency arrangements;
e.   a person authorised in a jurisdiction outside the United Kingdom to receive deposits or other repayable funds from the public, and to grant credits for its own account;
f.   an insurance company; or
g.   a person who is authorised in a jurisdiction outside the United Kingdom to carry on a business which consists of effecting or

---

[1]   s.73BA.
[2]   s.73BA(2).

244

Alternative Property Finance

carrying out contracts of insurance or substantially similar business but not an insurance special purpose vehicle.

Who is a "person"?

The other party to the transaction is referred to as a "person". The legislation originally said "individual" but the word "person" was substituted for transactions where the effective date was on or after July 19, 2006. The definition of "person" is wider than that of "individual" and allows for the reliefs to be available to other persons, such as companies and LLPs.

16–003

Relationship with group relief

The SDLT exemptions in ss.71A–73BA do not apply if the "first transaction" (as referred to below) is exempt from SDLT because group relief or reconstruction relief can be and is claimed,[3] see Chapter 11. This restriction was introduced in 2008. If these reliefs applied to the first transaction, the alternative property finance arrangement would enable SDLT to be avoided altogether.

16–004

Anti-avoidance: arrangements to transfer control of the financial institution

For alternative finance arrangements entered into on or after March 12, 2008, relief is not available if the alternative finance arrangements (or any connected arrangements) include arrangements for a person to acquire control of the financial institution.[4] This includes arrangements for a person to acquire control of the financial institution only if one or more conditions are met (such as the happening of an event or doing of an act).[5] Again, this was introduced to counter an avoidance scheme, born out of the possibility that the subsidiary of a bank could be a financial institution as defined.

16–005

---

[3]   s.73A.
[4]   s.73AB(1).
[5]   s.73AB(2).

245

Stamp Duty Land Tax

B. How the Reliefs Work

16–006 As mentioned above, there are broadly two reliefs, one for an initial purchase by a financial institution followed by the grant of a lease to the person coupled with an option to sell the reversion; the other for the sale of the entire interest to and by the financial institution subject to a mortgage. It is critical that the conditions referred to in the legislation are strictly complied with.

Land sold to a financial institution and leased to the buyer: s.71A

16–007 This is the ijara Islamic mortgage structure. Section 71A of the Finance Act 2003 applies if arrangements are entered into between a "person" (i.e. the person who already owns the property, or would otherwise be buying it) and a financial institution under which the financial institution:

a. buys a freehold or leasehold interest in land (or an undivided share that is held on trust for the institution and the person as beneficial tenants in common) (**"The first transaction"**);
b. grants a lease (if freehold is purchased) or sub-lease (if leasehold is purchased) to the person (**"The second transaction"**); and
c. agrees that the person has a right to call for the reversionary interest purchased by the financial institution under the first transaction.[6]

If the requirements are met, including the payment of any SDLT due on the first transaction, the second transaction will be exempt from SDLT,[7] and so will the ultimate transfer of the reversion.[8] Essentially, what is anticipated is that SDLT is paid on the first transaction only, the purchase from the outside seller. See the example below.

Example 1

LieberBank buys the freehold of Penshurst from a seller. SDLT is paid on the purchase of the freehold.

LieberBank then leases Penshurst to Arwen Ltd and grants an option to Arwen Ltd to buy the freehold at the end of the term (i.e. when

---

[6] s.71A(1).
[7] s.71A(3).
[8] s.71A(4).

246

Alternative Property Finance

LieberBank has received its full return). Arwen Ltd makes rental payments to LieberBank. The grant of lease is exempt from SDLT.

When Arwen Ltd exercises the option to buy the freehold at the end of the term of the lease, the transfer of the freehold to Arwen Ltd is also exempt from SDLT, if the legislation has been complied with.

In addition, to enable refinancing transactions to be relieved from SDLT, if the initial vendor is the "person" himself (or another financial institution, which had entered into similar arrangements with him), the first transaction is also exempt from SDLT.[9] Accordingly, if the person has already bought the property and paid SDLT, he can immediately or subsequently refinance it in a Shari'a compliant way without additional payment of SDLT.

Land sold to a financial institution and resold to the buyer: s.73

This is the murabaha Islamic mortgage. Section 73 of the Finance Act 2003 applies if a person and a financial institution enter into arrangements under which:

16–008

a. the financial institution buys a freehold or leasehold interest in land (**"The first transaction"**);
b. the financial institution sells that interest to the person (**"The second transaction"**); and
c. the person grants the financial institution a legal mortgage over the interest acquired.[10]

The second transaction is exempt from SDLT if certain conditions are met, including the payment of any SDLT due on the first transaction. Essentially, what is anticipated is that SDLT is paid on the first transaction only, on a chargeable consideration that is not less than the market value of the interest acquired and (in the case of the grant of a lease at a rent) the rent.[11] Again, if the vendor under the first transaction is the "person" himself (or a financial institution which had entered into

---

[9] s.71A(2).
[10] s.73(1).
[11] s.73(3).

Stamp Duty Land Tax

similar arrangements with him), as will happen on a refinancing or a remortgage, the first transaction is also exempt from SDLT.[12] See the example below:

Example II

LieberBank buys the freehold of Penshurst from a third party for £1m. SDLT is paid on the purchase of the freehold by LieberBank.

The freehold is then sold to Arwen Ltd for £1.2m. Arwen Ltd pays to LieberBank part of the purchase price (£400,000) upfront and the outstanding liability of £800,000 is satisfied by periodic payments made over a period of time. Arwen Ltd grants LieberBank a legal mortgage over the freehold of Penshurst. The sale of the freehold by LieberBank to Arwen Ltd is exempt from SDLT if the conditions are met.

Relying on the alternative finance provisions combined with another relief

16–009 Section 75A of the Finance Act 2003 sets out a general anti-avoidance provision for SDLT, though no avoidance motive is stated to be necessary, and it applies where as a result of a combination of transactions, SDLT liability would otherwise be reduced. It is fully explained in Chapter 17, but in outline it applies where:

a.   a person (A) disposes of a chargeable interest and another person (B) acquires either it or a chargeable interest deriving from it;
b.   a number of transactions (including the disposal and acquisition) are involved in connection with the disposal and acquisition (**"the scheme transactions"**); and
c.   the sum of the amounts of stamp duty land tax *prima facie* payable on the scheme transactions is less than the amount that would be payable on a notional land transaction effecting the acquisition of A's chargeable interest by B on its disposal by A.

At first sight this catches transactions structured to fall within ss.71A or 73. Accordingly, in order for Shari'a-compliant transactions not to be caught by s.75A there is an express exception: s.75A does not apply where the *only* reason that (c) above applies is because there is a transaction that complies with s.71A or s.73.[13] In short, where the transaction is structured to fall within the alternative property finance

---

[12]   s.73(2).
[13]   s.75A(7).

Alternative Property Finance

provisions, s.75A will not apply to defeat the relief afforded by ss.71A or 73. However, where the transaction relies for its SDLT efficacy on another relief or exemption *combined with* ss.71A or 73, then ss.75A will apply, a point brought home in the First-tier Tribunal case of *Project Blue Ltd v HMRC* (2013) TC 2777, discussed in para.17–005.

Alternative Finance Investment Bonds

Following a consultation in 2008, in 2009, the Government introduced further SDLT legislation aimed at ensuring that those practising the Islamic faith are not prejudiced in their choice of financial services by SDLT considerations. Section 73C and Sch.61 to FA 2009 act as a supplement to the conditions and rules now found in Income Tax Act 2007 Pt 10A which were introduced to provide tax rules for alternative finance investment bonds (AFIBs). An AFIB is a UK tax law concept which corresponds to the Islamic finance structure known as sukuk. The SDLT provisions contain a relief from SDLT. **16–010**

Sukuk structures enable a company (in our context an SPV) to issue investment certificates to investors which provide a regular flow of income (in our context, income derived from rents received under a sale and leaseback) and an expected end of contract redemption amount (in our context derived from sale proceeds from selling back a property). The certificates (sukuk) are tradeable like conventional corporate bonds but, obviously do not involve the payment of interest. The SPV will generally hold assets that are ring fenced for the investors.

Sukuk structures enable a company (in our context an SPV) to issue investment certificates to investors which provide a regular flow of income (in our context, income derived from rents received under a sale and leaseback) and an expected end of contract redemption amount (in our context derived from sale proceeds from selling back a property). The certificates (sukuk) are tradeable like conventional corporate bonds but, obviously do not involve the payment of interest. The SPV will generally hold assets that are ring fenced for the investors.

Schedule 61 sets out a regime under which, provided the qualifying conditions are met, the transfer of the property from the original owner to the SPV and back again will not give rise to any SDLT. **16–011**

Schedule 61 is limited by para.5(2)(a) to bond assets which are a "qualifying interest in land" which excludes leases for less than 21 years.

Stamp Duty Land Tax

There are various conditions which need to be satisfied for the SDLT reliefs to apply, both conditions for the AFIB direct tax reliefs to apply generally, and conditions specific to SDLT. These conditions need to be read carefully. One condition requires that the AFIBs raise finance equal to 60 per cent of the market value of the property when transferred to the SPV.

Due to the fear that the legislation could be abused and turned into a scheme, there is a targeted anti-avoidance rule, a TAAR. The reliefs are disapplied if the AFIB arrangements "are not effected for genuine commercial reasons" or "form part of arrangements of which the main purpose, or one of the main purposes is the avoidance of liability to tax". Tax here means income tax, corporation tax, CGT, stamp duty or SDLT. As AFIBs are required to be listed, a high level of certainty of tax treatment will be required by investors. Accordingly, it would have been helpful for Schedule 61 to contain a formal clearance mechanism.

Chapter 17

Anti-avoidance

Introduction

There is a formidable set of obstacles in the way of a purchaser who seeks to avoid stamp duty land tax, and these obstacles have to be borne in mind even by a purchaser who is merely seeking to minimise it or who is doing neither but is simply doing something slightly out of the ordinary. The obstacles can be divided into four classes:

A. The courts' purposive interpretation of tax (and other) statutes, quite apart from statutory anti-avoidance provisions.
B. Specific statutory anti-avoidance provisions in various areas of SDLT law.
C. SDLT's own general statutory anti-avoidance provision, ss.75A to 75C of the Finance Act 2003.
D. The General Anti-abuse Rule, or "GAAR".

There is also:

E. The disclosure of tax avoidance schemes rules.

We take these in turn.

17–001

A. The Courts' Attitude to Interpretation

Purposivism

The old principle of the courts in interpreting tax statutes was that "clear words are necessary to tax the subject" and ambiguities should be construed in the taxpayer's favour. The legislation should be construed fairly literally and if the taxpayer could navigate through the statutory wording and structure matters so that he avoids tax the courts would not stand in his way.[1] This attitude is long dead, though traces of it

17–002

---

[1] *I.R.C. v Duke of Westminster* [1936] A.C. 1 (HL).

Stamp Duty Land Tax

re-emerge from time to time in cases with no hint of tax avoidance. Over the last fifty years—and this is not confined to tax legislation—the courts have gradually moved to purposive interpretation, under which they infer (working backwards from the wording of the legislation, and looking at the whole statute or relevant part of the statute and sometimes other material) what the result is that Parliament intended to achieve; and then interpret the legislation so as to achieve it, if they can do so without doing severe violence to the words. Perhaps the first indication of this approach was in the case of *Luke v I.R.C.*[2] in 1963 where it worked in favour of the taxpayer.

In 1981 the House of Lords started to develop a principle, called the *Ramsay* principle after the case which gave birth to it.[3] This was that if there was a scheme for a pre-ordained sequence of transactions at least one of which was motivated by tax avoidance, the courts would levy tax by comparing the final result with the position at the outset, and ignore the interim steps. This approach was discarded as an heretical piece of judicial legislation by the House of Lords in *MacNiven v Westmoreland Investments Ltd*[4] in 2001, though the courts and tribunals have a sneaking affection for it in the case of the artificial circular scheme.[5] But the courts have enthusiastically continued to practise purposive interpretation. "The ultimate question is whether the relevant statutory provisions, construed purposively, *were intended to* [emphasis added—note, not "do"] apply to the transaction, viewed realistically".[6] However, it is clear that the subjective motives of the parties—whether their purpose is to avoid tax—are irrelevant.

There is little stamp duty land tax case law yet, but this approach can be seen in two of the decided cases. In *Vardy Properties v Revenue and Customs Commissioners*[7] the First-tier Tribunal managed to interpret the old sub-sale rules in such a way as to defeat the avoidance scheme in that case. In *Pollen Estate Trustee Company Ltd v Revenue and Customs Commissioners*[8] a charity and a non-charity purchased a flat jointly. The

---

[2] [1963] A.C. 557 (HL).

[3] *W.T. Ramsay Ltd v I.R.C.* [1981] S.T.C. 174 (HL).

[4] [2001] S.T.C. 237 (HL).

[5] See for example *Schofield v Revenue and Customs Commissioners* [2012] S.T.C. 2019 (CA).

[6] Ribeiro PJ in *Collector of Stamp Revenue v Arrowtown Ltd* [2005] 6 I.T.L. Rep.454 (C.F.A., H.K.), quoted with approval by Lord Nicholls in *Barclays Mercantile Business Finance Ltd v Mawson* [2005] S.T.C. 1 (HL).

[7] [2012] S.F.T.D. 1398. See para.8–004. The reference in the text is to one of the two alternative grounds for the decision, namely that C had indirectly provided consideration.

[8] [2013] S.T.C. 1479 (CA). See para.14–005.

Stamp Office considered that no charity exemption was due at all, and on the wording of the legislation they had a case. The Court of Appeal considered that Parliament could not have intended that result and, by reading words into the Schedule in question, was able to hold that relief was due on the charity's share. This case shows that, while in the field of tax purposive interpretation generally helps the Revenue, it can also benefit the taxpayer.

Purposive interpretation is consistent with the current pressure in society that all taxpayers pay their fair share of tax. This being the *zeitgeist*, it is a bold adviser who recommends his client to take steps to avoid SDLT in a way contrary to the purpose of the legislation.

B.   Targeted Anti-Avoidance Provisions

TAARs

Certain areas of SDLT law have anti-avoidance provisions of their own. These are often called targeted anti-avoidance provisions, TAARs for short. Anyone who was naïve enough to think that that they, or any of them, would be repealed as unnecessary now that we have s.75A and the GAAR will have been disappointed. They are:

17–004

Topic	Statutory reference	Paragraph reference in this book
Postponement of tax where uncertain, etc. consideration	SDLT (Administration) Regs 2003 rr.17, 18	4–008—4–010
Sub-sale, etc. relief	Sch.2A para.18	8–014
Group relief	Sch.7 para.2(4A)	11–014, 11–015
Reconstruction relief	Sch.7 para.7(5)	11–028
Acquisition relief	Sch.7 para.8(5B)	11–030
Charities relief	Sch.8 para.1(3)	14–001
Alternative finance investment bonds	Finance Act 2009 Sch.61 para.22	16–010

They are explained at the appropriate places in this book. With the exception of the sub-sale TAAR, what triggers them is if the main

Stamp Duty Land Tax

object, or one of the main objects, is tax *avoidance,* so what avoidance means is important. It is established case law that tax avoidance is to be contrasted with tax mitigation, tax mitigation being where the person uses the tax relief in a way intended (inferring intention backwards from the text of the legislation) by Parliament, tax avoidance being where he uses it in a way not intended by Parliament.[9] The sub-sale TAAR is worded more broadly, and the word avoidance is not used; the test is whether it would be reasonable to conclude that obtaining a tax advantage is one of the main purposes of the arrangements, "tax advantage" meaning, for example, the obtaining of the sub-sale relief.

In the case of group relief, reconstruction relief and acquisition relief, the TAAR denies the SDLT relief if the intention is to avoid any one or more of number of taxes—it does not have to be SDLT. There is an additional requirement that the transaction in question must be effected for bona fide commercial reasons. There is a "white list" of transactions which the Stamp Office do not object to, see para.11–015.

In no case is there any mechanism for obtaining advance statutory clearance that the TAAR does not apply, though in the case of the group, reconstruction and acquisition reliefs a party will generally be putting in a clearance application for income tax, corporation tax or capital gains tax and if the clearance is obtained it is most unlikely that the Stamp Office would invoke the TAAR.

C. SDLT's Own General Anti-Avoidance Rule: s.75A

Introduction

17–005 Sections 75A to 75C of the Finance Act 2003 were introduced by the Finance Act 2007, retrospectively to 2 pm(!) on December 6, 2006.[10] There has so far been only one decided case on it, the First-tier Tribunal case *Project Blue,* which is now on its way to the Upper Tribunal.

Project Blue Ltd v Revenue and Customs Commissioners[11] concerned the purchase of Chelsea Barracks in West London. In 2007 the Ministry of

---

[9] Lord Nolan in *I.R.C. v Willoughby* [1997] S.T.C. 995 (HL) and Lord Hoffmann in *MacNiven v Westmoreland Investments Ltd* [2001] S.T.C. 237 (HL).

[10] Preceded by a statutory instrument, SI 2006/3237, made on that date under Finance Act 2003 s.109, see para.1–011.

[11] (2013) TC 2777.

254

Defence (which was not, presumably, involved in the planning of what would come next) contracted to sell the complex to Project Blue Ltd (PBL) for £959m. PBL was part of an organisation controlled by the Qatari royal family. PBL had to fund its purchase and a development—it intended to develop the site. A financial institution, MAR, contracted to buy the complex from PBL for $2,468m, the additional price being to enable PBL to fund the development work. PBL's and MAR's purchases were effected by a back-to-back sub-sale. Immediately after its purchase MAR leased the property back to PBL at a rent. PBL and MAR argued that PBL's purchase was exempt under the then sub-sale exemption and MAR's exempt under the alternative finance exemption in s.71A of the Finance Act 2003 (see Chapter 16). This exemption, though not confined to Moslems, was introduced to facilitate Shari'a Islamic financing, and for religious reasons PBL insisted on using Islamic financing.

The case came on before the First-tier Tribunal. The Stamp Office accepted that, ignoring s.75A, the two exemptions applied, but argued that PBL was caught by s.75A. The Tribunal agreed. Moreover the Tribunal held that PBL was liable on the $2,468m, not the £959m. Various aspects of the decision are discussed at the appropriate places below.

Section 75A is the main section, ss.75B and 75C are ancillary. By 2006 the Stamp Office were being battered by a number of off-the-shelf avoidance schemes, though many were weak technically. They considered that something had to be done; and they persuaded Ministers to introduce this sweeping provision. Although s.75A (and the two other sections) is headed "Anti-avoidance" its text does not stipulate that any tax avoidance motive is necessary for it to apply, and in *Project Blue*[12] it was held, unsurprisingly, that no avoidance motive is needed, following an income tax case on a provision drafted in the same type of way, *Page v Lowther*.[13] (But the Stamp Office's victory on this point may not be an unconditional win for the Stamp Office; it may mean that tribunals will try, so far as the sections permit them to, not to construe them in a way which hits innocent transactions.)

The basic rule

It is necessary to set out much of s.75A more or less verbatim: 17–006

---

[12] at para.227.
[13] [1983] S.T.C. 799 (CA).

Stamp Duty Land Tax

"(1) This section applies where—
 (a) one person (V) disposes of a chargeable interest and another person (P) acquires either it or a chargeable interest deriving from it,
 (b) a number of transactions (including the disposal and acquisition) are involved in connection with the disposal and acquisition ("the scheme transactions"), and
 (c) the sum of the amounts of stamp duty land tax payable in respect of the scheme transactions is less than the amount that would be payable on a notional land transaction effecting the acquisition of V's chargeable interest by P on its disposal by V.
 (2) In subsection (1) "transaction" includes, in particular—
 (a) a non-land transaction,
 (b) an agreement, offer or undertaking not to take specified action,
 (c) any kind of arrangement whether or not it could otherwise be described as a transaction, and
 (d) a transaction which takes place after the acquisition by P of the chargeable interest."

Subsection (3) gives examples of types of transaction that were in 2006 in use as parts of SDLT avoidance schemes, for example agreeing for money not to exercise a break clause in a lease.

"(4) Where this section applies—
 (a) any of the scheme transactions which is a land transaction shall be disregarded for the purposes of this Part, but
 (b) there shall be a notional land transaction for the purposes of this Part effecting the acquisition of V's chargeable interest by P on its disposal by V.
 (5) The chargeable consideration on the notional transaction mentioned in the subsections (1)(c) and (4)(b) is the largest amount (or aggregate amount)—
 (a) given by or on behalf of any one person by way of consideration for the scheme transactions, or
 (b) received by or on behalf of V (or a person connected with V within the meaning of section 1122 of the Corporation Tax Act 2010) by way of consideration for the scheme transactions."

Anti-avoidance

Section 75A operates by postulating a notional transaction the consideration for which is as set out in subs.(5). If the SDLT on the notional transaction would be higher than the total SDLT on all the "scheme transactions" under the ordinary rules, SDLT is charged instead on the notional transaction, which is then treated as a chargeable transaction, and the chargeable consideration for it is as set out in subs.(5); the actual scheme transactions are "disregarded". It is P who is liable for the tax. It is not intended that there should be multiple charges to tax: any tax paid on scheme transactions is credited against P's liability on the notional transaction.[14] Presumably tax not yet paid on scheme transactions does not have to be, as they are "disregarded".

Who is V and who is P? In a case where A sells to B who sells to C who sells to D there are three possible Vs and three possible Ps and six possible V/P combinations. Do you look at each of the six to see whether s.75A applies? If any are caught, can any relief be obtained for earlier transactions under s.75C(10) (see below)? *Project Blue*[15] has helped to an extent by holding that (i) the Stamp Office have no discretion in deciding who should be treated as P, it will be decided as a matter of law by the Tribunal, and (ii) P must be someone who, ignoring s.75A, has avoided tax. (One might ask, how does this square with no tax avoidance motive being required for the section to apply? The answer presumably is that while no subjective tax avoidance motive is required, P must be someone who has objectively avoided tax, whether that was his purpose or not.) In the case the Tribunal held that it was PBL who had avoided tax and thus was P, in that had this been a conventional purchase on mortgage it was PBL who would have paid tax (though one can look at it in another way—if this had been a conventional sub-sale it would have been MAR who would have paid tax).

17–007

Although the phrase "scheme transactions" is used as a defined term, the section does not state that the transactions have to take place pursuant to a single scheme or arrangement. But what does "involved in connection with" in s.75A(1)(b) mean? Case law tells us that "in connection with" is a broad term, though taking its meaning very much from context.[16] *Project Blue*[17] has held that "involved in connection with" is narrower than simply "in connection with" and requires more than a mere de facto succession of transactions. It seems that there must, after all, by this backdoor route, be something like a scheme, though the

---

[14] s.75C(10).
[15] At para.240.
[16] *Revenue and Customs Commissioners v Barclays Bank Plc* [2008] S.T.C. 476 (CA).
[17] at para.250.

Stamp Duty Land Tax

Tribunal did not use the "S" word. But the Tribunal held that the sale by the MOD was "involved in connection with" the later transactions because the later transactions were only carried out because of that sale even though they were essentially no concern of MOD's.[18] Nevertheless, there will be cases where the fuzziness of the phrase gives tribunals the opportunity to find against the Stamp Office where their claim lacks merit.

The Stamp Office's view is that

> "to be 'involved in connection with' each other the disposal, acquisition and other related transactions would normally involve more than one transaction in sequence relating to the same property. For example, related transactions would be considered to be 'in connection with' a disposal and acquisition ('the composite transaction') if the intended outcome of the composite transaction cannot be achieved in the form envisaged without those transactions taking place. S.75A will apply whether or not V, P or their associates or advisers have had any involvement with, or knowledge of, each other."[19]

Although PBL was P, the Tribunal held that it was liable to SDLT on the $2,468m rather than the £959m. This was because the former figure, though not paid by P, was "the largest amount … given by or on behalf of any one person by way of consideration for the scheme transactions".[20] More tax thus had to be paid than if PBL had simply bought the property, paid tax, and mortgaged it or sold on to MAR by way of Shari'a financing.

Incidental transactions: s.75B

17–008 Section 75B provides that, when calculating the chargeable consideration for the notional transaction, consideration for any transaction shall be left out of account if it is "merely incidental to" the transfer of the chargeable interest from V to P. "Incidental" is not fully defined, but the

---

[18] The MOD did in fact know something of them because PBL had to ask the MOD to amend its sale contract because of them, which the MOD did (para.60 of the decision), but the Tribunal attached no importance to that. Almost certainly the decision would have been the same even if the MOD had had no knowledge of the subsequent transactions.

[19] SDLT Manual para.09210.

[20] s.75A(5)(a).

section states that a transaction "may", in particular, be incidental if or insofar as it is undertaken *only* for a purpose relating to:

a.   the construction of a building on property to which the chargeable interest relates,
b.   the sale or supply of anything other than land, or
c.   a loan to P secured by a mortgage, or any other provision of finance to enable P, or another person, to pay for part of a process, or series of transactions, by which the chargeable interest transfers from V to P.[21]

On the other hand there is a (normally overriding) provision that a transaction cannot be incidental:

a.   if or insofar as it forms part of a process, or series of transactions, by which the transfer is effected,
b.   if the transfer of the chargeable interest is conditional on the completion of the transaction in question, or
c.   if it is of a kind specified in s.75A(3).[22]

The main object of this provision seems to be to exclude from the s.75A charge sums paid for chattels, sums paid for building works and mortgages and other loans made to P or anyone else in the chain, all of which on the very wide wording of that section might well otherwise be caught.[23] The drafting however presents problems. For example, in the case of a purchase of a business as a going concern it is very likely that assets of many types other than land will be transferred. Is their transfer part of a series of transactions by which the transfer of the land is effected? It is likely that a tribunal would interpret the provision restrictively and hold that as their transfer is not part of the land conveyancing machinery it is incidental.

Other matters: s.75C

A *transfer* of shares or securities is ignored for the purpose of s.75A if it would otherwise be the first in a series of scheme transactions.[24] Presumably this means a transfer in the strict sense, that is a transfer of

17–009

---

[21] s.75B(3). PBL in *Project Blue* did not argue that its onward sale to MAR was merely incidental under (c).
[22] s.75B(2).
[23] It will be recalled that the ordinary rule of SDLT is that acquisitions of security interests are exempt transfers: para.2–003.
[24] s.75C(1).

Stamp Duty Land Tax

pre-existing shares: an issue of shares is presumably not covered. The Stamp Office regard this as (a) extending to a sequence of transfers of shares provided they all take place before any other scheme transaction; (b) applying to a transfer of units in a unit trust.[25] The transfer of shares or units in a property-owning vehicle followed immediately by the distribution of the property up to the purchaser is therefore not caught by s.75A, if not part of a wider scheme.

The notional transaction qualifies for any SDLT relief for which it would qualify if it were an actual transaction, subject to the terms and conditions of the relief.[26] It does not have to be a relief expressly called a relief in the legislation. In some cases the identity and status of the purchaser is crucial in seeing whether a relief is due, sometimes the identity of the vendor, and sometimes both; so, for example, if group relief is to be obtained both V and P have to be members of the same group. If *any* of the scheme transactions are in connection with the transfer of an undertaking pursuant to a scheme of reconstruction or acquisition (see Chapter 11) the notional transaction is also treated as being in connection with it, and so qualifies for the relief, so long as the other conditions of the relief are met.[27] Consideration which qualifies for certain listed specific reliefs is ignored when computing the chargeable consideration for the notional transaction.[28]

Where the notional transaction is an exchange of a land interest for a land interest, the ordinary exchange rules (which sometimes substitute market value for the consideration, see Chapter 6) apply.[29] Where P is a company connected with V, s.53 (which sometimes substitutes market value for the price, see Chapter 7) applies.[30] For the interaction of s.75A with the partnership code, see Chapter 12.

There is an unusual provision which says that the Treasury may by order provide that s.75A is *not* to apply in specified circumstances.[31] This power has never been used. In practice if the Stamp Office do not wish to attack a scheme under s.75A they simply do not do so, or will sometimes add it to their "white list". See below.

---

[25] SDLT Manual para.09275.
[26] s.75C(2).
[27] s.75C(3).
[28] s.75C(4).
[29] s.75C(7).
[30] s.75C(6).
[31] s.75C(11), (12).

Anti-avoidance

Stamp Office practice

The Stamp Office in the SDLT Manual say: 17–010

> "Section 75A is an anti-avoidance provision. HM Revenue &
> Customs (HMRC) therefore takes the view that it applies only
> where there is avoidance of tax [presumably SDLT rather than any
> tax]. On that basis, HMRC will not seek to apply s.75A where it
> considers transactions have already been taxed appropriately."[32]

But the Tribunal held in *Project Blue* (and indeed HMRC argued in that
case) that s.75A applies regardless of whether or not anyone has a tax
avoidance motive. The Office's statement is therefore an unlawful
concession—unlawful because it does not fall into the limited class of
concessions ruled to be lawful in *R (on the application of Wilkinson) v
IRC*.[33] While a statement by the Stamp Office that they will not always
apply s.75A may sound helpful, it creates a serious situation. A purchaser
may have a case where s.75A prima facie applies but he considers that
ordinary SDLT law taxes the transactions "appropriately"; the Stamp
Office disagrees. The purchaser has no remedy. He will not be successful
in a judicial review application because of the subjective nature of the
statement, and in any event no court will uphold an unlawful
concession. Legislation of great width mitigated by non-justiciable
decisions of the executive is a major constitutional concern.

The Stamp Office in the SDLT Manual[34] publish a "white list" of
transactions in the case of which they say that "in general", and
provided that they are stand-alone transactions, they will not invoke
s.75A. (This is not intended to be a list of the only transactions where
they will not invoke s.75A.) These are as follows:

- X, Y and Z are individuals who decide to establish a partnership to
  manage their investment portfolio. They transfer investment
  property and cash into that partnership at value. HMRC considers
  this to be a straightforward establishment of and transfer of
  property into a partnership.
- X, Y and Z are the partners of a partnership. The purpose of the
  partnership is to acquire and develop a large residential property
  into six flats. When the development is complete they disagree as

---

[32] SDLT Manual para.09175.
[33] [2006] S.T.C. 270 (HL). In other areas of tax HMRC have for some years been
converting concessions into statute because of this.
[34] para.09225.

261

Stamp Duty Land Tax

to how to manage the completed development so the partnership is dissolved and the partnership property (the flats and any partnership monies) is divided among the partners. It is assumed here that the agreements and documents relating to creation of the partnership demonstrate that the intention was for the partnership to manage the property after development and that the dissolution of the partnership arises from an unforeseen disagreement. HMRC would not seek to apply s.75A to this situation as long as the general Stamp Duty Land Tax legislation has been applied to the creation and dissolution of the partnership.

- A property investment business is carried on by a company owned in equal shares by four family members. The company is to be sold to an unconnected third party. The four individuals establish a partnership to hold the properties that were held by the company but that aren't included in the sale. There is a clear commercial reason for the properties to be transferred out of the company that is to be sold to the unconnected third party.
- A property lettings business is carried on by three individuals X, Y and Z through a partnership. X, Y and Z consider that, commercially, the best way to continue to carry on their business is through a company. They therefore decide to incorporate the business. X, Y and Z subscribe for shares in a new company in the same proportion as their respective partnership holdings. The properties are transferred to the company. [This transaction is exempt from tax so far as the partnership code is concerned, because of the connected parties rule: see para.12–028.]
- X and Y are corporate partners in a joint property-letting venture. They are unconnected except through their shares in the partnership. The partnership owns one property. Y's shareholders have accepted an offer from a third party, Z, to acquire all of its share capital. Z does not wish to continue to operate the business with X so the decision is taken to distribute the property to Y. There is a clear commercial reason for the transactions. The normal Stamp Duty Land Tax rules applied to the original acquisition of the property by the company.
- V sells land to X and at the same time X sells the land to P. P pays Stamp Duty Land Tax based on the full amount of consideration received by V.
- V sells land to X and at the same time X sells the land to P. P pays Stamp Duty Land Tax based on the full amount of consideration received by V. At a later date P sells the land to Y and Y pays the full amount of Stamp Duty Land Tax that arises from the consideration that P received.

Anti-avoidance

- V sells two properties at arm's length to third-party purchasers N1 and N2. Subsequently, and in transactions which are not connected in any way with the purchases by N1 and N2, P buys both properties at arm's length. It is assumed that there is no connection between the sale by V and the purchase by P.
- V grants a long lease to X. At a later stage, and in a transaction which is not connected in any way with the grant of the long lease, X assigns the lease to an unconnected third party P. P exercises a statutory right of enfranchisement. Section 75A does not apply as regards to disposal by V and the acquisition by P because it is taxed appropriately under the normal Stamp Duty Land Tax rules.
- V grants an option to X to purchase land. Subsequently, and in a transaction which is not connected in any way with the grant of the option, X assigns the benefit of the option to an unconnected third party P. P exercises the option. There is no connection between the transactions.

They have also published a "black list" of transactions where they would invoke s.75A. This is not, of course, intended to be a list of the only transactions where they will invoke s.75A. They are all fairly aggressive avoidance schemes. **17–011**

- V agrees to sell land to X, and X agrees to sell the same land to P which is a partnership where the partners are X and persons connected to him. At the same time as the completion of the V–X contract, the X–P contract completes, this acquisition is effected by means of a 'transfer of rights'. X argues that no Stamp Duty Land Tax is due as his contract is disregarded by s.45, whilst P argues that no Stamp Duty Land Tax is due per Sch.15 of Finance Act 2003 given its connection with X. Section 75A applies because HMRC considers that the conditions of s.75A(1)(a)–(c) are met and that the notional transaction V–P could have achieved in a more straightforward manner that would not have satisfied s.75A(1)(c); Stamp Duty Land Tax is due on the notional consideration which is the full amount of consideration received by V.
- V grants a 999-year lease to Nominee for no premium and a peppercorn rent. V assigns the freehold reversion to P for a nominal sum. P pays Nominee £x in consideration of Nominee's agreement to vary the lease by the insertion of a provision giving the landlord the right to terminate the lease for no payment. P exercises the right to terminate. Under s.75A, the notional

Stamp Duty Land Tax

transaction is the acquisition of the unencumbered freehold by P and the notional consideration chargeable is £x given by P to Nominee.

- V grants a 999-year lease to Nominee for no premium and a peppercorn rent. The lease includes a right for the landlord to terminate the lease on payment of £x to the tenant. V assigns the freehold reversion to P for a nominal sum. P exercises the right to terminate and pays Nominee £x. Under s.75A, the notional transaction is the acquisition of the unencumbered freehold by P from V, and the notional consideration chargeable is £x given by P to Nominee.

- V grants a 999-year lease to P for no premium and a peppercorn rent. The lease gives the landlord a right to terminate it within 14 days of the date of grant. P offers to pay V £x if V allows the 14 days to elapse without exercising the right to terminate. V does so. Under s.75A, the notional transaction is the grant by V of a 999-year lease to P and the notional consideration, which is the chargeable consideration, is £x, the amount paid by P and received by V.

- V agrees to sell property to X Ltd for £10 million. X Ltd declares a dividend in favour of P, the dividend to consist of the property and to be paid at the same time as completion of the V–X Ltd contract. The contract is completed and the property transferred to P. X argues that the £10 million is not chargeable to Stamp Duty Land Tax as his contract is disregarded under s.45. P argues that there is no Stamp Duty Land Tax charge on the transfer of the property to him because a dividend in specie is a transaction that does not constitute consideration for the purposes of the Stamp Duty Land Tax legislation. Under s.75A, the notional transaction is the acquisition of the property by P, and the notional consideration, which is the chargeable consideration, is £10 million, the amount received by V. [These are the facts of *Vardy Properties v Revenue and Customs Commissioners*, for which see para.8–004.]

- V agrees to sell land to X, and X agrees to sell the same land to P which is a partnership where the partners are X, X1 Ltd and X2 Ltd companies connected to X which manage a trust for which X is the beneficiary. V and X enter an arrangement where V settles a nominal amount into X's trust, thereby creating a connection between V and X as per s.839 of ICTA 1988. The V–X contract completes and at the same time and simultaneously the X–P contract completes. X claims that no Stamp Duty Land Tax is due as his contract is disregarded by s.45 of the Finance Act 2003, whilst P claims that no Stamp Duty Land Tax is due per Sch.15 of FA 2003 given its connection with X. Section 75A applies and the

Anti-avoidance

notional transaction involved is V–P. Stamp Duty Land Tax is due on the notional consideration which is the full amount of consideration received by V.

There is no statutory clearance procedure under which "P" can obtain a ruling that s.75A will not be applied in his case. Even when it comes to less formal rulings the Stamp Office policy is not to rule on s.75A. Nevertheless sometimes it will be practicable for a purchaser's solicitors to ask the Stamp Office whether they agree with their interpretation of how the ordinary SDLT rules apply to the proposed transaction and a positive reply, sometimes given after a consultation with the s.75A department, can be a fairly safe indication that s.75A will not be invoked.

Compliance

A transaction caught by s.75A is always notifiable,[35] and the purchaser must self-assess as in the case of all the other SDLT rules. If the transaction would, ignoring s.75A, be taxable under ordinary rules, and the purchaser's solicitors consider that those rules "appropriately tax" it, their safest course is to complete the land transaction return on the basis of the ordinary rules and write a letter of disclosure to the Birmingham Stamp Office at the same time as sending the return in. See para.18–004.

17–012

Retrospective legislation

Quite apart from s.75A, the Government has said that it "will take action to close down future SDLT avoidance schemes, with effect from March 21, 2012 where appropriate".[36] They have in fact legislated retrospectively once, with an amendment in 2013 to the old sub-sale rules, blocking an option-based scheme with effect from March 21, 2012.[37] One imagines that the Government is only likely to legislate retrospectively in the case of artificial schemes where a good deal of money is at stake.

17–013

---

[35] s.77(1)(d).
[36] Budget Report 2012 para.2.199.
[37] Old s.45(3A)–(3C), (4A). The retrospectivity was unsuccessfully challenged by way of judicial review in *R.(o/a/o St. Matthews (West) Ltd) v HM Treasury* [2014] S.T.I. 2111 (QBD, Admin).

Stamp Duty Land Tax

D. The General Anti-Abuse Rule: Finance Act ss.206–215 and Sch.43

Introduction

17-014 The "general anti-abuse rule", "GAAR" for short, was introduced by the Finance Act 2013. Arrangements which jump the purposive interpretation hurdle and pass any TAAR and s.75A can nevertheless be struck down by the GAAR if it applies. It is not confined to SDLT: it applies, among other taxes, to income tax, corporation tax, capital gains tax and inheritance tax though not to stamp duty, SDRT or VAT. It is therefore explained here in outline only.

For it to apply there must be "tax arrangements". "Arrangements are 'tax arrangements' if, having regard to all the circumstances, it would be reasonable to conclude that the obtaining of a tax advantage was the main purpose, or one of the main purposes, of the arrangements".[38] Note the mixed subjective and objective test here; it is not a question of the implementer's actual purpose, but of what it would be reasonable to conclude that his purpose was. Further, the tax arrangements must be "abusive". But this is a defined term. Arrangements are abusive if they "cannot reasonably be regarded as a reasonable course of action in relation to the relevant tax provisions, having regard to all the circumstances ...".[39] This "double reasonableness test" is considered to be a requirement that *no* reasonable person could regard the arrangements as reasonable (it would have been better if it had been expressed that way). The general idea is that if a taxpayer has a choice between two (or more) *reasonable* courses of action the GAAR should not apply to him simply because he chooses the more tax-efficient one.

If a "designated HMRC officer" considers that the GAAR applies to a scheme he must follow a procedure set out in Sch.43 of the 2013 Act. He must notify the taxpayer and consider any representations which he makes. He must then refer the matter to the GAAR Advisory Panel for their opinion as to whether the arrangements were a reasonable course of action. This is the only question that the GAAR Advisory Panel considers. The taxpayer is allowed to make representations to this body. The GAAR Advisory Panel is a body established by HMRC and its members are appointed by them; although HMRC state that it is

---

[38] Finance Act 2013 s.207(1).
[39] Finance Act 2013 s.207(2).

independent, it cannot really be. The Advisory Panel gives its opinion, and must send a copy of it to the taxpayer.[40]

If the designated officer wishes to proceed he will do so, generally by **17–015** making an assessment, setting out the counteraction which he considers just and reasonable. He is not bound by the Panel's opinion, though no doubt it is highly unlikely that HMRC would proceed in defiance of it. The taxpayer has the usual right of appeal, and on appeal the tribunal *must* take into account (though is not bound by) the Panel's opinion and HMRC's published general guidance on the GAAR; and *may* take into account other publicly available material of virtually any description.[41] HMRC's published general GAAR guidance ("HMRC's GAAR Guidance") is a lengthy tome available at *www.hmrc.gov.uk/avoidance/gaar-part-abc.pdf* and *www.hmrc.gov.uk/avoidance/gaar-partd-examples.pdf*. It contains some examples of SDLT arrangements which HMRC consider are, or are not, caught by the GAAR.

What sort of transaction might be caught by the GAAR but not by s.75A? Perhaps a single transaction (so that there is not "a number of transactions") or a scheme designed so that one of the reliefs referred to in s.75C arguably applies. But, generally, it is expected that s.75A and the GAAR will be argued together, where the Stamp Office is unsure of its ground under s.75A.

E.   Disclosure of Tax Avoidance Schemes

Introduction

The rules about the disclosure of tax avoidance schemes, or "DOTAS",   **17–016** cover a number of taxes; most of the rules on disclosure of SDLT schemes are the same as for the other taxes but there are some important differences. The rules are described here in outline only. As has frequently to be explained to clients, these rules are merely rules requiring disclosure and the fact that a scheme has to be disclosed is irrelevant to whether it works. But if it is a scheme to which HMRC give a scheme reference number (see below) it is likely that the Stamp Office will launch an Enquiry (see Chapter 19) into the purchase in question. The legislation is in ss.306 to 319, as amended, of the Finance Act 2004, the Tax Avoidance Schemes (Promoters and Prescribed Circumstances)

---

[40]   Finance Act 2013 Sch.43 paras 3–11.
[41]   Finance Act 2013 ss.209, 211.

Stamp Duty Land Tax

Regulations 2004[42] (the "Promoters Regulations 2004"), the SDLT Avoidance Schemes (Prescribed Description of Arrangements) Regulations 2005,[43] as amended, (the "Arrangements Regulations 2005") and the Tax Avoidance Schemes (Information) Regulations 2012[44] (the "Information Regulations 2012"). HMRC have also published a lengthy piece of guidance (the "Guidance") entitled Disclosure of Tax Avoidance Schemes, available at *www.hmrc.gov.uk/aiu/dotas.guidance.pdf*. In the main it simply paraphrases the legislation but it does indicate the HMRC view on various points.

What schemes have to be disclosed? Finance Act 2004 ss.306, Arrangements Regulations 2005

17–017 Subject to what follows, a duty to disclose arises whenever there are "notifiable arrangements" or a "notifiable proposal" for them. "Notifiable arrangements" are arrangements[45] which:

- are prescribed (see below), and
- enable, or might be expected to enable, any person to obtain an advantage in relation to a prescribed tax (SDLT so far as we are concerned), and
- are such that the main benefit, or one of the main benefits, that might be expected to arise from the arrangements is the obtaining of that tax advantage.[46]

("Advantage" is widely defined in s.318(1) of the Finance Act 2004.) Pausing there, a number of points can be seen. The wording is very wide. It is not necessary that the arrangements are artificial or marketed. Although the title of the legislation includes the word "avoidance" the text does not, so the established distinction between avoidance and mitigation is not relevant. Subject to what follows, it catches ordinary tax planning or making use of a relief. The test is objective, so that whether the promoter or the purchaser intended to avoid tax is irrelevant. Indeed arrangements which are not a tax scheme, in the ordinary sense of the word, at all but unexpectedly stumble into a tax advantage have to be

---

[42] SI 2004/1865.

[43] SI 2005/1868.

[44] SI 2012/1836.

[45] Which includes any scheme, transaction or series of transactions: Finance Act 2004 s.318(1).

[46] Finance Act 2004 s.306(1).

Anti-avoidance

disclosed, though no doubt if it was not and the tribunal was satisfied that the tax advantage was not foreseen it would not impose a penalty.

"Notifiable proposal" means a proposal for arrangements which, if entered into, would be notifiable arrangements.[47]

Filters

In the case, for example, of an income tax, corporation tax, or capital gains tax scheme, it need not be disclosed unless it has one or more "hallmarks"—confidentiality, premium fee, standardised product and so on. There is *no* such filter for SDLT.

17–018

At one time an SDLT scheme did not have to be disclosed unless it involved non-residential property worth at least £5m or residential worth at least £1m. This filter was abolished in 2012 and now a scheme is disclosable however small the value of the property in question.

The arrangements must involve the acquisition of a chargeable interest, i.e. an interest in or right over land or buildings.[48] For example, the mere purchase of a company owning property, if the overall arrangements include no property movement, is not caught.

A scheme which is the same, or substantially the same, as a scheme which was made available—by anyone to anyone—for implementation before April 1, 2010 need not be disclosed.[49] The problem with this exception, of course, is that an adviser cannot rely on it unless he knows it as a fact from his own knowledge, or the scheme was widely discussed in the technical press, or the scheme was in some Stamp Office white list or black list (for example for the group relief TAAR, see para.11–015).

17–019

A scheme falling within reg.2(3)(a) of and the Schedule to the Arrangements Regulations is not disclosable. This provides that a scheme need not be disclosed if it comprises one or more of the following steps, so long as it does not include any *other* step which is *necessary* for the purpose of securing the tax advantage.

---

[47] Finance Act 2004 s.306(2).
[48] Arrangements Regulations 2005 r.2(2).
[49] Arrangements Regulations 2005 r.2(3)(b). The original scheme need not have been disclosed and can be pre-DOTAS.

Stamp Duty Land Tax

1. Step A: the acquisition of a chargeable interest (i.e. an interest in land) by a company created for that purpose (a "special purpose vehicle").

2. Step B: a "single" "claim" to any one or more of 21 listed reliefs.[50] This covers most SDLT reliefs, but the list must be studied if relevant. Notable absentees are sub-sale relief (Chapter 8) and making use of beneficial partnership rules (Chapter 12). "Claim" is obviously not used in a strict sense as only a few of the reliefs strictly have to be claimed. Step B also covers one or more claims to the alternative property finance reliefs.[51]

3. Step C: the sale of shares in a special purpose vehicle (see above) to an unconnected purchaser.

4. Step D: not opting to waive exemption from VAT in relation to a property.

5. Step E: arranging the transfer of a business as a TOGC for VAT, so that (if the vendor has opted or the sale would otherwise be mandatorily standard-rated) there is no VAT on the price for any land or buildings comprised in the sale.

6. Step F: the creation of a partnership to which land or buildings are to be transferred.

There is an important qualification. While the basic rule is that a scheme involving any number of the listed steps is exempt from disclosure, it is not exempt if it involves two or more of Steps A, C and D or more than one instance of Steps A, C or D.[52]

As to Step B and the word "single", HMRC's interpretation is that a scheme can use any number of *separate* listed reliefs without being disclosable but can only use a particular relief once. This means that a scheme which uses both the group and reconstruction reliefs will be disclosable because the Schedule lists them as one relief, i.e. relief under Sch.7 of the Finance Act 2003. However they state that they will regard identical claims on different properties as a single claim, so that if for example a scheme involves intra-group transfers of a number of properties they will regard the claims to group relief as a single claim.[53]

---

[50] Arrangements Regulations 2005, Sch., Step B(a),(aa).

[51] Arrangements Regulations 2005 Sch., Step B(b).

[52] Arrangements Regulations 2005 Sch. r.2. Rule 1 appears on the face of it to be otiose. There is therefore an argument that, in order to give meaning to r.1, r.2 is a qualification to r.1 and only applies where r.1 is engaged. But HMRC disagree: Guidance para.9.10.

[53] Guidance para.9.9.

Anti-avoidance

Who must disclose? Finance Act 2004 ss.307, 309, 310

If the scheme has a "promoter" it is he who must disclose. The definition of "promoter" covers much more than a promoter in the ordinary sense of the word, i.e. of a marketed scheme. It means a person who, in the course of a business of providing services relating to tax or the business of a bank or securities house:

17–020

- is *to any extent* responsible for the design of the proposed arrangements, or
- at a time when the proposed arrangements have been substantially designed, makes a firm approach to another person with a view to making the notifiable proposal[54] available for implementation by that other person or a third party, or
- actually makes the notifiable proposal available for implementation by other persons, or
- is to any extent responsible for the organisation or management of implemented arrangements.[55]

This will include a firm of accountants or lawyers who devise a scheme either for offering to a number of clients or ad hoc for a particular client (though for legal professional privilege see below). It will include, for example, a firm of surveyors if they give tax advice and contribute to the design of a scheme. However certain persons are not treated as promoters under the design head. They are persons who:

- provide tax advice but are not responsible for any element of design from which the tax advantage is expected to arise. This would cover a firm which reviews for a client a scheme designed by others is not a promoter unless it makes an (adopted) suggestion for tweaking the scheme on tax grounds in which case it will become one; or
- (even though their ordinary business includes the provision of tax services) do not provide tax advice in relation to the scheme. Thus a firm which, in the case, merely gives advice on, say, conveyancing or company law matters is not a promoter. A bank or securities house cannot take advantage of this exception; or
- are not responsible for the design of all the elements of the scheme and could not reasonably be expected to have sufficient

---

[54] For the meaning of "notifiable proposal" see para.17–017, above.
[55] Finance Act 2004 s.307(1).

Stamp Duty Land Tax

information to know whether the scheme is discloseable or to have the information which has to be disclosed.[56]

Where the promoter is (or, if there are more than one, all of them are) non-UK-resident he must still disclose, but if he does not anyone who enters into any scheme transaction must disclose instead.[57]

Where a scheme is designed entirely in-house (for example by the tax department of a company) there may be no "promoter" as defined. If so, anyone actually entering into a scheme transaction must disclose.[58]

What must be disclosed and when? Finance Act 2004 ss.308, 309, 310, Information Regulations 2012 rr.4, 5

17–021 A promoter must disclose on form AAG 1.[59] This and the other forms mentioned can be obtained at *www.hmrc.gov.uk/aiu/forms-tax-schemes.htm*, and can be delivered to HMRC by post or on line. This form must be delivered within five days of the earliest of:

- the date on which, the proposed arrangements having been substantially designed, the promoter first makes a firm approach to another person in relation to a notifiable proposal;
- the date on which the promoter actually makes the notifiable proposal available for implementation by another person, and
- the date on which the promoter first becomes aware of any actual transaction forming part of the arrangements.[60]

Because the definition of promoter is wide, more than one person may easily be a promoter in relation to a given scheme. If so, so long as one promoter discloses, the others are exempt if the disclosing promoter has disclosed to HMRC the names and addresses of the others (or the others have been given the SRN, see below) and they have a copy of the information which the disclosing promoter has disclosed, in practice a copy of the AAG 1 form.[61] The same applies if there are other

---

[56] Promoters Regulations 2004 r.4.
[57] Finance Act 2004 s.309.
[58] Finance Act 2004 s.310.
[59] Finance Act 2004 s.316, Information Regulations 2012 r.4(1).
[60] Finance Act 2004 s.308(1)–(3), Information Regulations 2012 r.5(5).
[61] Finance Act 2004 s.308(4), (4A).

promoters promoting not the same arrangements but substantially similar ones, even if involving different parties.[62]

A promoter is only required to disclose a given scheme once, even if he later makes it available to other persons (but he will have to notify the SRN, if he is given one, for ever more). This extends to a scheme which is not identical but is substantially similar.[63] There is no time limit, in other words no period after which he must rediscose.

In a case where all promoters are non-UK-resident and none of them disclose, so that the user has to, he must do so on form AAG 2. This he must do within five days of entering into the first transaction which is part of the arrangements.[64]

17–022

In the case of a scheme with no promoter the user must disclose on form AAG 3. This he must do within 30 days of entering into the first transaction which is part of the arrangements.[65]

Legal professional privilege: Finance Act 2004 s.314, Promoters Regulations 2004 r.6

When and insofar as a scheme is based on advice from a lawyer the client is entitled to legal professional privilege.[66] On general principles he can waive it, in which case disclosure must take place as explained above.[67] If he does not waive, the lawyer is not regarded as a promoter and must not disclose.[68] If there is no other promoter it is a scheme without a promoter and it follows that the scheme user must disclose, in this case within five days of entering into the first transaction which is part of the scheme.[69] However, the lawyer's advice is still privileged and the user (or any non-lawyer promoter) need not divulge the legal advice

17–023

---

[62] Finance Act 2004 s.308(4B), (4C).

[63] Finance Act 2004 s.308(5).

[64] Finance Act 2004 s.309, Information Regulations 2012 rr.4(2), 5(6).

[65] Finance Act 2004 s.310, Information Regulations 2012 rr.4(3), 5(8).

[66] Finance Act 2004 s.314; unless, in HMRC's view, it is a marketed scheme which the lawyer is marketing: Guidance para.3.10. This is presumably based on a view that privilege can only attach to advice given to a particular client.

[67] HMRC accept that he can, if he wishes, limit the waiver so that the waiver applies only for the purpose of making the disclosure: Guidance para.3.10.

[68] Promoters Regulations 2004 r.6.

[69] Information Regulations 2012 r.5(7).

Stamp Duty Land Tax

given. This means, in the writers' view, that the discloser must disclose the facts of the scheme but need not disclose any legal advice or analysis on which the scheme is based.

Scheme reference numbers: Finance Act 2004 ss.311–313ZA

17–024 Once a disclosure has been made, HMRC may, though they do not have to, allocate a scheme reference number ("SRN") to the scheme. There is then a merry-go-round of notification. HMRC must notify the SRN to the discloser, and any other promoter named by the discloser, within 30 days of the disclosure.[70] Any promoter who is notified of an SRN must notify any person ("client") to whom he is providing services in connection with the scheme. This he must do on form AAG 6(SDLT) within 30 days of receiving the SRN or becoming aware of any actual transaction which is part of the scheme, whichever is later.[71] There is thus no obligation to notify the client unless and until the scheme starts to be implemented. The "client" must in turn notify any other person who is or is likely to be a party to the scheme arrangements and might reasonably be expected to obtain a tax advantage from them.[72] This he must likewise do on form AAG 6(SDLT) and within 30 days of when he himself is notified or becomes aware of any actual transaction which is part of a scheme.[73] In this way parties to a scheme who have not been involved in procuring it but will derive a tax advantage from it are notified.

A promoter who is obliged to notify a "client" or clients must also notify HMRC of their names and addresses. This he must do within 30 days of the end of the calendar quarter in which he is notified of the SRN or becomes aware of the first scheme transaction, whichever is later.[74] In the case of a marketed scheme, for example, this may require notifications every quarter for a sizeable period.

A purchaser who is notified of an SRN must notify HMRC of it within 30 days of the effective date of the first land transaction which is part of the scheme or of receiving the SRN, whichever is later. This he must do

---

[70] Finance Act 2004 s.311.
[71] Finance Act 2004 s.312.
[72] Finance Act 2004 s.312A.
[73] Information Regulations 2012 r.7.
[74] Finance Act 2004 s.313ZA, Information Regulations 2012 r.13.

Anti-avoidance

on form AAG 4(SDLT).[75] Unlike in the case of some other taxes he cannot notify it to HMRC by including it in his ordinary return, and indeed there is nowhere in the SDLT 1–4 where it could be included.

Penalties: Taxes Management Act 1970 s.98C

A promoter or other person who fails to make the initial disclosure to HMRC is liable to a penalty of anything up to £1m.[76] For various other defaults, such as failing to notify a client of an SRN, the normal penalty is anything up to £5,000.[77] For a user who does not report his SRN to HMRC the penalty is between £100 and £1,000.[78]

17–025

It should also be borne in mind that if a scheme user defaults in complying with the DOTAS rules (for example by not reporting his SRN), then if the Stamp Office consider that the scheme is ineffective they have 20 years in which to make a discovery assessment claiming the tax (assuming that they can make one at all): para.19–018.

---

[75] Finance Act 2004 s.313, Information Regulations 2012 rr.10(1), (2), 12(1), (2).
[76] Taxes Management Act 1970 s.98C(1)(a)(i), (2)(a), (b), (c), (2ZB), (2ZC).
[77] Taxes Management Act 1970 s.98C(1)(a)(ii), (2)(d)–(f).
[78] Taxes management Act 1970 s.98C(3)–(5).

Chapter 18

Returns

The obligation to notify: ss.77, 77A

Certainly every chargeable transaction on which actual SDLT is payable **18–001** has to be "notified", i.e. reported to the Stamp Office on an SDLT return, but a large number of chargeable transactions which do not actually attract tax have to be notified in an SDLT return as well. The transactions that do need to be reported, and on an SDLT return, are set out in ss.77 and 77A of the Finance Act 2003. They are:

- the acquisition of a freehold if the chargeable consideration for it (or for it and any linked transactions) is £40,000 or more[1];
- the grant (i.e. the initial grant) of a lease for a term of seven years or more where the premium, if any, is £40,000 or more OR the "annual rent" is £1,000 p.a. or more.[2] "Annual rent" means the highest ascertainable rent provided by the lease for any year: rent reviews are therefore ignored unless perhaps there is an ascertainable maximum cap on them;
- the grant of a lease for less than seven years if it gives rise to actual SDLT, or would do but for a relief[3];
- the assignment or surrender of a lease which, when originally granted, was for seven years or more and the chargeable consideration for the assignment or surrender is £40,000 or more[4];
- the assignment or surrender of a lease which, when originally granted, was for less than seven years if the assignment or surrender gives rise to actual SDLT, or would do but for a relief[5];
- the acquisition of a non-major interest in land (for example an easement or an option, see para.2–002, 2–003) if it gives rise to actual SDLT or would do but for a relief[6];

---

[1] ss.77(1)(a), 77A(1) item 2.
[2] ss.77(1)(a), 77A(1) item 3. Curiously, linked transactions are not aggregated.
[3] ss.77(1)(a), 77A(1) item 5,(2).
[4] ss.77(1)(a), 77A(1) item 4. Curiously, linked transactions are not aggregated.
[5] ss.77(1)(a), 77A(1) item 6,(2).
[6] ss.77(1)(b).

277

Stamp Duty Land Tax

- a quasi-purchase, that is to say where s.44A applies, see paras 2–027 to 2–029, unless there is no chargeable consideration at all[7];
- B's deemed acquisition where A agrees to sell to B and B assigns the benefit of that contract to C, see para.8–011[8];
- a deemed acquisition under s.75A, the general anti-avoidance provision (see paras 17–005 to 17–012).[9] As the section only kicks in where it results in actual SDLT, notification needs only to be made if it does (or would do but for a relief).

Bear in mind that all the amounts stated include VAT if VAT is being paid.

The question whether there is chargeable consideration for a transaction, and how much, is in general decided irrespective of whether the transaction enjoys a relief. It is important to appreciate that the fact that the transaction is exempt because of a relief does not exempt the purchaser from notifying. What precisely count as "reliefs" for this purpose is not in every case clear, but purchasers should assume that (i) certainly all the provisions expressly listed at Q9 in the Stamp Office's Guide to the paper SDLT 1 are reliefs, (ii) certainly the nil rate band is not a relief and (iii) probably provisions which technically reduce chargeable consideration or rent—such as overlap relief or the works rule—are not reliefs. Where the purchaser is entitled to a relief he must notify and indicate in the return what relief he is claiming, see below.

18–002 An exception to the rule that notification must be made if a transaction would have attracted tax but for a relief is that transactions exempt under Sch.3 to the Finance Act 2003 do not have to be notified. These are:

- a transaction where there is no chargeable consideration at all,[10] though almost always such a transaction would not be notifiable anyway, see above;

---

[7] ss.77(1)(c), 77A(1) item 1.

[8] s.77(1)(e). It is presumably considered necessary to provide this expressly because B makes no acquisition on general principles, whereas in a sub-sale case he does. In either case if he is entitled to the exemption he will insert the appropriate figure (34) at Q9 of SDLT 1.

[9] s.77(1)(d). In *Project Blue Ltd v Revenue and Customs Commissioners* (2013) TC 2777, where the events occurred before the specific reference to s.75A was inserted into s.77, the tribunal interpreted the old s.77 as giving the purchaser an obligation to notify anyway.

[10] Sch.3 para.1.

Returns

- certain leases granted by registered social landlords and the like,[11] see para.15–011;
- certain transactions between husband and wife, or between civil partners, in connection with divorce, dissolution or separation,[12] see para.13–010;
- certain assents or appropriations by personal representatives,[13] see para.13–008; and
- certain variations of testamentary or intestacy provisions,[14] see para.13–009.

There are various other circumstances where the SDLT legislation states that a "return" is required, for example where group exemption is given to an intra-group transfer but the purchaser company leaves the group within three years, or because of an overage deal the purchaser has postponed some of his tax and the overage has now become ascertained. These are noted at the appropriate places in this book. Often what the Stamp Office want in these cases is not a land transaction return (SDLT 1, etc.) but a letter to the Birmingham Stamp Office. Again this is noted at the appropriate point.

The SDLT 1, SDLT 2, SDLT 3 and SDLT 4 forms

Where a transaction is notifiable the purchaser must complete a "land transaction return" and deliver it to the Stamp Office by the end of the period of 30 days after the effective date.[15] SDLT is a self-assessed tax and the purchaser must calculate the amount of tax, if there is any, and insert it in the return.[16] There are in fact four forms, SDLT 1 to 4, set out in a statutory instrument[17]; the SDLT 1 always has to be completed and the others sometimes, see below.

18–003

Returns may be filed on paper; alternatively practitioners (though not purchasers acting for themselves) may file on-line. On-line filing is, unlike for corporation tax and VAT, not compulsory: it is governed by the Stamp Duty Land Tax (Electronic Communications) Regulations

---

[11] Sch.3 para.2.
[12] Sch.3 paras 3 and the second(!) 3A.
[13] Sch.3 first para.3A.
[14] Sch.3 para.4.
[15] s.76(1).
[16] s.76(3).
[17] Sch.10 para.1, Stamp Duty Land Tax (Administration) Regulations 2003 (SI 2003/2837) r.9 and Sch.2.

Stamp Duty Land Tax

2005.[18] These boil down to saying that an on-line filer must be approved by the Stamp Office for the purpose and must comply with the procedural requirements generated by the software. Practitioners filing on paper should obtain a copy of the Stamp Office's Guides for completing paper SDLT 1 and SDLT 4 returns: these are available at *www.hmrc.gov.uk/sdlt/sdlt1.pdf* and *www.hmrc.gov.uk/sdlt/sdlt4.pdf*. On-line filers receive guidance on screen.

The forms are and always have been irritating as they are sometimes ambiguous, and they demand a fair amount of information that is not relevant to the SDLT calculation: this is HMRC trawling for information for its general data bank. They were rushed out when SDLT was introduced and have changed very little since. We comment on some of the trickier points below, by reference to the paper return.

SDLT 1

Q1 For what is residential and what is not see Chapter 4. Where the property is a site for residential development but construction has not yet started, put 03 for non-residential. Where some houses have been started and others not put 02 for mixed.

Q2 "Where there is a lease involved" is talking about the transfer of a freehold, or the assignment of an existing lease, subject to an existing lease or sub-lease.

Q7 Only answer "yes" if it is an exchange of a land interest for a land interest.

Q9 For what counts as a relief, see above. Note that it is possible to enter 28 for "other relief".

Q10 Assume that "consideration" means chargeable consideration. Therefore if the chargeable consideration is reduced, for example on a surrender and regrant of a lease (see para.9–023) insert the reduced or a zero figure as the case may be.

Q13 Where transactions are linked insert the total chargeable consideration, including the transaction the return is in respect of. For linkage see paras 3–013 to 3–018.

Q14 Where there are linked transactions, then, in spite of misleading advice in the Guide, insert here only the tax for the transaction the return is in respect of (though the rate may well be affected by the linkage)—unless you are returning all the linked transactions in this one return, which is not advisable, see para.3–018.

Q15 The figure here will only differ from the figure at Q14 if the purchaser has been given, or is anticipating receiving, permission to postpone some of his tax. See paras 4–008 to 4–010.

---

[18] SI 2005/844.

Returns

QQ16–25 Confusing, and the information demanded is often irrelevant to the purchaser's SDLT calculation. What the Stamp Office seem to want is: where the transaction is the purchase of a freehold subject to one lease, give details of that lease at QQ16 to 21 and leave QQ22 to 25 blank. If the freehold is subject to more than one lease enter details of one at QQ16 to 21 and details of the others on a separate schedule. If the transaction is the grant of a (new) lease complete QQ16 to 25 in relation to it; if it is subject to a sub-lease or sub-leases give details of them on a separate schedule. If the transaction is the assignment of a lease give details of that lease at QQ16 to 21 and leave QQ22 to 25 blank; if it is subject to a sub-lease or sub-leases give details of them on a separate schedule. The forms of schedule can be obtained from *www.hmrc.gov.uk/so/sdlt1_guidance.pdf* (for residential property) and *www.hmrc.gov.uk/so/sdlt2_guidance.pdf* (for non-residential).

Q17 This is the contractual term start date as stated in the lease, even if that is earlier than the date of grant.

Q27 Where more than one piece of property is being acquired in the transaction, one certainly wants a separate SDLT 5 (see below) for each. In fact it is probably better, because less confusing to the Stamp Office, to put in wholly separate returns for each property, though they will of course be linked.

QQ4–56 Where the buyer is a bare trustee or nominee it is the person for whom he is bare trustee who counts as the purchaser, unless the transaction is the grant of a lease (see para.13–002), and the return should be completed accordingly.

QQ50, 51 There is a problem where the purchaser is an overseas company, perhaps a new company, without either a UK VAT registration, a UK UTR (Unique Taxpayer Reference) number or an overseas tax reference. In such a case the solicitor is meant to ring the Stamp Office helpline for guidance.

Q72 See the Guide at Q72 for which supplementary returns (SDLT 2, SDLT 3 or SDLT 4), if any, have to be completed. The only common transaction for which only an SDLT 1 has to be completed is the purchase or lease of a single residential property from one or two vendors to one or two individual purchasers.

Q73 Signature: when the return is filed on-line the purchaser will not actually sign, but the solicitor or licensed conveyancer should send him a print-off of the return and obtain, and retain, the client's written confirmation that it is correct and complete to the best of his knowledge and belief—or that it is apart from the effective

Stamp Duty Land Tax

date. The agent is allowed to insert the effective date later, in which case he (the agent) must declare that the effective date is to the best of his knowledge correct.[19]

SDLT 4

Q1 What this question is after is the amount of the overall consideration attributed to items *not* liable to SDLT. Do not include the figure attributed to the property itself in the amount box. The Stamp Office often open an Enquiry into cases of business purchases, investigating whether there has been a proper apportionment of the price. Goodwill and chattels are particular areas of dispute. See paras 2–019 to 2–026.

QQ8–37 The Guide, below the entry for Q7, gives important instructions as to which parts of the SDLT 4 have to be completed in which circumstances.

QQ34, 35 and 37 Details of service charges and reverse premiums have to be inserted even though they do not attract tax—an example of HMRC's insatiable appetite for information. It should be assumed that the information will be passed on to other parts of HMRC who may be interested in the taxation of the reverse premium.

No white space. Disclosure to the Stamp Office. Rulings

18–004 There is no "white space" on the SDLT return, in other words a space where the purchaser can add something which he thinks should be drawn to the Stamp Office's attention. It will sometimes be desirable for a purchaser to do so, for example if the facts are complicated and susceptible of more than one analysis, or if his solicitor has taken a view on a difficult point which he knows differs, or thinks might well differ, from the Stamp Office's view. The particular advantage of making a full disclosure is that the Stamp Office, if they do not open an Enquiry into the return within nine months and 30 days of the effective date, cannot make a discovery assessment, that is, claim tax later. These matters are examined at paras 19–013 to 19–017. As there is no white space the purchaser or his solicitor should say what he wants to say in a letter to the *Birmingham* Stamp Office, not Netherton. It is desirable to send a copy of the submitted return with the letter. The Stamp Office do not accept communications, other than the return itself, sent to Netherton as having been drawn to their attention (though if a purchaser or

---

[19] Sch.10 para.1A.

Returns

solicitor in ignorance of that writes to Netherton it is difficult to see how they could argue that it has not been drawn to their attention).

It is also possible for a purchaser's advisers to apply to the Stamp Office for an advance ruling as to their opinion on the SDLT consequences of a transaction under the CAP 1 or NSBC procedure. This is explained at paras 51000 and 51010 of the SDLT Manual and at *www.hmrc.gov.uk/ cap/*. Applications should be sent to the Technical Team, Birmingham Stamp Office. It can be done before the transaction or before the return is sent in, but the Stamp Office like as much notice as possible. HMRC say that they will not help with tax planning, or advise on transactions designed to avoid or reduce the tax charge that might otherwise be expected to arise. Of course, the ruling is not binding, but at Q3 of the SDLT 4 the purchaser must disclose that he has applied for a ruling and state whether or not he is following it.

Sending in the return and payment. The filing date

Returns must be *received by* the Stamp Office by the "filing date", that is **18–005** the thirtieth day after the effective date—for example if the effective date is July 30 it must be received by August 29.[20] For penalties for late filing see para.19–023. On-line returns will, of course, be filed on-line: paper returns must be filed by DX or by post to the address at Netherton, Merseyside shown at the end of the SDLT 1. It is best, if filing by post close to the deadline, to use first class post and allow two working days—though there have been a number of cases where posting first class one working day before the deadline has been held to constitute a reasonable excuse when it arrived late and the Stamp Office sought a penalty. Ideally proof of posting should be obtained.

Methods of payment are set out on the last page of the paper SDLT 1. Payment does not have to accompany the return but likewise it must be received by the Stamp Office not later than the expiry of 30 days after the effective date.[21] Receipt by the Stamp Office of a cheque by that date is enough if it is met on first presentation.[22] For interest if payment is made late see para.19–021.

---

[20] s.76(1), Sch.10 para.2.
[21] ss.76(1), 86(1), Sch.10 para.2.
[22] s.92.

283

Stamp Duty Land Tax

Interaction with land registration: s.79

18–006 The Land Registry is involved to a limited extent in the policing of SDLT. Under s.79 of the Finance Act 2003 the Chief Land Registrar, the Land Registry of Northern Ireland or the Registry of Deeds for Northern Ireland are not to register, record or otherwise reflect in a register entry any document effecting or evidencing any *notifiable* (in the SDLT sense) transaction unless the purchaser produces a certificate from the Stamp Office, an SDLT 5. This is a certificate that the Stamp Office has received a land transaction return for the transaction.[23]

What happens in practice is that if a paper return is made it is scanned into the Revenue's system and is given a quick computerised check, which checks for example that the entries tally arithmetically and all the boxes that have to be compulsorily filled in have been filled in. If the Stamp Office consider that there is a defect the purchaser's solicitors are sent an SDLT 8 notice and they must sort it out with the Stamp Office. If the filing is on-line the Revenue's computer raises any query of this kind instantaneously on screen—this is a major advantage of on-line filing. Subject to that, the Stamp Office issue the SDLT 5, quickly (instantly on-line if the filing is on-line). There is therefore no check of the return's substance at this stage. HMRC decided as a matter of policy, under some political pressure, that they would not cause land registration to be held up while the substance of returns is investigated. (This was a problem with stamp duty—if there was a dispute about the amount of duty the Stamp Office held on to and did not stamp the document, the purchaser or lessee had no stamped document to register and registration of title was held up.)

By way of an exception there are some chargeable transactions where an SDLT 5 is not required even though they are notifiable.[24] If a Land Registry entry is applied for as a result of a transaction of this kind the Land Registry must make it without seeing an SDLT 5. The main one is where there is substantial performance of a purchase contract or agreement for lease, for example when a purchaser or lessee takes possession of substantially the whole of the land without completing. In fact the purchaser's or lessee's solicitors will rarely want to make a Land Registry entry as a result of *that* at all—if they apply to the Registry

---

[23] s.79(3), Stamp Duty Land Tax (Administration) Regulations 2003 (SI 2003/2837) rr.1–7.

[24] s.79(2), (2A).

284

Returns

before completion it will generally be immediately after the *contract*, and the contract itself is not a chargeable transaction at all, so no question of an SDLT 5 can arise.

Where a chargeable transaction is not notifiable, for example it is a purchase of a freehold for less than £40,000, no SDLT 5 is required. The solicitor simply applies to the Land Registry. At one time the purchaser had to sign, and the solicitor send in with the Land Registry application, a "self-certificate" (an SDLT 60) certifying that the transaction was not notifiable, but this requirement was abolished in 2008. The Registry seem only rarely to query the absence of an SDLT 5 but there is always the possibility that they will if the transaction looks on the face of it as though it attracts tax—an example might be the grant of a new lease where as regards SDLT the rent is almost entirely cancelled by overlap relief (see para.9–023). In such a case the solicitor can either anticipate the question by explaining the position in a covering letter to the Land Registry or can wait to see whether the Registry do in fact query it.

18–007

It is important to appreciate that, so long as it receives an SDLT 5 (if one is required), the Land Registry has no power to refuse or delay title registration or other register entries on SDLT grounds. It is not unknown for Land Registry staff to alert the Stamp Office if they consider that a transaction is one which they (the Stamp Office) should investigate, but, to repeat, that does not entitle them to hold up registration.

Chapter 19

Enquiries, discovery, penalties, etc.

Introduction

This chapter deals with administrative and compliance matters other than the return. On some matters the SDLT legislation adopts, or is very similar to, the provisions for what tax practitioners call "direct tax[1]" (income tax, corporation tax and capital gains tax), and where this is so the chapter deals with the matter in outline only: readers needing further detail are referred to standard works on those taxes.

19–001

Records: Sch.10 paras 9–11

A purchaser is obliged to keep "such records as may be needed to enable him to deliver a correct and complete return", and to preserve them for six years from the effective date or, if later, until any Enquiry into the return is concluded. The records to be kept and preserved include documents relating to the transaction and any supporting plans, and records of payments, receipts and financial arrangements.[2] The records may be kept in any form and by any means (for example by scanning them into a computer system), or it is enough that the information contained in them, rather than the records themselves, is preserved.[3] There is a penalty of up to £3,000 for a failure to comply with these requirements.[4] It is anyway in the purchaser's interests to keep records of this kind, as without them it may be difficult to discharge the onus of showing, for example, that a discovery assessment is wrong.

19–002

---

[1] Presumably deriving from the fact that VAT and its predecessors are indirect in the sense that they are not normally borne by the person who pays the tax to the Revenue. But it is not very logical to call stamp duty or SDLT indirect taxes. In one way they are more direct than income tax, capital gains tax or corporation tax in that they are levied on the gross price rather than on net income or gains.

[2] Sch.10 para.9(3), Sch.11 para.4.

[3] Sch.10 para.11, Sch.11 para.5.

[4] Sch.10 para.12, Sch.11 para.6.

Stamp Duty Land Tax

Correction of return by Stamp Office: Sch.10 para.7

19–003 The Stamp Office is empowered, without opening a formal Enquiry, to correct *obvious* errors or omissions in a land transaction return (whether errors of principle, arithmetical mistakes or otherwise). This is done by the Stamp Office giving notice to the purchaser, and they cannot do it more than nine months from the effective date or (if the correction is of an amendment made by the purchaser, see below) more than nine months from that amendment. The purchaser cannot appeal against such a correction: his remedy, if he disagrees with it, is to re-amend the return to reject the correction or, if he is out of time to do that (see below), give a notice rejecting the correction.[5]

Amendment of return by purchaser: Sch.10 para.6

19–004 The purchaser has a period during which he can amend his return in any respect, by giving notice to the Stamp Office. The legislation says[6] that the amendment must be in such form and give such information as HMRC require, but they have published nothing, so it should take the form of a letter to the Stamp Office. If the amendment involves the purchaser being entitled to a refund, he must send in with it the contract and the transfer, lease or other completion document.[7] In the writers' view, if the amendment does involve his being entitled to a refund, by implication the Stamp Office must either make the repayment or open an Enquiry or make a discovery assessment to reverse it. Any amendment under this provision must, "except as otherwise provided", be made within twelve months of the filing date for the return, in other words within twelve months + 30 days from the effective date.[8] This time limit is important in that the SDLT legislation, where it requires a relief to be *claimed,* and in certain other cases, stipulates that it must be done in the return or by amending it. A case has reached the tribunal where the taxpayer substantially performed an agreement for lease and paid tax but the agreement was later (partly, as it happens) rescinded. Under para.12A(4) of Sch.17A the taxpayer was entitled to a refund, to be claimed by amending its return, which it was out of time to do. The

---

[5] Sch.10 para.7(4).
[6] Sch.10 para.6(2).
[7] Sch.10 para.6(2A).
[8] Sch.10 para.6(3).

Enquiries, discovery, penalties, etc.

taxpayer is claiming that because para.12A itself contains no time limit this is an "otherwise provided" case.[9]

HMRC take the view, with which the writers agree, that amending his return does not ipso facto save the purchaser from a penalty if the error in his return led to an under-self-assessment of tax, though the fact that that he has amended, particularly if it was unprompted, should affect the level of penalty. Readers should not assume that the twelve month + 30 day time limit means that if the purchaser discovers after expiry of that period that he has under-declared he can keep quiet about it: see para.19–027, below.

Enquiries: Sch.10 paras 12–21

There is nothing to stop the Stamp Office asking questions without opening an Enquiry, but the main way for them to investigate cases which they want to investigate is to open an Enquiry into the land transaction return. They need no reason to do this, and in the case of income tax and corporation tax it is believed that some Enquiries are truly random. In the case of SDLT the writers understand that certain things in the return are more likely to trigger an Enquiry, such as asking for a ruling or showing consideration at the top of a band or just below it. The Stamp Office can only open an Enquiry during the "Enquiry window", which normally closes nine months from the filing date for the return, therefore nine months + 30 days from the effective date. If the purchaser files late the window closes nine months after he files. If the Enquiry follows a purchaser's amendment to his return the window closes nine months after he made the amendment.[10] The Stamp Office may only hold one Enquiry into a return, unless the purchaser amends his return in which case they can open a second Enquiry following that amendment.[11] Where under the SDLT legislation a purchaser has to put in a subsequent return (for example where an uncertain price becomes certain, see paras 4–007 to 4–009, or where a purchaser company leaves a group, see para.11–017) the Stamp Office is also empowered to open an Enquiry into that and there is a corresponding Enquiry window.[12]

19–005

As will be seen, if the Stamp Office fail to open an Enquiry (or they open one and close it) the purchaser is given a measure of protection

---

[9] *Portland Gas Storage Ltd v Revenue and Customs Commissioners* [2014] S.T.I. 2406 (UT). So far only procedural points have been decided.

[10] Sch.10 para.12(2).

[11] Sch.10 para.12(3).

[12] Sch.10 para.12(2A). See, for example, ss.80(3), 81(3).

289

Stamp Duty Land Tax

from a demand for tax later (a discovery assessment). The thinking is that the purchaser who makes an honest and painstaking return and self-assessment should be entitled to early finality. But as we will see this protection is heavily hedged about.

The provisions about Enquiries follow the income tax, corporation tax and capital gains tax provisions.[13] The Enquiry is initiated by the Stamp Office giving the purchaser notice to that effect,[14] and they will generally copy in his solicitor or other agent. At one time they had special powers to demand information for the purposes of their Enquiry but they will now rely on their (widened) general power to demand information, see below.

19–006   The Enquiry proceeds. It is an enquiry into anything contained in the return, or required to be contained in it, except that if the Enquiry follows a purchaser's amendment to his return and was only initiated in the permitted extended period (see above) it can only extend to the amendment and its consequences.[15] The Revenue's Enquiry Manual, though directed to income tax, capital gains tax and corporation tax cases, gives an indication of their practice and procedure. In the case of SDLT one hopes that most Enquiries should be concluded without inordinate delay, but it is not unknown for them to last for many years, particularly where the purchaser has used an avoidance scheme and he and the Stamp Office are waiting for a test case to go through the courts.

The purchaser may still amend his return while the Enquiry is in progress provided he is in time to do so, see above. But the amendment will not have effect until the Enquiry concludes.[16]

It is possible for the purchaser and the Stamp Office, during the course of an Enquiry, to *jointly* refer a question to the First-tier Tribunal. It they do, the Enquiry continues until the matter is finally decided.[17]

---

[13] Taxes Management Act 1970 ss.9A–9C, 28ZA–28A, Finance Act 1988 Sch.18 paras 24–35.

[14] Sch.10 para.12(1), though this need not be formal or use the word "enquiry": *Portland Gas.*

[15] Sch.10 para.13.

[16] Sch.10 para.18.

[17] Sch.10 paras 19–22.

Enquiries, discovery, penalties, etc.

Demands for tax during the Enquiry

The Stamp Office normally wait until the end of the Enquiry before claiming additional tax. However:

19–007

- they have the power to make a "jeopardy assessment" while it is going on if they "form the opinion ... that unless the [purchaser's self-] assessment is immediately amended there is likely to be a loss of tax to the Crown",[18] in other words that they may not be able to collect the tax if they wait.[19] The purchaser may appeal against such an assessment, and apply for postponement of payment of the tax, in accordance with the usual rules, see Chapter 20;
- and under ss.219 to 229 of the Finance Act 2014 they have the right, in various circumstances where there has been an avoidance scheme, to issue an "accelerated payment notice" requiring the purchaser to deposit the amount of tax in dispute. This is not an assessment, it is a requirement to deposit money on account pending resolution of the matter.

Concluding the Enquiry: Sch.10 paras 23, 24

An Enquiry is brought to an end by the Stamp Office issuing a "closure notice" to the purchaser. In this they must state that they have completed their enquiries and state their conclusions. It must either state that they consider that no amendment of the return is required or make the amendments to the return required to give effect to their conclusions.[20]

19–008

A closure notice is irrevocable.[21] The officer issuing it sets out the amendments he wants but does not, in it, set out his reasoning. An important question, which has reached the Supreme Court in an income tax case,[22] is to what extent the contents of the notice limit the line that he can take in an appeal, if the purchaser appeals. Broadly he is restricted to defending his conclusions and amendments but he can invoke _reasons_ for them which did not occur to him, or which he did not ventilate, during the Enquiry. A closure notice can state alternative

---

[18] Sch.10 para.17.

[19] For the Revenue's practice on these jeopardy assessments see their Enquiry Manual paras 1950–1955.

[20] Sch.10 para.23. In _Portland Gas_ correspondence not expressly referring to an Enquiry or closure was held to constitute a closure notice.

[21] _Bristol and West Plc v Revenue and Customs Commissioners_ [2014] S.T.I. 869 (UT).

[22] _Tower MCashback LLP 1 v Revenue and Customs Commissioners_ [2011] S.T.C. 1143 (SC).

Stamp Duty Land Tax

conclusions, with the *amendment* reflecting the officer's preferred one. The officer can then argue for either.[23]

There is no fixed time limit by which the Stamp Office must issue their closure notice or demand extra tax in it.[24] The purchaser can try to force the pace by applying to the First-tier Tribunal for a direction that the Enquiry be closed, not immediately but within whatever period the Tribunal decrees, though forcing the Stamp Office's hand is not always in the taxpayer's interests. He may decide on this, for example, if the officer has been slow or is asking many questions of doubtful relevance. An important point is that the onus is then on the Stamp Office to show why closure would be unreasonable.[25] There is a good deal of income tax and corporation tax case law on closure applications. The applicant has a good chance of success if the Stamp Office has been given all the relevant facts and the dispute is a stalemate: it is then better for the Enquiry to be closed and the Stamp Office to make an amendment against which the purchaser can appeal.

Any additional tax liability arising from the amendments made by the closure notice to the land transaction return is payable "forthwith".[26] If the purchaser disagrees with the amendments he may appeal within 30 days of the date when the closure notice was issued, and he has the usual ability to apply for postponement of the tax pending the appeal. Appeals are dealt with in Chapter 20.

Stamp Office's power to demand information and documents: Finance Act 2008 Sch.36

19–009   HMRC's (wide) powers to require information and the production of documents are set out in Sch.36 to the Finance Act 2008. They are common to income tax, capital gains tax, corporation tax, VAT, SDLT and a number of other taxes. They are not restricted to cases where an Enquiry is on foot, but an important point is that HMRC cannot use these powers after an Enquiry has closed, or the Enquiry window has passed without their opening an Enquiry, unless the officer can make out a prima facie case that he is entitled to make a discovery assessment, see below.[27]

---

[23] *Revenue and Customs Commissioners v D'Arcy* [2006] S.T.C. (STD) 543.
[24] *Morris v Revenue and Customs Commissioners* (2007) 79 T.C. 184. (Ch D).
[25] Sch.10 para.24.
[26] s.86(3).
[27] *R (o/a/o Johnston) v Branigan* [2006] EWHC 885 (QBD, Admin).

Enquiries, discovery, penalties, etc.

In brief, an officer is empowered to give the purchaser a notice (a "taxpayer notice") requiring him to provide any information, or to produce any document in his possession or power, reasonably required by the officer for the purpose of checking the purchaser's tax position.[28] "Document" is widely defined as including anything on which information is stored, including a computer or computer's memory.[29] In practice the officer will almost always ask for what he wants informally first, without invoking his statutory powers. If he does resort to his powers he has a choice: he can simply give the notice himself or he can apply to the Tribunal for its advance approval. In the former case the purchaser has a right of appeal against the notice in which he can argue, for example, that the material is not reasonably required.[30] (Note however that he cannot resist producing documents that are part of his "statutory records"—a widely defined phrase as it includes all records which *any* tax legislation obliges him to keep.) In the latter case he has no right of appeal at all and if he wants to contest the officer's notice he must resort to judicial review.

Where the purchaser has made a land transaction return, as he normally will have done, he may not be issued a taxpayer notice unless an Enquiry is in progress or the officer has reason to suspect that the purchaser has under-self-assessed.[31]

An officer is also empowered to give a notice (a "third party notice") to any other person requiring him (the third party) to provide information or produce documents reasonably required for the purpose of checking the purchaser's SDLT or other tax affairs. The officer must obtain either the consent of the purchaser or the advance approval of the Tribunal.[32] In the former case the third party has a right of appeal, but only on the ground that complying would be unduly onerous.[33] **19–010**

Certain documents are exempt from having to be produced, including:

1. Documents concerning the conduct of a pending appeal.
2. Documents protected by legal professional privilege. There are provisions for resolving disputes as to whether a document is privileged.

---

[28] Finance Act 2008 Sch.36 para.1.
[29] Finance Act 2008 Sch.36 para.58.
[30] Finance Act 2008 Sch.36 para.29.
[31] Finance Act 2008 Sch.36 para.21A.
[32] Finance Act 2008 Sch.36 paras 2, 3.
[33] Finance Act 2008 Sch.36 para.30.

Stamp Duty Land Tax

3.   A tax adviser cannot be required to produce communications which are his property and are between him and his client or another tax adviser for the purpose of giving or receiving tax advice.

3 does not protect *the client* from having to produce such material, but often he would have a good case on appeal or judicial review for resisting it.

Stamp Office's right to inspect: Finance Act 2008 Sch.36

19–011   The same schedule gives HMRC the right to enter the purchaser's business premises and inspect any business assets or statutory records (records which *any* tax legislation requires him to keep).[34] This is a right to inspect, not a right to search: it entitles the officer to look only at what is on view; it does not entitle him to force entry. HMRC are also entitled to enter *any* premises for the purpose of valuing or measuring them.[35] In each case there are various procedures the officer must follow, and again he can proceed either with the approval of the Tribunal or without.

Stamp Office determinations: Sch.10 paras 25–27

19–012   The Stamp Office is only able to open an Enquiry if the purchaser has filed a land transaction return. What do they do if no return has been delivered but they suspect that one should have been? Their main weapon is the determination. If no return has been delivered they may make a "determination", to the best of their information and belief, of the tax chargeable and serve it on the purchaser.[36] They cannot do this more than four years after the effective date.[37] (An alternative weapon is to make a discovery assessment, where the time limit is sometimes longer, see below.)

The purchaser has only a very limited right of appeal against a determination.[38] Otherwise his recourse is to file a land transaction

---

[34]   Finance Act 2008 paras 10–12, 13, 14.
[35]   Finance Act 2008 Sch.36 paras 12A–14.
[36]   Sch.10 para.25(1).
[37]   Sch.10 para.25(3).
[38]   Sch.10 para.36(5A).

294

Enquiries, discovery, penalties, etc.

return (late), in which case that return supersedes the determination. He must file this within four years of the effective date or twelve months of the determination, whichever period expires later.[39]

Discovery assessments: Sch.10 paras 28–32

If the Stamp Office *discover* that the purchaser has made an under-self-assessment, or that there has been in any other way (for example in a closure notice) an under-assessment of tax, they are empowered, subject to certain rules, to assess him to the tax, or extra tax, which they consider due.[40] They can do this whether or not he made a land transaction return, but the typical case is where he made one but they did not open an Enquiry in time, or opened one but closed it without picking up the point. The legislation closely follows income tax, capital gains tax and corporation tax provisions.[41]

19–013

Where the Stamp Office purports to make a discovery assessment there are always two questions, namely:

1. Is it a valid exercise of their powers under paras 28 to 32? The onus is on them to show that it is.[42] If the answer is 'no' the assessment is bad, however sound their claim in substantive tax law.
2. This arises only if the answer to 1 is yes. Is the assessment correct on the substance? The onus here, as usual, is on the purchaser to show it wrong.

"Discover" has been widely interpreted by the courts. It covers not only the ascertainment of new facts, but also a new analysis of known facts. It includes the making of a different analysis of the law from a previous officer's (or of the same officer's previous analysis). It includes the ascertainment of an oversight by a previous officer (or the officer himself).[43] However there are limits to "discover". There must be an "element of newness" about it. It must "newly appear" that the purchaser has under-self-assessed or failed to make a return. In particular if the officer (or presumably a predecessor) spots a point but

---

[39] Sch.10 para.27.
[40] Sch.10 para.28(1).
[41] Taxes Management Act 1970 s.29, Finance Act 1998 Sch.18 paras 41–45.
[42] *Revenue and Customs Commissioners v Household Estate Agents Ltd* [2008] S.T.C. 2045.
[43] *Cenlon Finance Co. Ltd v Ellwood* [1962] A.C. 782 (HL); *Parkin v Cattell* (1971) 48 T.C. 462; *Steel Barrel Co. Ltd v Osborne (No.2)* (1948) 35 T.C. 73.

Stamp Duty Land Tax

fails to do anything about it, after a time a purported discovery assessment will lack the element of newness and be bad.[44]

19–014 Further, where the purchaser has made a land transaction return for his acquisition he has a measure of protection from a discovery assessment. This protection is part of the self-assessment regime, the thinking being that a purchaser who has made an honest and painstaking return ought generally to be immune from further SDLT demands once the Enquiry window has closed, or any actual Enquiry has come to an end. Accordingly, where the purchaser has made a land transaction return, para.30 of Sch.10 provides that a discovery assessment may not be made unless either:

1. the under-self-assessment, etc. is *attributable to* fraudulent or negligent conduct by the purchaser or anyone acting on his behalf; or
2. at the time when the Enquiry window closed or a closure notice issued the Stamp Office "could not have been reasonably expected, on the basis of the information made available before that time, to be aware of" the under-self-assessment, etc.[45]

These are essentially questions of fact, and the onus is on the Stamp Office to show them. In relation to 2:

"information is ... made available to" the Stamp Office if, and only if,
    i.   it is contained in the return;
    ii. it is contained in any documents produced or information provided to the Stamp Office for the purposes of an Enquiry into the return;
    iii. it is information "the *existence* of which, *and the relevance of which* as regards" the under-self-assessment etc., "could reasonably be expected to be inferred by" the Stamp Office from materials within i or ii; or
    iv. it is information "the *existence* of which, *and the relevance of which* as regards" the under-self-assessment etc., "are notified in writing to the Stamp Office by the purchaser or a person acting on his behalf".[46]

This definition is exhaustive: other information which the Stamp Office in fact have, however compelling, must be ignored when considering

---

[44] *Cenlon; Charlton v Revenue and Customs Commissioners* [2012] S.T.C. 485 (UT).
[45] Sch.10 para.30(2), (3).
[46] Sch.10 para.30(4).

Enquiries, discovery, penalties, etc.

whether the purchaser is protected by 2.[47] Where the purchaser has used an SDLT avoidance scheme which the promoter has disclosed to the Revenue under the disclosure of schemes legislation (DOTAS) and the purchaser discloses in the SDLT 1 the scheme reference number (SRN), as he is obliged to, the promoter's disclosure is likely to count as available to the Stamp Office under iii,[48] and he has a good chance of being within 2, as he was in *Charlton v Revenue and Customs Commissioners.*

It is not too easy for a purchaser to be protected by 2. There is a good deal of income tax and corporation tax case law on it. The courts' and tribunals' attitude is that HMRC should be free to make a discovery assessment unless they have overlooked something clearly wrong, as distinct from something that should be investigated; otherwise a taxpayer would slip out of liability by disclosing enough to alert a vigilant tax officer, if his disclosure was in fact overlooked. As Auld LJ observed[49]:

19–015

> "the key to the scheme is that the Inspector is to be shut out from making a discovery assessment ... only when the taxpayer or his representatives, in making an honest ... return or in responding to an ... enquiry, have clearly alerted him to the insufficiency of the [self-]assessment."

For example in *Revenue and Customs Commissioners v Household Estate Agents Ltd*[50] a company disclosed on its corporation tax return and claimed as an allowable expense payments to an employee benefit trust. They were in law only allowable for the year if the trust had paid them out as emoluments during the year or within nine months of the year end—it had not. The Revenue instituted no Enquiry. But subsequently they purported to make a discovery assessment to disallow the deduction. The High Court concluded that the return could have been perfectly accurate—had the trust paid the money out within nine months—and therefore certainly did not alert the officer to an actual underdeclaration; so the discovery assessment was good.

However, an important principle is that it is not necessary that the return, etc. shows that there was certainly an underdeclaration, or, if so, its amount. It is enough that it gave the officer enough information to

---

[47] *Langham v Veltema* [2004] S.T.C. 544 (CA).
[48] *Charlton v Revenue and Customs Commissioners* [2013] S.T.C. 866 (UT).
[49] *Langham v Veltema.*
[50] [2008] S.T.C. 2045 (Ch D).

Stamp Duty Land Tax

amend the purchaser's self-assessment (for example by starting an Enquiry and then issuing a closure notice).[51]

Where a purchaser has carried out a transaction where the SDLT position is not clear, it is common for his advisers, at the same time as they arrange for the return to be made, to write to the Birmingham Stamp Office (see above under the heading "No White Space"), attaching a copy of the return, explaining the position and the view that has been taken. One of the main purposes of this is to make sufficient disclosure to bring the case within 2, so that if the Stamp Office do not open an Enquiry within the Enquiry window the client should be safe.

Valuation cases

19–016   Sometimes the market value of property is relevant for SDLT, for example in the case of exchanges and transfers to connected companies. On general principles sending in a copy of the valuation would not protect the purchaser from a discovery assessment, because the valuation will not itself indicate that it is incorrect.[52] However, following the case of *Langham v Veltema* HMRC issued a statement of practice (SP 1/06) for income tax, capital gains tax and corporation tax which it is hoped they will apply to SDLT. This is that "most" taxpayers who explain that they have used a valuation and state who made it, and that it was carried out by an independent and suitably qualified valuer if that was the case (it does not seem to be essential that it was the case), will be protected from a discovery assessment (though of course they are not protected from an Enquiry if the Revenue open one). It is not necessary to send in the valuation itself, unless the Stamp Office ask for it.

The prevailing practice exception: Sch.10 para.30(5)

19–017   The Stamp Office may not make a discovery assessment on the ground of a mistake in a return if the return was made on the basis or in accordance with the practice generally prevailing at the time it was made.[53] This is intended to be a protection against the Stamp Office changing their mind on a point quite generally. But the onus is on the

---

[51] *Revenue and Customs Commissioners v Lansdowne* [2012] S.T.C. 544 (CA), *Charlton v Revenue and Customs Commissioners* [2013] S.T.C. 866 (UT), both cases where it was held that the taxpayer had disclosed enough to bar a discovery assessment.
[52] *Langham v Veltema* [2004] S.T.C. 544 (CA).
[53] Sch.10 para.30(5).

Enquiries, discovery, penalties, etc.

purchaser to show a prevailing practice and it is very difficult.[54] Even a statement in a Revenue Manual does not prove one,[55] though no doubt it is a pointer towards one.

Time limits for discovery assessments: Sch.10 para.21

As has been said, once the Stamp Office has opened an Enquiry there is no fixed time limit for the closure notice, including for any demand of tax in it. But there are time limits for discovery assessments: after the limit has passed no assessment will be good however sound the Stamp Office's demand in substance. The rules are:

19–018

1. The time limit is four years from the effective date, unless a longer limit (below) applies.[56]
2. If the "loss of tax", normally the under-self-assessment, has been brought about carelessly by the purchaser or someone acting on his behalf, the time limit is six years from the effective date.[57] A loss of tax is "brought about carelessly" if the person fails to take reasonable care to avoid bringing it about.[58] If the person provides erroneous information to the Stamp Office without carelessness, later discovers that it was inaccurate and fails to inform them his conduct is promoted to careless (though not to deliberate).[59]

It should be noted that, while when it comes to penalties the purchaser is not ipso facto responsible for the carelessness, etc. of his agent, the agent's carelessness, etc. does hobble him when it comes to time limits. (Note, however, that a pure adviser, not drawing up the return or dealing with the Stamp Office on his behalf, is not someone "acting on behalf of the Purchaser".)

3. If the loss of tax is brought about deliberately by the purchaser or his adviser, the time limit is a full 20 years from the effective date.[60]

---

[54] *Revenue and Customs Commissioners v Household Estate Agents Ltd* [2008] S.T.C. 2045 (Ch D); *Boyer Allan Investment Services Ltd v Revenue and Customs Commissioners* [2013] S.F.T.D. 73.

[55] *Boyer Allan.*

[56] Sch.10 para.31(1).

[57] Sch.10 para.31(2).

[58] Sch.10 para.31A(2).

[59] Sch.10 para.31A(3).

[60] Sch.10 para.31(2A)(a).

299

Stamp Duty Land Tax

This includes a loss of tax brought about as a result of a deliberate inaccuracy in a document given to the Stamp Office.[61]

4. If the loss of tax *is attributable to* a failure by the purchaser to file a land transaction return at all, the time limit is again 20 years.[62] There is no *mens rea* here, it applies even if the purchaser was not careless. On the other hand the failure to file must have caused the loss of tax. For example if the Stamp Office knew about the liability at an early date and failed to assess then, the loss of tax is attributable to their delay, not to the purchaser's failure to file.

5. If the loss of tax *is attributable to* the purchaser's failure to comply with a DOTAS requirement, for example the requirement to show the scheme reference number (SRN) in his return, the time limit is again 20 years from the effective date.[63] Note that the purchaser is not penalised by a failure by the promoter, only by a failure by him himself.

It is the assessment that must be made by the expiry date, not the notice of the assessment to the purchaser, which follows later. The assessment is an internal Stamp Office act, originally done by making an entry in an assessment book, now no doubt done electronically.

19–019   A discovery assessment cannot override a contract settlement. It is possible, and common, for a taxpayer and HMRC to reach a binding agreement about a tax liability and its quantum, and this is valid as a contract in general contract law: it binds HMRC and prima facie the taxpayer (though for the taxpayer's position see below). It must be clear that there is a deal, a consensual agreement.[64]

Where a purchaser has to file a supplementary return, for example where a fixed term lease runs on or an uncertain price becomes certain, the time limit for a discovery assessment arising because that return is erroneous runs, unsurprisingly, from the relevant trigger date rather than the original effective date.[65]

The tax charged by a discovery assessment must be paid within 30 days of when the assessment is issued.[66] A purchaser who disagrees with it

---

[61]   Sch.10 para.31A(4).
[62]   Sch.10 para.31(2A)(b).
[63]   Sch.10 para.31(2A)(c), (d).
[64]   *Southern Cross Employment Agency Ltd* [2014] S.T.I. 545.
[65]   See for example s.80(3) and Sch.17A para.3(4).
[66]   s.86(4).

Enquiries, discovery, penalties, etc.

may appeal within 30 days of the notice of assessment, and has the usual right to apply to postpone payment of the tax. Appeals are dealt with in Chapter 20.

Refunds of overpaid SDLT: Sch.10 paras 34–34E

We have been considering the case of the purchaser who the Stamp Office consider has not paid the tax that he should, or not paid enough. What about the purchaser who considers that he has overpaid? There are provisions under which he can sometimes obtain a refund but they are grudging and considerably hedged about. Very similar provisions apply for income tax, corporation tax and capital gains tax.[67]

19–020

He must make a claim, and within four years of the effective date.[68]

In a number of circumstances he is not entitled to a refund under these provisions. Sometimes the result is that he is not entitled to a refund at all.[69]

1.   Where the mistake was to do with a claim or election—making one, not making one or making a mistake in one.
2.   Where he can obtain relief by taking other steps under the Finance Act 2003—most obviously amending his return if he is still in time to do that.
3.   Where he could have done that, the time limit for it has expired and he knew, or ought reasonably to have known, before it expired that he could have done so.
4.   Unsurprisingly, where the point has been in issue in an appeal and the Tribunal found against him, or the appeal was settled on terms that he was not entitled to the refund.
5.   Where he could have appealed on the point but did not, and he knew, or ought reasonably to have known, that he could have.
6.   Where he did appeal on another ground, he could have raised the matter of a refund in that appeal, and before determination or withdrawal of that appeal he knew, or ought reasonably to have known, of the ground he is now putting forward.

---

[67]   Taxes Management Act 1970 Sch.1AB, Finance Act 1998 Sch.18 paras 50–53.
[68]   Sch.10 para.34B(1).
[69]   Sch.10 para.34A.

Stamp Duty Land Tax

7. Where he paid in consequence of enforcement proceedings. One might think that he would have a particularly strong case here, because of the element of compulsion, but no.
8. Where his payment was in accordance with generally prevailing practice. The principles here are the same as in the case of discovery assessments, see above. The fact that it is very difficult (for the Stamp Office, here) to show a prevailing practice helps the purchaser here.

Where the purchaser has made a "contract settlement", that is a binding compromise with the Stamp Office as to the amount of tax due, rather surprisingly that seems not to prevent him claiming that tax or some of it back if he considers that he agreed to pay too much.[70]

Interest: ss.87, 89

19–021   The general rule is that on any tax not paid by 30 days from the effective date—whether that is because the purchaser simply pays late or because he has to pay because of a closure notice or discovery assessment—interest runs from the 31st day from the effective date, so that for example if the effective date was June 30, interest starts to run on July 31.[71] This is so even if he appeals and is allowed to postpone payment of the tax—if he eventually loses he has to pay interest from 30 days after the effective date.

Where a post-completion event gives the purchaser an obligation to put in a special return and pay tax, or extra tax—for example where the group exemption is withdrawn when the purchaser leaves the group, or where he has been given permission to postpone payment on overage and the overage is calculated—the interest position is explained at the appropriate place in this book. Generally interest runs from the 31st day after the triggering event, if the tax is unpaid by then.[72]

The rate of interest is essentially Bank of England bank rate plus 2.5 per cent.[73] It is not compounded.

---

[70] Sch.10 para.34E(1). But the Stamp Office could conceivably argue that this provision only deals with clerical errors following the deal, e.g. if following the deal the purchaser by mistake made his cheque out for too much.

[71] s.87(3)(c).

[72] s.87(3).

[73] s.87(7), Finance Act 1989 s.178, Taxes and Duties (Interest Rate) Regulations 2011 (SI 2011/2446).

302

Enquiries, discovery, penalties, etc.

There are no "reasonable excuse" provisions which the purchaser can try to invoke to avoid paying interest. The Tribunal has no power to waive interest.[74]

19-022

Where the purchaser has overpaid and the Stamp Office make him a refund, he is entitled to interest on his overpayment, running from when he paid it or (if later) the date when it was payable.[75] The rate is essentially 0.5 per cent or (if higher) official Bank of England bank rate minus 1 per cent, and so a good deal lower than the rate on money owed *to* the Office. It is not taxable income in his hands.[76]

Penalty for failing to file return on time: Sch.10 paras 3–5

A purchaser who fails to file a land transaction return by the filing date, 30 days from the effective date, is liable to a penalty. This is £100. If he has not filed by three months after the filing date the penalty is £200 rather than £100.[77]

19-023

In addition, if the Stamp Office have, after the filing date, issued him a notice demanding that he file a return, and he does not, they may request the Tax Tribunal to impose a daily penalty on him of up to £60 per day running from the date he is notified of the Tribunal's direction until he makes the return.[78] There is no cessation date for this penalty.

If by twelve months after the filing date the purchaser has not filed the Stamp Office may impose a penalty of a sum which is anything up to the amount of SDLT due on the transaction (this is in addition to the above penalties and, of course, to the SDLT itself).[79] If he is also liable to a penalty under the inaccurate return, etc. provisions (see below) he is effectively only liable to the higher.[80]

Although the above penalties at first sight only apply to the land transaction return, that is the return that has to be made within 30 days after an acquisition, there are corresponding penalties for failures to file

---

[74] *Grattan v Revenue and Customs Commissioners* [2012] S.F.T.D. 214.
[75] s.89, Finance Act 1989 s.178, Taxes and Duties (Interest Rate) Regulations 2011 (SI 2011/2446).
[76] s.89(5).
[77] Sch.10 para.3.
[78] Sch.10 para.5.
[79] Sch.10 para.4.
[80] s.99(2A).

303

Stamp Duty Land Tax

other returns, for example where an uncertain overage becomes a certain figure or where, after an intra-group transaction enjoyed the group exemption, the purchaser company leaves the group.[81]

Time limits and procedure: Sch.14

19–024 Time limits and procedure are governed by Sch.14 of the Finance Act 2003. It provides that "An officer of the Board ... may make a determination imposing the penalty, and setting it at such amount as in the officer's opinion is correct or appropriate".[82] This indicates that the penalty figures are maxima, not fixed, and that an *automatic* levying of a penalty, without considering whether it and its amount are appropriate in the circumstances of the case, is unlawful. The officer must serve a notice of the determination on the purchaser and unless he appeals he must pay it within 30 days of the date of issue of the notice.[83]

As to time limits, the rules are very similar to the time limits for making discovery assessments, see above, though they run from when the penalty was incurred, not the effective date. The basic rule is that the Stamp Office's determination must be made within four years of the date when the penalty was incurred.[84] Where the case involves a loss of tax brought about carelessly by the purchaser or his agent, the limit is six years, and where the loss of tax is brought about deliberately or in certain other circumstances the limit is 20 years.[85] Where the penalty is tax-geared the limit, if later, is three years from the final determination of the tax.[86]

The purchaser may appeal against a penalty by giving notice within the usual 30 days of the date of notice of determination. He cannot be required to pay the penalty until the Tribunal has given its decision. The tribunal has a free hand to make its own decision about the penalty, and even to increase it subject to the permitted maximum.[87] The provisions about review explained in the next chapter apply equally here.

---

[81] See for example ss.80(3), 81(3).
[82] Sch.14 para.2(1).
[83] Sch.14 para.2(2).
[84] Sch.14 para.8(2).
[85] Sch.14 para.8(3), (4A)–(4C).
[86] Sch.14 para.8(4).
[87] Sch.14 para.5.

Enquiries, discovery, penalties, etc.

Reasonable excuse: s.97(2)

If the purchaser has a reasonable excuse for failing to file on time he is not liable to a penalty so long as he files without unreasonable delay after the excuse ceased.[88] Reasonable excuse cases depend very much on their facts, but the general approach of the Tribunal is to ask itself whether the failure is one which a purchaser who conscientiously intended to honour his SDLT obligations might well have committed. A purchaser who reasonably trusts his solicitor or other agent to file on time has a reasonable excuse, until circumstances indicate to him that things have gone wrong.[89] Where the purchaser or his agent sends a return by first class post on the day before the deadline the purchaser will have a reasonable excuse if it is not received the following day (unless it is a Sunday),[90] but this presupposes that the purchaser can establish on the balance of probabilities that it was indeed posted on the day he claims. Among other things, where a paper return is made and it is claimed that it was lost in the post, the Stamp Office expect, as confirmation, the solicitor to take up the non-receipt of the SDLT 5 promptly. For the Revenue's general views on reasonable excuses see their Enquiry Manual paras 5151–5182.

19–025

In addition the Stamp Office have a quite general power to mitigate the penalty.[91]

No penalty for failure to pay on time

There is no penalty for merely failing to pay the tax on time, though of course interest runs. There will be a penalty when Sch.56 of the Finance Act 2009 is brought into force for SDLT, but at the time of writing this has not yet happened.

19–026

Penalty for inaccurate returns and other communications: Finance Act 2007 Sch.24

The penalty rules for making erroneous returns and other erroneous statements to the Stamp Office are in Sch.24 of the Finance Act 2007, a regime common to income tax, corporation tax and capital gains tax and

19–027

---

[88] s.97(2).
[89] *Browne v Revenue and Customs Commissioners* [2011] S.F.T.D. 67.
[90] *Browns CTP Ltd v Revenue and Customs Commissioners* [2012] UKFTT 88 (TC). See Interpretation Act 1978 s.7.
[91] s.99(2).

Stamp Duty Land Tax

many other taxes as well as SDLT. If the purchaser "gives HMRC a document" which contains a careless or deliberate inaccuracy he is liable to a penalty. "Document", of course includes the land transaction return but is not confined to it: "giving a document to HMRC" is very widely defined and includes the communication of any material to HMRC, even by telephone or (presumably) in a face to face meeting.[92] The inaccuracy must be, or lead to, an understatement of liability to tax, or a false or inflated entitlement to a tax repayment.[93]

An innocent (neither careless nor deliberate) error attracts no penalty. An inaccuracy is careless if it is due to failure by the purchaser to take reasonable care. An inaccuracy which initially is innocent, neither careless nor deliberate, is treated as careless if he (or his agent) spots it but does not take reasonable steps to inform HMRC (though it is not promoted to deliberate, even if the decision not to notify HMRC is deliberate).[94] As to whether an inaccuracy is deliberate, "deliberate" is not defined, but it is wider than the old word "fraudulent" because it requires deliberation but not dishonesty; but it must be strongly arguable, however, that to act deliberately in the context of these provisions the person must realise that what he is doing is wrong. An important point is that the onus is on HMRC to show that the error was careless or deliberate.

The purchaser is not automatically responsible for the carelessness of his solicitor or other agent. He escapes liability *provided* that he satisfies HMRC that he took reasonable care to avoid inaccuracy—in other words he is expected to review returns and other communications so far as he is able.[95]

19–028 The penalty is a percentage of the "potential lost revenue", meaning the extra tax due as a result of the error's being corrected.[96] The level of penalty depends on whether the inaccuracy was careless or deliberate, and if deliberate whether the purchaser's action was concealed or not. An inaccuracy is "deliberate and concealed" if it was deliberate and he made arrangements to conceal the inaccuracy.[97] The percentages are:

- Careless: 30%/15%/0%

---

[92] Finance Act 2007 Sch.24 paras 1(4) (see in particular the last entry in the table), 28(h).
[93] Finance Act 2007 Sch.24 para.1.
[94] Finance Act 2007 Sch.24 para.3.
[95] Finance Act 2007 Sch.24 para.18.
[96] Not a happy piece of drafting, as the tax was due all along, but it is clear what is meant.
[97] Finance Act 2007 Sch.24 para.3(1).

Enquiries, discovery, penalties, etc.

- Deliberate but unconcealed: 70%/35%/20%
- Deliberate and concealed: 100%/50%/30%

Prima facie the penalty is the first percentage in each case.[98] However, if the purchaser "discloses the inaccuracy" HMRC *must* reduce the penalty. "Disclose the inaccuracy" means telling HMRC about it, giving them reasonable help in quantifying it and allowing them access to records for the purpose of checking it.[99] The level of reduction should reflect the quality (including timing, nature and extent) of the disclosure. But, subject to the defence mentioned below, HMRC cannot reduce it below the second figure in each case if his disclosure is prompted and the third if it is unprompted. A disclosure is "unprompted" if made at a time when the person making it has no reason to believe that HMRC have discovered or are about to discover the inaccuracy, i.e. are going to pick it up anyway.[100]

Where the purchaser is a company and the inaccuracy was deliberate, the Stamp Office may assess all or part of the penalty on a director or other officer to whom the inaccuracy was attributable instead of on the company.[101] He may appeal. The Stamp Office are more likely to resort to this when the company is insolvent or overseas.

There is no "reasonable excuse" defence to an erroneous document **19–029** penalty, no doubt because the Stamp Office have to show at least carelessness anyway. But the Stamp Office do have a wide power to further reduce the penalty to any extent, or extinguish, a penalty for "special circumstances". This does not include ability to pay, but is otherwise undefined.[102]

It is possible for HMRC to suspend a penalty for a careless (though not a deliberate) inaccuracy, subject to whatever conditions they stipulate. They are only entitled to suspend if complying with one or more of the conditions would help the purchaser avoid further careless inaccuracies (whether relating to SDLT or other taxes).[103] As SDLT is not for most purchasers a regular liability it is unlikely that the Stamp Office will often

---

[98] Finance Act 2007 Sch.24 para.4.
[99] Finance Act 2007 Sch.24 para.9.
[100] Finance Act 2007 Sch.24 paras 9, 10.
[101] Finance Act 2007 Sch.24 para.19.
[102] Finance Act 2007 Sch.24 para.11.
[103] Finance Act 2007 Sch.24 para.14.

Stamp Duty Land Tax

agree to suspend, but an example might be a property company engaging in many transactions—the condition might be to engage a different solicitor or other agent.[104]

The same Schedule to the Finance Act 2007 imposes penalties on:

1. the purchaser, if he is under-assessed to tax by HMRC and he does not take reasonable steps to alert them. The maximum penalty is 30 per cent of the tax under-assessed[105];
2. a person who deliberately supplies false information not to HMRC direct but to, say, the purchaser, where it consists of, or is intended to contribute to, an inaccurate document; and that document is given to HMRC. The maximum penalty is 100 per cent of the potential lost revenue, but if the purchaser is also liable to a penalty for the same inaccuracy the aggregate penalties cannot exceed 100 per cent.[106]

Any "tax agent" who in the course of so acting does something dishonest with a view to bringing about a loss of tax revenue is liable under Sch.38 of the Finance Act 2012 to a penalty of between £5,000 and £50,000. He is not liable to it in relation to an acquisition if he is liable to a penalty under 2 above in relation to the same acquisition.[107]

Time limits and procedure

19–030 If the Stamp Office seek an error penalty they must assess the purchaser to it and notify him, and the assessment must be within 12 months of the latest day on which he could have appealed against the correcting assessment or closure notice or, if he actually appeals, when the appeal is determined or withdrawn.[108] If the purchaser does not appeal against the penalty he must pay it within 30 days.[109] He can appeal within the usual 30 days and, if so, does not have to pay the penalty until he loses.[110] On appeal the Tribunal may substitute its own decision for the Stamp Office's (this includes increasing the penalty if the Office could

---

[104] See *Testa v Revenue and Customs Commissioners* [2013] S.F.T.D. 723.
[105] Finance Act 2007 Sch.24 paras 2, 4C.
[106] Finance Act 2007 Sch.24 paras 1A, 4B, 12(4).
[107] Finance Act 2012 Sch.38 para.34.
[108] Finance Act 2007 Sch.24 para.13(3), (5).
[109] Finance Act 2007 Sch.24 para.13(1A).
[110] Finance Act 2007 Sch.24 paras 15, 16.

have levied a higher one), except that it cannot, except on judicial-review-type grounds, disturb a decision of theirs on "special circumstances" or on suspension.[111] The Tribunal has, however, no power, outside these provisions, to cancel a penalty just because it considers it unfair: that would be to arrogate to itself a judicial review power that it does not have.[112]

---

[111] Finance Act 2007 Sch.24 para.17.
[112] *Revenue and Customs Commissioners v Hok Ltd* [2013] S.T.C. 225 (UT).

Chapter 20

Appeals and Reviews

The Tribunal's jurisdiction: Sch.10 para.35

The purchaser's normal remedy, if he cannot reach agreement with the **20–001**
Stamp Office in a dispute with them, is to appeal to the First-tier (tax)
Tribunal. Not absolutely every dispute can be referred to the Tribunal:
its jurisdiction is limited by statute[1] to appeals by the purchaser against:

1. conclusions stated and amendments made by a closure notice,[2] see
   para.19–008;
2. a jeopardy assessment, see para.19–007;
3. a discovery assessment, see paras 19–013 to 19–019;
4. an assessment to recover an over-repayment of SDLT; and
5. a determination (but against that an appeal can only be made if the
   "purchaser" is alleging that one of certain types of fundamental
   mistake has been made, for example is alleging that the purchase
   never took place at all.[3] His normal remedy is to file a land
   transaction return, as explained in para.19–012).

Suppose, for example, that a purchaser (while in time to do so) amends
his self-assessment with the result that his tax liability is prima facie
reduced; the Stamp Office do not open an Enquiry and simply refuse to
repay him. The purchaser cannot appeal to the Tax Tribunal, because
the Stamp Office have made no assessment or other decision which the
Tribunal has jurisdiction to hear an appeal against. He would have to
apply to the ordinary courts claiming a debt due or by way of judicial
review. Hopefully the Stamp Office would never behave in that way; but
they did seek to do so in a case where the purchaser purported to amend
out of time and they refused to repay. The Upper Tribunal rescued the
situation by holding that the Stamp Office had opened and closed an
Enquiry, even though it had not expressly stated that it was doing so.[4]

---

[1] Sch.10 para.35.
[2] Including a closure notice of an Enquiry into a *claim*. Sch.11A para.14.
[3] Sch.10 para.36(5A).
[4] *Portland Gas Storage Ltd v Revenue and Customs Commissioners* [2014] S.T.I. 2406 (UT).

311

Stamp Duty Land Tax

Subject to these niceties of jurisdiction, the statutory provisions about appeals and reviews are almost identical to the income tax, corporation tax and capital gains tax provisions[5] and are therefore described here in outline only. The organisation and procedure of the Tribunal are governed by the Tribunals, Courts and Enforcement Act 2007 and the Tribunal Procedure (First-tier Tribunal) (Tax Chamber) Rules 2009.[6] Readers requiring further information are referred to *Hamilton on Tax Appeals*.[7]

Making the appeal: Sch.10 para.36

20-002   The ordinary rule is that the purchaser, if he wishes to appeal, must give notice of it *to HMRC*, not to the Tribunal at this stage. He must give the notice to the staffer who issued him the closure notice, assessment or whatever he is appealing against. He must give notice within 30 days of the date the closure notice, etc. was issued. No special form has to used, but the notice must give the grounds of appeal, and it is important not to overlook this (grounds can generally be varied or added to later under the Tribunal Procedure Rules).[8]

Obviously it is better if the appeal is filed on time, but it is possible to appeal out of time if the Stamp Office agree. If they do not agree the purchaser can apply to the First-tier Tribunal for permission, but he must try the Stamp Office first.[9] The Tribunal has a wide discretion—it is not only a matter of whether or not the purchaser has a reasonable excuse for not giving notice on time, it can take into account other factors such as the length of the delay and the strength of his substantive case.[10]

Making an appeal does not ipso facto mean that the purchaser is allowed to postpone payment of the tax that has been assessed, etc.[11] However the Stamp Office may agree that it can be postponed and will generally do so if the purchaser has an arguable case. If the Stamp Office will not agree postponement the purchaser can apply to the Tribunal within 30 days of the Stamp Office's letter of refusal. The Tribunal must allow postponement of "the amount (if any) by which it appears that there are

---

[5]   Taxes Management Act 1970 ss.31A, 48–57.
[6]   SI 2009/273.
[7]   Bloomsbury Professional, 2010.
[8]   Sch.10 para.36.
[9]   Sch.10 para.44.
[10]   *O'Flaherty v Revenue and Customs Commissioners* [2013] S.T.C. 1946 (UT).
[11]   Sch.10 para.38.

Appeals and Reviews

reasonable grounds for believing that the [purchaser] is overcharged".[12] This is interpreted as meaning the amount of tax in the case of which he has an arguable case.[13] Unlike in the case of VAT, the question of whether having to pay would cause him hardship is irrelevant.

There is also a separate provision which the Stamp Office can invoke in various circumstances where there has been an avoidance scheme. Under ss.219 to 229 of the Finance Act 2014, the Stamp Office can give the purchaser an "accelerated payment notice" requiring him to deposit the avoided tax on account. As well as doing this if the purchaser has appealed, they can also do it if simply an Enquiry is running.

Sometimes there is a review: Sch.10 paras 36A–36I

It is possible for the purchaser, having lodged his appeal, to ask the Stamp Office to review their decision before the case proceeds further. Or the Stamp Office may offer to review it. To some in the tax profession these review rules cause irritation. They believe that review causes bureaucracy and delay and HMRC should be carefully considering their position anyway. However it can sometimes be helpful if the purchaser's advisers believe that their client has a good case and that the case officer is taking an entrenched and unreasonable position—on review a fresh mind at HMRC is meant to look at it. And it is certainly cheaper than pursuing the matter to tribunal.

20–003

The review procedure is tricky and advisers who want a review, or who are offered one, need to familiarise themselves with it so as not to fall into any trap.

If the purchaser does not want a review, and the Stamp Office has not offered one, all he has to do is to give notice of his appeal (again), this time to the Tribunal office itself.[14] There is no special time limit. No special form has to be used, but it must contain various pieces of information and it is best to use the form TS-TaxAp 1, which can be downloaded from *www.tribunals.gov.uk/Tax/Documents/NoticeofAppealPDFV1.pdf*.

---

[12] Sch.10 para.39.

[13] *Pumahaven Ltd v Williams* [2003] S.T.C. 890 (CA).

[14] Sch.10 paras 36A(1)(c), 36D. If the purchaser is not interested in a review it is simplest if he does this immediately after notifying his appeal to HMRC; this prevents the Stamp Office offering a review: para.36C(7)(c).

313

Stamp Duty Land Tax

20–004 Or the purchaser may require a review. He, or in practice almost certainly his advisers, notify the staffer with whom they have been dealing. The Stamp Office *must* then carry out a review. The first step is that they notify the purchaser of their (present) view. This they must do within 30 days of the purchaser's notification "or such longer period as is reasonable". They then carry out their review. They must notify their conclusions to the purchaser within 45 days of their notification of their (original) view or such longer period as may be agreed. If they do not do so their original view is deemed to be the conclusion of the review.[15] Their conclusion or deemed conclusion binds the purchaser unless he appeals, see below.[16]

Or the Stamp Office may offer a review. If so they must simultaneously notify the purchaser of their (present) view. If the purchaser wishes to accept the offer of review he must notify that to the Stamp Office within 30 days of that notification, and the review proceeds as set out above.[17]

If the review takes place and the purchaser does not accept its conclusion or deemed conclusion, he must appeal to the Tribunal within 30 days of the Stamp Office's notification to him of that conclusion.[18] Note that this is a second notification—the first was to HMRC. If he was offered a review but rejected the offer of it or did nothing he must, if he does not accept the Stamp Office's stated view, appeal to the Tribunal within 30 days of the Stamp Office's notification of that view—this is a particular trap.[19] If the purchaser misses the time limit he can only appeal if he obtains the Tribunal's permission (not the Stamp Office's, though if the Stamp Office do not oppose his application that will be a point in his favour).[20]

As to how a review is conducted in practice, see the Tribunals Reform Review Officer Guided Learning Unit (*www.hmrc.gov.uk/about/review-officer-glu.pdf*). It has to be conducted by an officer who not been involved in the case, and is not the case officer's line manager.

---

[15] Sch.10 paras 36A(1)(a), 36B, 36E.
[16] Sch.10 para.36F.
[17] Sch.10 paras 36A(1)(b), 36C, 36E.
[18] Sch.10 para.36G.
[19] Sch.10 para.36H.
[20] Sch.10 paras 36G(3), 36H(3).

Appeals and Reviews

Settlements with the Stamp Office: Sch.10 para.37

It is possible at any stage to settle an appeal by agreement with the Stamp Office. If the settlement is oral it must be confirmed in writing by the Stamp Office to the purchaser or by the purchaser to the Stamp Office. The settlement then has effect as if the Tribunal had handed down a decision on the same terms as the settlement agreement. However the purchaser, though not the Stamp Office, is given the right, by giving notice within 30 days of the agreement or confirmation, to resile from it.[21]

20–005

It is also possible on general legal principles to reach a binding settlement with the Stamp Office even if the purchaser has not yet appealed or they have not yet made an assessment or other appealable decision. The settlement then binds both parties under general contract law. There must be an intention to commit contractually, though words like "full and final settlement" are not necessary.[22] A deal whereby the Stamp Office give in entirely cannot be a binding contract, because there is no consideration.

If the purchaser wishes to withdraw from an appeal, in other words to give in, he should notify the Stamp Office in writing, and that is binding (unless, again, he resiles from it within 30 days). The Stamp Office have the right to give notice within 30 days of the notice of withdrawal insisting that the appeal goes ahead—this is very uncommon but they might do it if they want to set a precedent.[23] In any case where the Stamp Office might seek a penalty a purchaser's advisers should think very carefully before simply withdrawing an appeal; it leaves their client wide open on penalties. It is better to reach a negotiated settlement which includes the penalty question.

Judicial review

Where there is no assessment or other decision against which the purchaser can appeal to the First-tier Tribunal, but he considers that the Stamp Office have behaved improperly administratively, his remedy is to apply to the ordinary courts for judicial review. This is far from easy and

20–006

---

[21] Sch.10 para.37(1)–(3).

[22] *Southern Cross Employment Agency Ltd v Revenue and Customs Commissioners* [2014] S.T.I. 545.

[23] Sch.10 para.37(4).

315

Stamp Duty Land Tax

can be expensive. It might arise, for example, if the Stamp Office had given him a pre-transaction ruling as to the SDLT treatment of his transaction and had not honoured it; but the courts will not give a remedy in such a case unless the purchaser put the full circumstances before HMRC and the ruling was clear and devoid of relevant qualification.[24]

The purchaser must generally apply to the ordinary court (the Administrative Court of the Queen's Bench Division). The Upper Tribunal has a judicial review jurisdiction but a very limited one—it is confined to reviewing First-tier Tribunal decisions, where an ordinary appeal is not possible, and dealing with particular cases which the High Court delegates to it.[25]

---

[24] *R. v I.R.C., ex parte MFK Underwriting Agencies* [1990] S.T.C. 873 (QBD).
[25] Tribunals, Courts and Enforcement Act 2007 s.15, Senior Courts Act 1981 s.31A.

Appendix

Connected Persons

SDLT adopts the definition of connected persons contained in section 1122 of the Corporation Tax Act 2010, which reads as follows.

"1122 "Connected" persons

(1) This section has effect for the purposes of the provisions of the Corporation Tax Acts which apply this section (or to which this section is applied).

(2) A company is connected with another company if–
    a)   the same person has control of both companies,
    b)   a person ("A") has control of one company and persons connected with A have control of the other company,
    c)   A has control of one company and A together with persons connected with A have control of the other company, or
    d)   a group of two or more persons has control of both companies and the groups either consist of the same persons or could be so regarded if (in one or more cases) a member of either group were replaced by a person with whom the member is connected.

(3) A company is connected with another person ("A") if–
    a)   A has control of the company , or
    b)   A together with persons connected with A have control of the company.

(4) In relation to a company, any two or more persons acting together to secure or exercise control of the company are connected with–
    a)   one another, and
    b)   any person acting on the direction of any of them to secure or exercise control of the company.

(5) An individual ("A") is connected with another individual ("B") if–
    a)   A is B's spouse or civil partner,
    b)   A is a relative of B,
    c)   A is the spouse or civil partner of a relative of B,

Stamp Duty Land Tax

    d)   A is a relative of B's spouse or civil partner, or

    e)   A is the spouse or civil partner of a relative of B's spouse or civil partner.

(6)   A person, in the capacity as trustee of a settlement, is connected with –

    a)   any individual who is a settlor in relation to the settlement,

    b)   any person connected with such an individual,

    c)   any close company whose participators include the trustees of the settlement,

    d)   any non-UK resident company which, if it were UK resident, would be a close company whose participators include the trustees of the settlement,

    e)   any body corporate controlled (within the meaning of section 1124) by a company within paragraph (c) or (d),

    f)   if the settlement is the principal settlement in relation to one or more sub-fund settlements, a person in the capacity as trustee of such a sub-fund settlement, and

    g)   if the settlement is a sub-fund settlement in relation to a principal settlement, a person in the capacity as trustee of any other sub-fund settlements in relation to the principal settlement.

(7)   A person who is partner in a partnership is connected with –

    a)   any partner in the partnership,

    b)   the spouse or civil partner of any individual who is a partner in the partnership, and

    c)   a relative of any individual who is a partner in the partnership.

(8)   But subsection (7) does not apply in relation to acquisitions or disposals of assets of the partnership pursuant to genuine commercial arrangements.

1123 "Connected" persons: supplementary

(1)   In Section 1122 and this section–

- "company" includes any body corporate or unincorporated association but does not include a partnership (and see also subsection (2)),
- "control" is to be read in accordance with sections 450 and 451 (except where otherwise indicated),
- "principal settlement" has the meaning given by paragraph 1 of Schedule 4ZA to TCGA 1992,

Connected Persons

- "relative" means brother, sister, ancestor or lineal descendant,
- "settlement" has the same meaning as in Chapter 5 of Part 5 of ITTOIA 2005 (see section 620 of that Act), and
- "sub-fund settlement" has the same meaning given by paragraph 1 of Schedule 4ZA to TCGA 1992.

(2) For the purposes of section 1122 –

    a) a unit trust scheme is treated as if it were a company, and

    b) the rights of the unit holders are treated as if they were shares in the company.

(3) For the purposes of section 1122 "trustee", in the case of a settlement in relation to which there would be no trustees apart from this subsection, means any person –

    a) in whom the property comprised in the settlement is for the time being vested, or

    b) in whom the management of that property is for the time being vested.

Section 466(4) of ITA 2007 (which applies for the purposes of the Corporation Tax Acts as a result of section 1169 below) does not apply for the purposes of this subsection.

(4) If any provision of section 1122 provides that a person ("A") is connected with another person ("B"), it also follows that B is connected with A.'""

"Control" of a company is very widely defined in ss.450 and 451 of the same Act. Over-simplifying, essentially a person or persons are treated as controlling a company if they actually control it or have a right to acquire control of it. But they are also deemed to control it if, for example, they own the greater part of the issued share capital or would be entitled to the greater example, they possess or are entitled to acquire the greater part of the company's issued share capital or would be entitled to the greater part of the net proceeds of the company on a winding up (loan creditor rights are taken into account in this last test). A person has imputed to him the rights of his associates, and a person or persons have imputed to them the rights of any other company which they control.

Index

All references are to paragraph number

Acquisition
generally, 2–005
without preceding contract, 2–007
Acquisition relief
clawback, 11–033
generally, 11–029—11–033
procedure, 11–031
Agreement for lease
assignment of, 10–006, 10–007
generally, 10–003—10–007
Alternative finance investment bonds,
16–010, 17–004
Alternative property finance (ch.16 passim)
anti-avoidance, 16–005, 16–009
background, 16–001
financial institution, 16–002
group relief, interaction with, 16–004
purchase and lease, 16–007
purchase and sale, 16–008
section 75A, interaction with, 16–009
Amending the SDLT legislation, 1–011, 1–012
Annual tax on enveloped dwellings, 3–019
Anti-avoidance (ch.17 passim)
courts' attitude, 17–002
general anti-abuse rule (GAAR), 17–014, 17–015
general SDLT rule (section 75A) *see* **Anti-avoidance rule, general SDLT (section 75A)**
retrospective legislation, 17–013
targeted provisions (TAARs), 17–002
Anti-avoidance rule, general SDLT (section 75A)
alternative property finance, 16–005, 16–009
compliance, 17–012

generally, 1–007, 17–005—17–012
partnership cases, 12–029, 12–030
Stamp Office practice, 17–010, 17–011
sub-sales, 8–004, 8–014
white list, black list, 17–010, 17–011
Appeals
generally, 20–001—20–005
settlement of, 20–005
Apportionment
completion, 4–001
of price, 2–018
Assessments *see* **Discovery assessments**
Assignment of contract
see also **Sub-sales (ch.8 passim)**
exemption, 8–011
for lease, 10–006, 10–007
generally, 8–002
Assignment of lease, 9–024
Avoidance *see* **Anti-avoidance (ch.17 passim); Anti-avoidance rule, general SDLT (section 75A)**
Background to SDLT, 1–005—1–008
Building works *see* **Works**
Business as a going concern
generally, 2–023—2–026
VAT, 4–013
Capital gains taxation, 2–032, 3–019
Chain-breaking trader, relief for purchase by, 15–004
Chargeable consideration
apportionment of, 2–018
cash, ch.4 passim
contingent, 4–004—4–010
debt, ch.5 passim
foreign currency, 4–003
in kind, ch.6 passim
unascertained, 4–004—4–007
uncertain, 4–004—4–010, 6–013

Stamp Duty Land Tax

works, 6–009—6–013
Chargeable interest, 2–001—2–004
Chargeable transaction, 2–001
Charities
   anti-avoidance, 14–001, 14–005
   "charitable trust", 14–002
   clawback, 14–003
   definition of, 14–001
   exemption, 14–001
   generally, 14–001—14–006
   joint purchase with non-charity, 14–005,
    14–006
   mostly charitable use, 14–004
   overseas, 14–001
Chattels, 2–019—2–022
Civil partners, 13–010
Closure notices, 19–008
Company
   connected, market value rule,
    7–004—7–011
   definition, 7–002
   distributions by, 7–009—7–011
   holding property in, 7–003
   purchase of dwelling by, 3–019—3–027
Completion
   apportionments, 4–001
   failure to complete, 2–017
   following substantial performance, 2–016,
    2–017
   generally, 2–006—2–008
Compulsory purchase, 14–009
Connected persons
   company, market value rule, 7–004—7–011
   definition, Appendix
   linked transactions, 3–013—3–018
   sub-sales, 8–008—8–011
Consideration *see* **Chargeable**
   consideration
Contract
   generally, 2–008
   settlements with HMRC, 19–019
Co-ownership, 13–001
Corporation tax, 2–033
Death *see* **Estates of deceased persons**
Debt
   assumption of
    by PRs, 13–008
    generally, 5–002—5–005

company cases, 7–009—7–011
   joint names cases, 5–005
   transfer for release of, 5–001
   transfer in satisfaction of, 5–001
   transfer subject to secured, 5–002—5–005
Determinations, HMRC, 19–013
Developer not acquiring land interest,
   2–027—2–029
Disclosure of tax avoidance schemes
   (DOTAS)
   generally, 17–016—17–025
   legal professional privilege, 17–023
   penalties, 17–025
Disclosures to HMRC, 18–004
Discovery assessments
   generally, 19–013—19–019
   prevailing practice exemption, 19–018
   time limits, 19–018
   valuation cases, 19–016
Divorce, 13–010
Documents, HMRC's power to demand,
   19–009, 19–010
Dwellings *see* **Higher value dwellings**
   bought by companies (15% rate)
Easements
   exchange of, 6–006
   generally, 2–002
Effective date *see* **Substantial performance**
   generally, 2–006—2–019
Employment, relocation of, 15–006,
   15–007
Enquiries
   closure notices, 19–008
   generally, 19–005—19–008
Estates of deceased persons
   deeds of variation of, 13–009
   generally, 13–008, 13–009
   sale to property trader, relief for, 15–005
Exchanges
   land for land, 6–003—6–006
   land for non-land asset, 6–001, 6–002
   land for services, 6–008—6–013
   land for works, 6–009—6–013
   minor interests, 6–006
   partitions, 6–007
Filing date, 18–005
Fixtures, 2–019—2–022
Foreign currency, 4–003

322

Index

General anti-avoidance rule (GAAR), 17–014, 17–015
Goodwill, 2–023—2–026
Group relief
administration, 11–003, 11–022
beneficial ownership, 11–002
bona fide commercial, 11–014, 11–015
clawback
exceptions from, 11–021—11–023
generally, 11–017—11–023
equity test, 11–006, 11–007
financing, arrangements for, 11–013
generally, 11–002—11–023
joint venture company, 11–010
leaving the group, 11–012,
11–018—11–023
liquidation, 11–003, 11–022
no tax avoidance, 11–014, 11–015
options, 11–011
ordinary share capital test, 11–004, 11–005
partnerships, 12–025
procedure, 11–016
severance of control, arrangements for,
11–009—11–011
voting rights, 11–007
Groups of companies *see* **Group relief**
**Higher value dwellings bought by
companies (15% rate)**
clawback of exemptions, 3–025—3–027
employee exemption, 3–024
farmhouse exemption, 3–023
generally, 3–019—3–027
letting exemption, 3–022
open to public exemption, 3–023
History of SDLT, 1–005—1–008
HM Revenue and Customs, 1–001
House-building companies, relief for,
15–002
Income tax, 2–033
Indemnities, 4–002, 6–011
Information, HMRC's power to demand,
19–009, 19–010
Inspect, HMRC's power to, 19–011
Interaction with other taxes,
2–031—2–033
Joint purchasers
charity and non-charity, 14–005, 14–006
generally, 2–030

Judicial review, 20–006
**Land and buildings transaction tax
(Scotland), Introduction**, 1–002,
3–003
Land registration, interaction with,
18–006, 18–007
Land transaction, 2–001
Leases
see also **Rent (ch.9 passim)**
agreement for, 10–003—10–007
assignment of, 10–006, 10–007
deposits, 10–011
enfranchisement of, 15–017
linked, 9–018
loans in connection with, 10–011
meaning, 9–002
premiums, 10–002
reverse, 10–014
reversionary, 9–025
sale and leaseback, 10–008—10–010
shared ownership, 15–013
term of, 9–003
variations of, 10–013
Licences, 2–002
Linked transactions
generally, 3–013—3–018
leases, 9–018
partnership cases, 12–018
procedure, 3–018
Local authorities *see* **Public bodies**
Lock-out agreements, 2–003
Market value
connected company rule, 7–004—7–011
discovery assessments, 19–016
exchanges, 6–001—6–006
generally, 7–007
mortgages, 7–007
partnership cases, 12–004, 12–006, 12–011,
12–015, 12–017, 12–019, 12–020
Mortgages
generally, 2–003
market value, 7–007
transfer subject to, 5–002—5–005
Novation, 8–002, 8–003, 8–005, 8–012
Options
cross-options, 6–006
generally, 2–003, 3–017
group relief, 11–011

323

Stamp Duty Land Tax

Overage, 4–004—4–010, 7–005
Parliamentary constituencies, changes in,
14–013
Partitions, 6–007
Partnerships (ch.12 passim)
accountability, 12–003, 12–008, 12–010,
12–016, 12–018, 12–020
anti-avoidance rule (s.75A), 12–029,
12–031
conversion into LLP, 12–027
general principles, 12–002
group relief, 12–025
incorporation of, 12–028
leases, 12–008, 12–022
limited, 12–002
limited liability (LLPs), 12–002, 12–027
outsiders, transactions with, 12–003
property, partnership, 12–005
property-investment, 12–011—12–016
stamp duty, 12–019
sub-sale into, 12–008
sum of the lower proportions, 12–006,
12–007, 12–022
transfer from, 12–020—12–023
transfer from partnership to, 12–024
transfer into, 12–006—12–012
transfer into, election for full charge,
12–011, 12–012
transfer of interest in, 12–013—12–018
withdrawal of value from, 12–009
Payment of SDLT
accelerated, notice for, 19–007, 20–002
generally, 18–005
interest, 19–021, 19–022
pending appeal, 20–002
postponement of, 4–008—4–010, 6–013
Penalties
DOTAS, 17–025
failure to file return, 19–023—19–025
generally, 17–025
incorrect return, 19–027—19–030
Personal representatives *see* **Estates of**
deceased persons
Postponement of SDLT
generally, 4–008—4–010
works, on, 6–013
Pre-completion transactions *see* **Sub-sales**
(ch.8 passim)

Pre-emption, rights of, 2–003
Premiums
generally, 10–002
reverse, 10–014
Price *see* **Chargeable consideration**
Private finance initiative-type deals,
14–011, 14–012
Property trader
relief for purchase of dwelling by, 15–001,
15–003—15–005, 15–007, 15–008
Prudential case, 6–014, 6–015
Public bodies
generally, 14–007—14–012
reorganisations of, 14–008
Purchaser, 2–005
Quasi-purchases, 2–027—2–029
Rates of SDLT (ch.3 passim)
15% rate *see* **Higher value dwellings**
bought by companies (15% rate)
non-residential property, 3–002
residential property, 3–001
slab system, 3–003
Reconstruction relief
clawback, 11–032, 11–033
generally, 11–024—11–028, 11–032,
11–033
procedure, 11–031
Records, 19–002
Refunds of SDLT, 19–020
Registered social landlords
generally, 15–009—15–016
letting by, 15–011
purchase by, 15–011
Rent (ch.9 passim)
abnormal increase rule, abolition of,
(9–010)
ad hoc increase, 9–022
assignee, position of, 9–015
charge on, ch.9 passim
fixed term lease, 9–006—9–016
holding over, 9–012—9–016
indexed to RPI, 9–008
linked leases, 9–018
net present value of, 9–005
overlap relief, 9–023
periodic lease, 9–017
rate of tax on, 9–004
right to receive, 2–004

324

Index

substantial performance and, 2–010, 2–011
to mortgage transactions, 15–016
turnover, 9–009
VAT, 9–019, 9–020
Restrictive covenants, 2–002
Retail Price Index, 9–008
Retrospective legislation, 17–013
Returns (ch.18 passim)
amendment of, 19–004
correction of, 19–003
filing date, 18–005
obligation to make, 18–001, 18–002
Reverse premiums, 10–014
Reviews, HMRC, 20–003, 20–004
Right to buy transactions, 15–012
Rulings, HMRC, 18–004
Sale and leaseback
generally, 10–008—10–010
PFI-type deals, 14–011, 14–012
SDLT legislation, 1–011—1–012
Section 75A *see* **Anti-avoidance rule,
general SDLT (section 75A)**
Section 106 agreements, 6–011, 14–010
Security interest, 2–003
Separation, 13–010
Service charges, 9–021
Settlements *see* **Trusts**
Shared ownership trusts, 15–014
Stamp duty
generally, 1–005
partnerships, 12–019
Stamp Office, 1–001
Sub-sales (ch.8 passim)
anti-avoidance, 8–014
back-to-back, 8–002, 8–015
compliance, 8–016
exemption
land law background, 8–002
minimum consideration rule,
8–008—8–011
old exemption, 8–003, 8–004
part, of, 8–010
true, 8–002
vendor, who is, 8–013
Substantial performance
generally, 2–008—2–017

lease cases, 10–004—10–007
payment of consideration, 2–011
payment of rent, 2–011
procedure, 2–016, 2–017
receipt of rents and profits, 2–010
subsequent completion, 2–016, 2–017
taking possession, 2–013—2–015
Surrender
of chargeable interest, 2–005
of lease and regrant
capital value, no charge on, 9–023
overlap relief, 9–023
Tenancy *see* **Leases**
at will, 9–002, 9–014
Trusts
accountability, 13–001, 13–007
bare
generally, 13–001, 13–002
of leases, 13–002
change of trustees, 13–005
generally, 13–001—13–007
interests in, 13–004
pension funds, 13–006
variations of, 13–004
Unit trusts, 7–002
Value added tax
generally, 2–031
leases, on, 9–019, 9–020
purchases, on, 4–011—4–013
works, on, 6–013
Variations
of chargeable interests, 2–005
of leases, 10–013
of trusts, 13–004
Vendor
generally, 2–005
in sub-sale cases, 8–013
Works
package deal for purchase and, 6–014,
6–015
PFI-type deals, 14–011, 14–012
postponement of SDLT, 6–013
section 106 agreements, 6–011, 14–010
transfer of land in consideration of,
6–009—6–013
Yield of SDLT, 1–009